Gisela Zuniga

Alles ist da – Mystik im Alltag

HERDER spektrum

Band 5969

Das Buch

Gisela Zuniga, die bei Karlfried Graf Dürckheim und Willigis Jäger, aber auch bei Johannes vom Kreuz, Teresa von Avila, Meister Eckhart, Heinrich Seuse, Johannes Tauler und vielen anderen christlichen Meistern in die Schule gegangen war, hat ihren eigenen Weg der christlich-mystischen Kontemplation gefunden und lehrt ihn in vielen Meditationszentren im In- und Ausland. In diesem Buch fasst sie erstmals zusammen, was sie in unermüdlichen Sitzungen ihren Schülerinnen und Schülern zu vermitteln bemüht ist. Es ist der Weg des Loslassens, um zum Eigentlichen zu finden; der Weg der Stille, um hinter der Stille des letzten Geheimnisses gewahr werden zu können. Es ist der Weg von der Oberfläche in die Tiefe, vom Haben zum Sein, aus der Zerstreutheit zurück in den Ursprung. Sie kennt die Nöte und Probleme der Übenden, sowohl der Anfänger als auch der Fortgeschrittenen. Behutsam und geduldig zeigt sie immer wieder das Wesentliche, das, worauf es ankommt. Sie lässt in diesem Buch auch Kursteilnehmerinnen und Kursteilnehmer zu Wort kommen und von den Erfahrungen, den beglückenden wie den dunklen, berichten. So wird der Leser einbezogen und eingeladen in die Gemeinschaft derer, die auf dem Weg sind. Ein ermutigendes Buch tiefer Inspiration, ein Wegweiser, auf den man sich verlassen kann.

Die Autorin

Gisela Zuniga, geb. 1933 in Siegen/Westfahlen. Philologiestudium an den Universitäten von Bonn, Madrid und Freiburg i. Breisgau. Ausbildung in klientenzentrierter Gesprächstherapie nach Carl Rogers. Seit 31 Jahren auf dem spirituellen Weg der Kontemplation. Lehrer: Gregor Witt, Beuron. Karlfried Graf Dürckheim, Todtmoos-Rütte. Seit 1980 Schülerin von Willigis Jäger. Durch ihn Beauftragung zur Kontemplationslehrerin. Seit fast 20 Jahren rege Kurstätigkeit in Süddeutschland und im Ausland.

Gisela Zuniga

Alles ist da – Mystik im Alltag

Vorwort von Willigis Jäger

HERDER

FREIBURG · BASEL · WIEN

Originalausgabe

www.herder.de

Umschlagkonzeption und -gestaltung:
R·M·E Eschlbeck / Botzenhardt / Kreuzer
Umschlagmotiv: © Gettyimages

Layoutkonzept: tiff.any GmbH, Berlin
Satz: tiff.any GmbH, Berlin
Herstellung: fgb · freiburger graphische betriebe
www.fgb.de

Gesetzt aus der Linotype Janson Text Standard
Gedruckt auf umweltfreundlichem, chlorfrei gebleichtem Papier
Printed in Germany

ISBN 978-3-451-05969-8

Inhalt

Vorwort von Willigis Jäger

Wer dieses Buch aufschlägt, spürt sofort: Hier spricht jemand aus der Erfahrung. Und es bestätigt mir erneut eine Feststellung, die ich in den vergangenen Jahrzehnten in vielen Kursen machen durfte: Frauen haben die bessere Disposition, um in den mystischen Raum vorzudringen. Gisela Zuniga verfügt darüber hinaus noch über einer weitere Gabe: Sie vermag ihre Erfahrungen in Worte und Bilder zu kleiden, die nicht Gefahr laufen, in eine vernebelte Esoterik abzugleiten.

Viele Menschen in unserer Zeit suchen nach religiöser Erfahrung, sehnen sich nach Spiritualität. Die Gewissheit, dass es eine höhere Wirklichkeit gibt, mit der unser wahres Wesen eins ist, dringt langsam ins Bewusstsein der Menschen. Sie wird unser Bild von »Gott« verändern. Dabei geht es nicht um eine fantastische Erfahrung, wie sie Drogen erzeugen oder eine Verzückung, wie sie in manchen esoterischen Berichten zu finden ist, sondern um jene nüchterne, glasklare Erkenntnis eines rational nicht mehr begreifbaren Hintergrundes. Von dieser Erkenntnis berichtet uns die echte Mystik des Ostens und Westens und darin liegt meines Erachtens auch die Zukunft der Religion. Wir finden diese Erkenntnis auch in diesem Buch.

Wie kann der Mensch zu einem wahren und wirklichen Menschen werden? Dieser Frage stellt sich das vorliegende Buch. Der Mensch kann mehr von dem begreifen, wer er wirklich ist, wenn er ruhig wird. Er muss still werden, damit die wahre Tiefe des Menschseins aufscheinen kann. Die Zurücknahme des Ich, das »Sterben des Ich«, wie es die Mystik nennt, lässt unser wahres Wesen auferstehen. Das Buch von Gisela Zuniga zeigt diesen Weg klar auf. Er führt über die Praxis. Dieser Weg hilft loszulassen, bis wir an nichts mehr hängen. Das führt nicht in eine fatalistische Passivität, sondern zu einer ganz neuen Lebensbejahung, zu einer Dynamik, die uns zur Einheit mit der konturlosen Seite des Seins führt. Daraus entspringt eine neue Dynamik zum Handeln.

Wenn wir uns auf einen spirituellen Weg einlassen, ahnen wir plötzlich die Vergänglichkeit und erkennen blitzartig, wie sehr wir an Dingen hängen, Ideen nachlaufen, von Ängsten geplagt werden. Und gleichzeitig geht uns die eigentliche Welt auf und schenkt uns Vertrauen und Zuversicht. Und so tanzen wir vertrauensvoll diesen Tanz des Lebens mit. Er zeigt sich gleichermaßen in Schmerz und Freude, im Suchen und Finden, im Leben und Sterben und ist doch zugleich jenseits aller Gegensätze. Wir begreifen plötzlich, dass der Sinn unseres Lebens im Augenblick liegt. Hier und jetzt sind wir eine Manifestation dieser Urwirklichkeit, der wir den Namen Gott gegeben haben. Hier und jetzt sind wir seine Inkarnation als Frau und als Mann. Wir sind nicht nur ein »Tanzschritt Gottes«, wir sind auch der Tänzer selber. Was wir Gott nennen, tanzt sich selbst als diese unsere menschliche Form in diesem Augenblick. Das gibt unserem Dasein in diesem zeitlosen Universum seinen einzigartigen Sinn: sich als »Tanzschritt Gottes« in dieser unfassbaren Evolution zu wissen und den »Tänzer« zu spüren. Dahin will uns dieses Buch von Gisela Zuniga führen. Sie war lange Jahre meine Schülerin, und ich freue mich sehr, dass sie hilft, den heutigen Menschen die Mystik nahe zu bringen.

1 Hinführung auf den »Weg«

Der Höhepunkt einer Entwicklung

Endlich war ich einem Menschen begegnet, der mich verstand mit dem, was ich zwei Jahren zuvor erlebt hatte. Was mir damals widerfuhr, war so gewaltig, so evident; doch ich konnte mich keinem verständlich machen. Ich wollte mich nicht lächerlich machen. Deshalb schwieg ich lieber. Doch jetzt wusste ich, dass es jemanden gibt, der so etwas kennt, der über diese Erfahrung sogar geschrieben hat. Im Urlaub war mir ein Buch von Karlfried Graf Dürckheim in die Hände gefallen: *»Vom doppelten Ursprung des Menschen.«* Mein Mann meinte, es sei unverständlich, was dieser Philosoph da von sich gebe, ich müsse es nicht lesen. Doch als ich die ersten Zeilen überfliege, bin ich gebannt, lese und lese und kann nicht mehr aufhören. Sofort ist mir klar: Das ist ja meine eigene Erfahrung. Diesen Autor muss ich sprechen! Wo finde ich ihn? Mir schien, als hätte er mit seinen Ausführungen Wort für Wort meinen Gedanken entsprochen.

Zwei Tage nach unserer Rückkehr nach Deutschland sitze ich vor ihm, in seinem kleinen Holzhaus in Rütte im Schwarzwald. Es ist eine ergreifende Begegnung! Alt und fast blind ist er. Er sitzt mir gegenüber, an einem kleinen viereckigen Holztisch. Nach meinen ersten Worten schon sagt er, sichtlich bewegt: *»Legen Sie Ihre Hände in meine. Was Sie da sagen, macht mich glücklich, es ist ein seltenes Ereignis!«*

Noch nie hatte ich ein spirituelles Buch gelesen. Nie hatte ich gehört, dass diese spirituelle Ebene seit Tausenden von

Jahren bekannt ist. Niemand hatte mir je davon etwas mitgeteilt. Und nun war es für mich ein großes Glück zu erfahren, dass ich mit meinem Erleben nicht alleine bin! Graf Dürckheim klärte mich auf über den »Tiefschlaf des Menschen« und dass es das Größte und Allerwichtigste im Leben sei, hieraus zu erwachen. Beim Abschied legte er seine Hand auf meinen Scheitel. *»Sie sind ein gesegneter Mensch, wissen Sie das?«* Und er umarmte mich lange. Vieles war mir jetzt offenbar. Alles war anders. Ich *wusste*, ich *verstand*.

Ein neues Leben begann. Auch vorher hatte ich zu leben geglaubt. Aber jetzt kam das mir vor wie Schlaf, wie Dunkelheit. Immer, schon seit meiner Kindheit, war da ein goldener Faden, der mein Leben bestimmte. Ich fühlte mich geborgen, getragen, geliebt, von *Etwas*, von dem *Ganz-Anderen*, von etwas *Transzendentem*, das ich nicht näher bestimmen konnte, das keinen Namen hatte. Aber Es war da, und machte mich froh.

Ich konnte nun nicht mehr so weiterleben wie vorher. Was mir widerfahren war, wollte vertieft, lebendig werden, Gestalt annehmen, integriert werden ins Leben. Hinderliches, Störendes ließ ich los, um Raum zu schaffen, den Weg frei zu machen für das, was alleine zählt. Von manchem trennte ich mich. Es bedeutete mir nichts mehr. Dabei ging mir auf: Lassen ist nicht Verlust sondern Gewinn. Nur noch eines war wichtig. Und Es ließ mich nicht mehr los. Die Maßstäbe hatten sich verändert. Es war, als wäre ich erst jetzt geboren.

Ein langer Übungsweg lag vor mir. Ich wurde offensichtlich geführt. War die eine Lektion vollendet, lag die nächste vor mir. Ich sah klar, dass es einen Weg gibt, den ich gehen musste, einen Weg, der immer weiter führt, bis zum letzten Atemzug meines Lebens.

Die Übung hieß: Transparent werden! Hindurchschauen! Den *Hintergrund* entdecken und ihn nie verlieren! Nicht an der Oberfläche kleben! Sich selbst, das Ego, mehr und mehr loslassen, um immer tiefer das Eine zu finden und zu *schauen*, um hieraus, aus dieser Quelle, zu leben. Übungen der Stille und Achtsamkeit wurden wichtig, um dem Augenblick seine Würde zu geben, ihn zu leben, zu er-leben, zu verkosten!

Es stellten sich Lehrer ein, ohne dass ich sie gesucht hätte. Zunächst absolvierte ich Kontemplationskurse in Beuron. Danach fand ich meinen eigentlichen Lehrer: Pater Willigis Jäger. Der »Weg« führte durch verschiedene Abschnitte. Er hatte viele Gesichter. Manchmal waren es trockene, dunkle, wüstenhafte Durststrecken, wo man weitergehen musste, sich hindurchschleppen musste, auch wenn man nichts mehr sah. Oft jedoch leuchtete die strahlende Mittagssonne auf, die die Seele jubeln ließ. Und alles war dann wieder so unendlich klar, so offenbar, ganz und gar transparent und einfach.

Nach vielen Jahren der Übung beauftragte mich Pater Willigis Jäger, selber Menschen auf dem kontemplativen Weg zu führen und zu begleiten. Das mache ich nun schon seit fast 20 Jahren. Es ist meine Berufung, meine Aufgabe, das, was mir geschenkt wurde, weiterzureichen, denn es will fließen. Es gibt nichts, was mich im Leben mehr erfüllen könnte!

Und nun bin ich auch noch dem nächsten Ruf gefolgt, nach jahrelangem Bitten und Drängen von vielen Seiten, dieses Buch zu schreiben. Rückblickend kann ich sagen: Alles geschieht, man muss sich nur öffnen, horchen, lauschen, und sich vertrauensvoll führen lassen. Denn wir sind gehalten, umhüllt und getragen in der Liebe des Seins.

Die Situation des Menschen

Wir haben die Fähigkeit verloren, die Wahrheit, das Sein, das, was wir in der Tiefe sind, zu erkennen. Dieses »Sehen mit dem inneren Auge« geht über das rationale Begreifen hinaus. Der

Mensch ist im Hinblick auf die spirituelle Ebene »blind«. Er liegt im Schlaf. Die Tradition der mystischen Erfahrung wurde in unserer Kultur an den Rand gedrängt.

Trotzdem hat jeder Mensch die Fähigkeit, aus dem getrübten Bewusstsein zum *Schauen der Wahrheit* zu gelangen. Johannes v. Kreuz (1542–1591) behauptet, Mystik sei für alle da. Um erleuchtet zu werden, muss man nicht einer religiösen Gemeinschaft angehören. Die Wahrheit zu erkennen, das ist das Geburtsrecht jedes Menschen. In allen Religionen gibt es Erleuchtete und Heilige.

Der heutige Mensch eilt überaktiv durch sein Leben und hat dabei sich selbst verloren, sein ursprüngliches Gesicht, sein Urantlitz, das was er wesenhaft ist. Er ist in der Fremde und nicht zu Hause. Deshalb ist er unruhig und nicht glücklich. Er lässt sich ablenken vom Eigentlichen, verführen und besetzen von dem Vielen. Die unbegrenzte Fülle der Genüsse, der Möglichkeiten, die glitzernde leere Pracht der Welt strömt auf ihn ein und übt ihre Macht aus. Verzweifelt rennt er durch sein Leben wie in einem Hamsterrad. Hier ist eine so rasende Geschwindigkeit, dass er kaum atmen kann. Er lebt nicht. Er wird gelebt. Und all das, weil er nicht weiß, dass sein wahrer Standpunkt das Zentrum, die Nabe des Rades, ist. Hier in der Mitte ist Frieden, Ruhe. Hier ist das Leben, nach dem er sich sehnt. Bei aller schillernden und bunten Vielfalt bleibt es in uns leer, weil das *Eigentliche* fehlt. Wir fühlen uns verloren. Alles ist schal. Wir suchen zwar nach dem unbekannten *Anderen*, doch suchen wir an der falschen Stelle.

Des Menschen Herz ist wie eine ausgetrocknete Wüste, in der er vergebens Wasser sucht. Aber das Wasser ist da, in ihm verborgen. Er muss es nur anbohren. Dann sprudeln die Wasser der Tiefe empor und verwandeln die Wüste in eine blühende Oase. Dieses Bohren, das ist der *»spirituelle Weg«*, der uns lebendig macht. Man muss nur den Schutt von der inneren

Quelle wegschaffen, damit sie wieder sprudeln kann. Wenn man also das kranke Auge des Herzens heilen will, muss man den *inneren Weg* gehen, in aller Disziplin und Treue, beharrlich, Tag für Tag.

Das Materielle stillt nicht den geistigen Hunger. Es bringt eher Leid. Der Mensch ist normalerweise bestrebt, zu Macht, Ansehen und Reichtum zu gelangen, jemand zu sein, bewundert, vor allem aber geliebt zu werden. Und wenn er es mit viel Anstrengung endlich geschafft hat, seine Träume zu befriedigen, steht wieder die große Frage da: »Was nun? War es das?« Und er sieht gleich: Das war es immer noch nicht! Die alte Unzufriedenheit ist wieder da, zermürbender als vorher. »Fahren wir diesmal in die Tropen, vielleicht nach Kerala in Indien, in ein Märchenland!« Auch das enttäuschte. Die Monsunhitze war nicht zum Aushalten! Moskitos, sogar solche, die Malaria übertragen, ließen einen nicht leben! »Gehen wir auf einen rauschenden Silvesterball. Das wird unsere Sinne beleben. Vielleicht bringt das etwas!« Das Tanzen war nicht schlecht, aber die Tischnachbarn passten nicht zueinander. Jeder langweilte sich. Der innere Mangel bleibt! Das Suchen geht weiter, immer weiter. »Nächsten Monat lege ich mir eine teuere Jacht zu und werde mich dann wochenlang auf den Weltmeeren vergnügen.« Alles wird ausprobiert. Das Geld spielt keine Rolle. Man kann sich schließlich fast alles leisten: Frauen, Reisen, prunkvolle Feste. Man sucht und sucht, endlos. Auch der superteure Jaguar begeisterte nur am Anfang. Alles ist meist nur ein kurzzeitiges kleines Vergnügen, dem eine immer tiefere Enttäuschung folgt. Überall ist irgendein Haken. Das bringt die Menschen zur Verzweiflung. Immer wieder von neuem die nagende Unzufriedenheit.

Leo Tolstoi erzählt von einem Landmann, der unter allen Umständen seinen Besitz vergrößern wollte. Es hieß: *»So viel Land wie du an einem Tag zu Fuß umrunden kannst, wird dein* *eigen sein.«* Der Mann lief und lief, pausenlos, wie um sein Leben. Er wollte reich werden. Als die Sonne untergegangen war, fand man ihn tot am Boden liegen. Seine Gier hatte ihn umgebracht.

Suchen auf dieser vordergründigen Ebene stillt nicht den Hunger nach einem Etwas, das man nicht näher bestimmen kann. Solange man nicht das »Sein« entdeckt und aus dieser »Mitte« lebt, fehlt das Wichtigste. Man leidet. Menschen suchen nach dem »Wasser des Lebens«, das den Durst endgültig stillt. Aber sie suchen an der falschen Stelle. Erfüllung ist nicht durch dies oder das zu erlangen.

Die leise Ahnung des Hintergrunds

Der denkende Mensch stellt seit je immer wieder die Frage nach dem *Sinn*, dem *Wesen*, dem *Eigentlichen*. Er sehnt sich nach etwas Größerem, Grenzenlosen, Unfassbaren, jenseits des Machbaren. Das Leben in uns drängt zur Vollendung. Und solange das nicht geschieht, bleibt eine Unzufriedenheit und Unruhe, die uns umtreibt und weiterjagt, hinter so vielen Zielen her, die uns aber alle nicht befriedigen. Hierzu sagt Sören Kierkegaard: *»Wenn ein Araber plötzlich in seinem Zelt eine Quelle entdeckte, so dass er beständig Quellwasser im Überfluss hätte, wie glücklich würde er sich preisen. So auch der Mensch, der als besinnliches Wesen beständig nach außen gekehrt ist, in der Meinung, dass seine Glückseligkeit außer ihm liege, plötzlich nach innen gekehrt wird und entdeckt, dass die Quelle in ihm liegt …«*

Im Grunde will der Mensch *erwachen*, auch wenn ihm das nicht bewusst ist. Seine größte Sehnsucht ist es, glücklich zu sein, all seine Potenzen als Mensch zu entfalten und frei und offen durchs Leben zu gehen, ungehemmt, ohne störende Hindernisse. Der Weg der Kontemplation dient genau diesem

Zweck. Hier lernt sich der Mensch bis in seine feinsten Regungen kennen und wird Herr über das, was ihn daran hindert, wahrhaftig zu *leben.*

Der Mensch ist geschaffen, um aus der Dunkelheit zum Licht zu finden, aus der Unwirklichkeit in die Wirklichkeit, vom Relativen zum Absoluten, aus dem Tod zur Unsterblichkeit. Es ist seine Aufgabe und auch sein Naturrecht, zum »Schauen« zu kommen. Auch wenn er das in letzter Klarheit nicht weiß. Ein Weg dahin ist das ruhige Verweilen in der Tiefe, in heller Aufmerksamkeit, reiner Gegenwärtigkeit. Es geht darum, am »Schweigen seines Wesens« teilzuhaben. Wir haben eine leise Ahnung, eine Erinnerung, an die Quelle. Deshalb machen wir uns auf, sie zu suchen. Aber sie lässt sich nur finden im Dunkel der Nacht. In der Nacht der Sinne und im Dunkel des Schweigens.

Die ganze Schöpfung, jedes Individuum, die Tiere in der Herde, die Vögel im Wald, jedes Blatt am Baum, das spielende Kind, alles ist umhüllt und durchdrungen vom tiefen Schweigen, dem Grund, der uns gemeinsam ist und uns zusammenfügt. Alles, angefangen vom Stein bis zu den Sternen, von der Ameise bis zum Tier in der Wildnis. Nichts, absolut nichts ist hiervon ausgenommen. Unser Wesen ist Stille, tiefe Ruhe, Schweigen.

So, im Verweilen tief in mir selbst, kommen die wahren Fragen des Menschen: *»Wer bin ich? Was bedeutet das: Leben? Was ist sein Sinn? Wer oder was ist Gott?«*

Dann, nur dann, wenn wir einmal im Rennen innehalten, beginnen wir nachzudenken. Es steigen Antworten auf, die wir im Laufe unseres Lebens übernommen haben, in der Erziehung, in gesellschaftlichen und kulturellen Modellen, im Religionsunterricht. Dann fragen wir uns: »Wie lebe ich eigentlich damit? Wie fühle ich mich dabei? Wer ist das eigentlich, der vor wenigen Jahren ein Säugling war, jetzt erwachsen ist, und irgendwann gegangen sein wird von dieser Welt? Und wie ist es nur möglich, dass die Menschen sterben und die Welt trotz allem weitergeht, ohne mich?«

Das ist der Moment, wo die Meditation geboren wird. Das ist nicht mehr der rationale Erkenntnisweg. Der Verstand trennt, misst, definiert. Für das wissenschaftliche Erkennen ist das auch richtig so. Aber die *eigentliche Wirklichkeit* ist mehr als ein Teil und auch mehr als die Summe der Teile. Sie ist das Ganze, welches sich gleichzeitig in der Verschiedenheit oder Vielheit offenbart. Alle westlichen und östlichen Kulturen haben das seit Tausenden von Jahren verstanden. Und so entdeckten sie die *Meditation* als *Weg in die Wahrheit*, als Weg zur *Quelle des Seins*.

Du wirst gesucht

Es wird zunehmend deutlich, dass die wissenschaftliche Wahrheitserkenntnis nicht weit genug reicht, dass sie insbesondere Menschen auf der Suche nach dem tieferen Sinn des Lebens, nach dem Absoluten, nicht weiter hilft. Später, wenn wir mehr Erfahrung auf diesem Weg haben, merken wir, dass es nicht um ein Suchen geht, sondern um ein Sich-Finden-lassen. Der Weg des Menschen ist ein Heimweg zu Gott. Wir haben den Grund unseres Wesens verloren, oder, besser gesagt, noch nicht gefunden. Deshalb machen wir uns auf die Suche, bis uns aufgeht: Wir sind nicht die Suchenden, wir sind die Gesuchten. Oder noch später: Wir sind ja immer schon gefunden. Das, was ich suche, ist mir näher, als ich mir selber bin. Aber wie gelange ich dahin? Wie finde ich Gott, das Innerste meines Inneren? Meine Augen sind noch nicht geöffnet. Er ist da, aber wir sind nicht da.

Kürzlich erzählte mir eine junge Frau Folgendes: *»Etwas zieht mich. Tief innen weiß ich die Richtung. Ich erfahre Wärme,*

Anziehung. Sie trägt, hält, gibt Gleichgewicht und Frieden. Von ferne ein Ruf: Ich bin da! Hoffnung, Freude, brennende Sehnsucht! Es liegt vor mir. Nur noch wenige Schritte! Zum Greifen nahe. Und doch noch nicht erreichbar.«

Bei Bajezid Bistami lesen wir: »*Dreißig Jahre lang war ich auf der Suche nach Gott. Und als ich am Ende dieser Zeit die Augen geöffnet hatte, entdeckte ich, dass Er es war, der mich suchte.*«[1] Oder der Sufimeister Rumi: »*Ich habe die ganze Welt auf der Suche nach Gott durchwandert und ihn nirgendwo gefunden. Als ich wieder nach Hause kam, sah ich ihn an der Türe meines Herzens stehen, und er sprach: Hier warte ich auf dich seit Ewigkeiten. Da bin ich mit ihm ins Haus gegangen.*«

Der Ruf

Manche Menschen finden eine Spur. Es ist wie ein Ruf, dem sie folgen, wie eine Berufung. Sie hat sich ihnen geschenkt. Dieser Ruf führt sie auf den inneren Weg.

Das geschieht in einem meditativen Nicht-Denken vor dem namenlosen Geheimnis Gottes, dem unbeschreiblich Ganz-Anderen, welches in tiefe Seinserfahrung führt.

Das hat auch Edith Stein erfahren, als sie schrieb: »*Das ist es, was die Kenner des inneren Weges zu allen Zeiten erfahren haben. Sie werden in ihr Innerstes hineingezogen durch etwas, das stärker zieht, als die ganze äußere Welt. Sie erfuhren dort den Einbruch eines neuen, mächtigen, höheren Lebens, des Übernatürlichen, des Göttlichen*«[2]

Der Ruf lässt den Menschen nicht mehr los. Es zieht ihn in eine Richtung. Und so kommt man auf den Weg, der auf den Gipfel führt. Wir können uns bereiten. Wir können dazu beitragen, dass er geschehe: der Durchbruch zu einem neuen Bewusstsein. Der erste Anlass, der einen auf den Weg führt, ist oft eine Unzufriedenheit mit dem Leben, oder mit dem bisherigen geistlichen Leben. Äußerlich gesehen hat man alles, und doch fehlt irgendetwas, das Wesentliche.

Manchmal sind Schicksalsschläge wegweisend. Wer das Leiden des Lebens zu spüren beginnt, fängt oft an, sich tieferer, wahrerer Realitäten bewusst zu werden, sie mindestens zu erahnen. Denn Leiden zwingt uns, in einem besonderen Sinne lebendig zu werden. Der Ruf kann sich als eine *Heimsuchung* äußern, wie die Christen es nennen, zum Beispiel in einer schweren Krankheit, einem Unfall, einem Verlusterlebnis.

Eckhart Tolle beschreibt in seinem Buch »Jetzt« seine tiefe Lebenskrise im Alter von 29 Jahren. Er war nahe dabei sich umzubringen, weil das Leben jede Bedeutung für ihn verloren hatte. In dieser absoluten Dunkelheit geschah es, dass sich in ihm etwas zutiefst Bedeutsames ereignete, was er zunächst nicht verstand. Plötzlich hatte sich ihm ein neues Leben geschenkt, ein Leben in unbeschreiblicher Fülle. Alles war anders. *»Fünf Monate lang lebte ich ununterbrochen in einem Zustand tiefen Friedens und tiefer Glückseligkeit«*, sagt er, *»… grundlegender als jede Erfahrung ist der tiefe Unterton von Frieden, der mich seitdem nie mehr verlassen hat.«* [3]

Der Künstler Joseph Beuys fiel mit 34 Jahren in eine Krise, ohne jede Hoffnung. Den einzigen Ausweg sah er im Selbstmord. Im Augenblick tiefster Dunkelheit kam für ihn der »Durchbruch«.

Ein Bekannter erzählte mir, dass er sich auf einem ausgelassenen Fest, auf das er sich jedes Jahr schon Monate im voraus freute, plötzlich nicht mehr so wohlfühlte wie früher. Es widerte ihn förmlich an. *»Das hier ist doch alles nicht echt. Im Grunde ist es ein seichtes Theater, in dem jeder sein Glücklichsein spielt. Wo ist denn hier Freude? Nichts davon!«* Er verstand sich selbst nicht mehr. *»Wie kann ich mich nur so ändern«*, fragte er sich. *»Wie ist es möglich, dass ich alles anders erlebe als sonst? Warum nur ist das so? Bin* *ich noch normal* ?« Es war ein Weckruf für ihn, Sehr bald hatte er verstanden und suchte neue, tiefere Freuden.

Eine junge Frau erzählt: »*Spiritualität hatte mich schon lange angezogen. Jetzt aber konnte die Diskrepanz zwischen meinem Leben und dem Geistigen kaum größer werden. Es ging mir dreckig. Sterben wäre mir lieber gewesen! Jemand hatte mich über den Tisch gezogen. Ich hatte viel Geld verloren. Mein Freund hatte mich verlassen. So kam der 21. Dezember 2001. Ich fahre auf der Autobahn von der Arbeit nach Hause, ganz gemütlich, auf der rechten Spur, ohne an etwas zu denken. Plötzlich beginnt etwas in mir zusammenzustürzen, wie ein hoher Fabrikschornstein, der gesprengt wird. Gleichzeitig weiß ich, mit hundertprozentiger Sicherheit, dass ich jetzt, in diesem Moment, sterbe. Ich sitze im Auto. Allein. Fahre vorwärts, halte die Spur, heule und schluchze. Nach einiger Zeit bemerke ich, dass sich das Sterben leicht und gut anfühlt. Etwas Großes geschieht da. Alles was ich jemals gewesen bin, jede Vorstellung, alles zerbröselt, zerfällt in Staub, der sich nie mehr erhebt. Energieströme laufen durch mich durch. Seitdem bringt mich nichts mehr aus der Ruhe. Ich hänge an nichts Vergangenem mehr, lebe nur noch im Jetzt. Da ist endloser Raum. Leere. Viel Liebe. Ich urteile nicht mehr und verurteile nicht. So bin ich auf den Weg der Kontemplation gekommen.*

In dem eindrucksvollen Film: »Die große Stille« spricht ein blinder alter Mönch über sein Gebrechen: Er dankt Gott, dass er ihm sein Augenlicht genommen hat. Denn durch diese Heimsuchung sei er zum Schauen der Wahrheit gekommen. Das war für ihn das allergrößte Geschenk in seinem Leben.

War es vielleicht auch ein Ruf, ein Hinweis auf den Weg den ich einschlagen würde, als ich selbst im Alter von sechs Jahren immer wieder eine versteckte Stelle im Haus aufsuchte, um mich auf den Boden zu knien und wortlos mit Gott in Kontakt zu treten? Gebet ohne Worte! Niemand hatte mir das beigebracht: Es wäre mir schrecklich peinlich gewesen, wenn meine Eltern mich dabei gesehen hätten.

Und noch eine Begebenheit, wo Gott jemanden am Schopf genommen und in die Wahrheit geführt hat: Ich hörte von einem reichen Geschäftsmann, der mit einem Kegelklub nach Wien fuhr. Noch nie war er hier gewesen, und so stand er am ersten Morgen früh auf. Seine Frau schlief noch. Es trieb ihn, den Stephansdom zu besichtigen. Religiös war er nicht. Ihn interessierte einzig die Schönheit und Kunst dieses Gebäudes. Dort setzte er sich in die letzte Bank. Nach einer Weile zog er ein kleines Heft aus der Tasche, in dem »Das Sitzen in der Stille« beschrieben war. Nie war er dazu gekommen, es zu lesen und nutzte hier die Ruhe, um diese Übung auszuprobieren. Später erzählte er: *»Da geschah etwas mit mir, etwas Unerhörtes, das ich nicht einordnen konnte.«* Am nächsten Morgen schlich er sich in aller Frühe wieder zum Dom. Als er zum Hotel zurückkehrte, war er nicht mehr derselbe. Eine radikale Umkehr hatte stattgefunden, eine Metanoia. Er verkaufte seinen großen Besitz und gab seinen Beruf auf. Heute ist er Krankenpfleger in einem Aidshaus in München.

Clemens Kuby, Filmregisseur und Autor des Buches *»Unterwegs in die nächste Dimension«*, erzählt vom größten Ereignis seines Lebens: *»Bei Reparaturarbeiten auf meinem Dach fiel ich herunter und hatte eine Querschnittslähmung. Im selben Moment erwachte ich. Mein Leben hatte begonnen.«* Sein Bewusstseinswandel führte außerdem zu einer als völlig aussichtslos erachteten Heilung.

Der französische Benediktinermönch Henry Le Saux spricht gegen Ende seines Buches *»Der Weg zum anderen Ufer«* über das größte Ereignis seines Lebens: *»Ein schwerer Herzinfarkt warf mich auf der Straße im Bazar von Rishikesh zu Boden. Ein außergewöhnlich spirituelles Abenteuer! In geistiger Klarheit erlangte ich mit vollem Bewusstsein das große Erwachen und erkannte in der Verborgenheit meiner selbst das Geheimnis Gottes und seiner Epiphanie. Der Herzinfarkt war der Hintergrund für eine* *wunderbare spirituelle Zeit. Zwei Wochen lang war ich in intensiver Freude.«*[4]

Mein eigener Vater rief mich wenige Tage vor seinem Tod zu sich, um mir noch etwas Wichtiges zu sagen: *»Wende dich freiwillig vom Oberflächlichen, Seichten ab. Suche das Eigentliche, die Tiefe, das was bleibend und unvergänglich ist! Dann muss nicht erst eine »Heimsuchung« dich dazu bringen. Du weißt, ich spreche aus Erfahrung!«*

Mein Schwager erlebte als junger Mensch einen schweren Motorradunfall. Jahre später sagte er: *»Im tagelangen Koma habe ich Gewaltiges erlebt. Ich habe nie darüber gesprochen und will es auch jetzt nicht tun, denn ich fürchte, ihr würdet mich nicht verstehen. Aber es hat meinem Leben Prägung und Sinn gegeben.«*

Ein Zenlehrer erzählte mir von seiner Augenerkrankung, die ihn 13 Wochen dazu gezwungen hatte, ununterbrochen im Dunkeln zu verbringen. *»Diese unfreiwillige Ruhe in völliger Dunkelheit, wo ich zu mir selbst kam, da ich ja fast nichts machen konnte, hat mich auf den Weg des Zen geführt. Als ich wieder gesund war, habe ich sofort damit begonnen.«*

Gipfelerfahrungen

Gipfelerfahrungen können zur Umkehr bewegen, wachrütteln. Auch sie sind ein Ruf. Manche Menschen kennen außergewöhnliche Augenblicke in ihrem Leben, wo das Sein leise an ihre Tür klopft und sie weckt. Diese Erfahrungen sind kurz, aber so gewaltig, so anders als alles was wir kennen, dass wir sie oft nicht beachten, oder ihnen keine Bedeutung beimessen. Denn sowohl unsere Erziehung als auch die Umwelt, die ganz und gar rational und materialistisch ist, lassen diese außerordentlichen Erfahrungen nicht zu. Sie passen nicht in die allgemein anerkannte Ordnung. Deshalb schieben wir sie weg und wollen sie vergessen. Sie dürfen nicht sein, weil man sie nicht einordnen kann. Keiner würde uns verstehen, wenn wir davon sprechen. Man würde uns höchstens als komisch abstempeln. Deshalb schweigt man lieber.

Das erinnert an das *Höhlengleichnis* des großen griechischen Philosophen Platon: Er vergleicht uns Menschen mit Gefangenen, die in einer dunklen Höhle angekettet sind und zwar so, dass sie nur auf die Wand schauen können, die dem Eingang der Höhle gegenüber liegt. Weit hinter ihnen ist ein großes Feuer, und zwischen ihnen und dem Feuer verläuft ein Querweg, auf dem Leute vorübergehen und Gegenstände tragen. Das einzige, was sie wahrnehmen, sind Schatten von Gestalten auf der Wand, auf die ihr Blick fällt, von Menschen, die vor dem Feuer vorbeilaufen. Und die angeketteten Menschen glauben, dass das, was sie an der Wand sehen, die Wirklichkeit sei, weil sie nie etwas anderes gesehen haben. Das Licht und das Leben draußen vor der Höhle aber sehen sie nicht.

Manchmal werden Gipfelerfahrungen in sogenannten Grenzsituationen des Lebens geschenkt, dann, wenn durch seelische Erschütterung das Ego geschwächt ist. Sie können verschiedene Gesichter haben. Man sollte sie ernst nehmen. Es kann zum Beispiel sein, dass man sich plötzlich, unvermittelt und unerwartet ganz als *eins* erfährst mit allem und jedem, ja mit dem ganzen Kosmos. Es ist eine weite, grenzenlose Einheit, die man nicht wirklich beschreiben kann. Für einige Momente erfährt man das, was man *kosmisches Bewusstsein* nennt, oder *Einheitsbewusstsein*, oder das *große Leben*, das *göttliche Sein*, den *Urgrund*.

Es kann auch sein, dass man plötzlich unvermittelt eine außergewöhnliche *»Freude ohne warum«* erlebt, so gewaltig, dass man sagt: *»Jetzt kann ich sterben. Ich habe alles. Mehr gibt es nicht.«* Gipfelerfahrungen sind wie ein Loch im Vorhang, durch das man plötzlich *Wirklichkeit* schaut. Wem das widerfährt, der ist meist ganz außer sich.

Solche Gipfelerfahrungen zeigen: Die Weisheit ist schon da. Tief in unserem Innern ruht sie. Noch ist sie eingesperrt im Keller unseres Bewusstseins. Das Licht der Erleuchtung, der Erkenntnis der Wahrheit ist in jedem. Hin und wieder beschenkt uns das Leben mit einem Vorgeschmack auf die innewohnende Wahrheit. In einer Gipfelerfahrung erleben wir dann unsere Weisheit, Liebe, Güte und innere Weite, über die wir staunen, denn so kennen wir uns nicht.

Diese plötzlichen kurzen Durchbrüche von Licht und Klarheit, die alle Angst und Sorge vergessen lassen, müssen ins eigene Leben integriert und inkorporiert werden, damit es zu einer beständigen Wandlung kommt. Das ist Sinn und Ziel aller *spirituellen Wege*. Das bedeutet üben, üben, üben, Tag für Tag. Aber es drängt einen auch dazu. Die Sehnsucht nach dem größeren Leben ist erwacht.

Eine Bekannte erzählte mir von folgender Erfahrung: *»Unendliche, stehende, breite Ruhe! Nichts Einzelnes mehr. Nur noch leere, unbewegte Stille, Schweigen, klare Leere. Das Trübe in mir löst sich auf und weicht strahlender Verklärung. Wie trübes Wasser, das rein wird. Nur Fülle, Gegenwart! Ich lebe wieder!«*

Manchmal erfährt man schon durch dieses tiefe Erleben eine grundsätzliche Transformation und wird auf den Weg der Kontemplation oder des Zen geführt, von dem man, wenn er einen ergriffen hat, nie mehr loskommt. Ihm fühlt man sich verpflichtet und geht ihn in innerer Freiheit. Vorbei sind Unruhe und Leid von vorher, die man spürte, aber sich nie so recht erklären konnte. Jetzt weiß man den Weg, die Richtung, die in die Wahrheit führt.

Der indische Dichter Tagore beschreibt seine Gipfelerfahrungen so[5]:

Abseits vom Spiel der Schöpfung stehe ich
und schaue von Zeit zu Zeit

das Reich jenseits des Dunkels,
in dem ich vereint war
mit dem unbegrenzten Bewusstsein
des großen Ungeborenen, mit Gott.

Auf dem Spielfeld dieser vergänglichen Welt
In Glück und Unglück, habe ich
oft und oft Ewigkeit gekostet,
habe wieder und wieder das Unendliche, Göttliche,
hinter dem Horizont des Endlichen gesehen.
Ich weiß, in dieser Schönheit,
diesem Gesang,
lag der höchste Sinn meines Lebens.
Unbeschreiblich ist er.

Der Jesuit, Pater Alfred Delp, (1901–1945) der durch das NS-Regime hingerichtet wurde, schreibt aus dem Gefängnis über diese unendliche Freiheit, die dem Menschen geschenkt werden kann. Gerade in der Todeszelle erfährt er, was Freiheit ist, und dass sie stärker ist als der Tod: »*In diesen Wochen der Gebundenheit habe ich dies erkannt, dass die Menschen immer dann verloren sind, und dem Gesetz ihrer Umwelt, ihrer Verhältnisse, ihrer Vergewaltigungen verfallen, wenn sie nicht einer großen inneren Weite und Freiheit fähig sind. Wer nicht in einer Atmosphäre der Freiheit zu Hause ist, die unantastbar und unberührbar bleibt, allen äußeren Mächten und Zuständen zum Trotz, der ist verloren. Dieser Freiheit wird der Mensch nur teilhaftig, wenn er seine eigenen Grenzen überschreitet. Die Geburtsstunde der menschlichen Freiheit ist die Stunde der Begegnung mit Gott.*«

Und weiter sagt Alfred Delp: »*Ob Gott nun einen Menschen aus sich herauszwingt durch die Übermacht von Not und Leid, ob er ihn aus sich herauslockt durch die Bilder der Schönheit und Wahrheit, ob er ihn aus sich selber herausquält durch die unendliche Sehnsucht nach Gott, durch den Hunger und Durst nach Gerechtigkeit, das ist ja eigentlich gleichgültig. Wenn der Mensch nur gerufen wird, und wenn er sich nur rufen lässt.«* An anderer Stelle lesen wir bei ihm: *»Lasst uns dem Leben trauen, weil wir es nicht allein zu leben haben, sondern, weil Gott es mit uns lebt.«* [6]

Der Mensch kann auf verschiedene Weise aus seinem eigenen Gefängnis herausgerissen werden, sein Ego übersteigen, ins Transpersonale hinein. Durch Not und Leid kann das geschehen, oder auch durch eine sehr starke, gnadenhafte Sehnsucht nach Gott. Der Ruf kann aber auch so sein, dass man durch Schönheit, Musik, Harmonie, Rhythmus über sich selbst, sein Ego, hinausgerissen wird, in göttliche Weite und Grenzenlosigkeit, durch etwas, wofür einem letztlich die Worte fehlen. Wenn jemand eine Antenne dafür hat, das Göttliche in einem Meisterwerk der Kunst zu erspüren, dann ist das als würde er herausgezerrt aus dem Ichgefängnis und ginge hinein in eine große, grenzenlose Weite und göttliche Fülle. Tod, Furcht und jegliche Not sind besiegt. Der Mensch ist der Zeit enthoben, lebt Ewigkeit, Glückseligkeit, Freiheit. Er braucht nur genügend Sensibilität, um sich anrühren, sich ergreifen zu lassen, dann wird er durch die Berührung mit großer Kunst so sehr überwältigt, dass es ihn herausschleudert aus der Enge seines Bewusstseins, hinaus in die große Freiheit ohne Grenzen. Das Ego ist nicht mehr, und das Herz wird unendlich weit. Der Mensch ist auf der anderen Ebene.

Wie oft habe ich das erfahren dürfen! Schönheit, ein Durchscheinen des Göttlichen, ein In-Erscheinung-Treten der Wahrheit, für die unser *inneres* Auge meist verschlossen ist. Höchste Kunst ist in seiner Vollendung das Aufscheinen des Göttlichen selbst. Ich denke da an einen schwarzen Geiger aus New Orleans, der auf dem Blues Festival in Ascona, beim Improvisieren auf seinem Instrument, so über sich selbst hinausgehoben wurde, dass er und die Töne seiner Geige eins waren.

Da war nicht mehr einer der spielte. *Es* spielte! Und das wirkt ansteckend. Das Bewusstsein auch des Zuhörers weitet sich, und er erfährt letzte Wirklichkeit.

Ein anderes Mal erlebte ich so etwas beim Anblick des Taj Mahal in Agra, Indien, das für viele als schönstes Bauwerk der Welt gilt. Die unbeschreibliche Harmonie dieses Meisterwerkes riss mich in tiefes mystisches Erleben, und das hielt die ganze Nacht an. Es war so gewaltig, dass ich keinen Schlaf brauchte. Das Göttliche war für mich spürbar, fühlbar wie selten.

Genauso kann es einem beim Anblick eines Gemäldes passieren, dass man hindurchblickt auf den einen Hintergrund. Etwas im Innern wird angerührt und vibriert mit, und es zieht einen empor ins *Eigentliche*. In dieser Weite und Freiheit gibt es keine Trennung mehr. Alles ist eins. Der Atem stockt. Man ist tief ergriffen von einem Etwas, das einen bis in die letzte Pore berührt. Es eröffnet Wahrnehmungen, die man nie hatte und verwandelt einen.

Dichter und Philosophen wie Schelling, Schiller und Schopenhauer sprechen über die transzendente Kraft, die in wahrer Kunst und Schönheit ruht. Wir werden still beim Erleben des Kunstwerks, vollständig absorbiert und selbstvergessen. Wir sind ohne Denken, wunschlos, zeitlos im Jetzt.

So ein Kunstwerk, sei es Musik, oder Rhythmus, oder perfekte Harmonie der Form, oder ein Gemälde, hat eine außerordentliche Macht über uns. Es ergreift uns und erhebt uns in die große Freiheit. Wir sind nicht mehr eingesperrt in uns selbst, und erwachen aus unserer Dumpfheit. Kunst kann also auch ein Weg in die Gotteserfahrung sein.

2 Mystik

Mystik, was ist das?

Wer den Ruf und die Gipfelerfahrungen ernst nimmt, hat seine Richtung gefunden und macht sich auf den inneren Weg. Er betritt den Pfad der Mystik. Nur wer selbst mystische Erfahrungen gemacht hat, weiß was es bedeutet. Mystik ist nicht Theologie. Man könnte sagen, Theologie ist die rationale Erkenntnis Gottes und Mystik die Erfahrung Gottes. Eine berühmte scholastische Definition heißt: Cognitio dei experimentalis, Erkenntnis Gottes durch Erfahrung. Das Wort Mystik leitet sich her vom griechischen Verb »myein«, was bedeutet, Augen und Mund verschließen.

Immer wieder wird der Satz von Karl Rahner zitiert: *»Der Fromme von morgen wird ein Mystiker sein, einer, der etwas erfahren hat, oder er wird nicht mehr sein.«* [7]

Was ist Mystik für die Welt?

Für viele ist Mystik ein Reizwort, weil das Wort oft missverstanden und falsch gebraucht wird, etwa im Sinne einer unechten, frömmelnden Haltung. Bei Mystik geht es für viele um etwas Nebuloses, Suspektes. Mystiker sind weltfremde Träumer. Dies alles aber hat mit Mystik nichts zu tun. Echte Mystik ist anders.

Hinzu kommt, dass der Mystiker von Menschen, die keine entsprechenden Erfahrungen gemacht haben, nicht verstanden werden kann, wenn er über sein Erleben spricht. Wie könnte man auch einem ohne Geruchssinn erklären, wie der Duft der Rose ist? Wie kann jemand, der sich nur im Alltagsbewusstsein bewegt, etwas von dieser tieferen Dimension verstehen?

Wer ist ein Mystiker?

»Wie wunderbar: Draußen stehen wie drinnen, begreifen und umgriffen werden, schauen und das Geschaute sein, halten und gehalten werden – das ist das Ziel. wo der Geist in Ruhe verharrt, der lieben Ewigkeit vereint.« [8]

Mystiker gab es überall und zu allen Zeiten. Und generell dürfen wir annehmen, dass wohl viel mehr Menschen, als wir ahnen, mystische Fähigkeiten besitzen. Dies ist also nicht nur ein Ausnahmephänomen. Mystiker finden wir unter den Philosophen, Landarbeitern, Schustern, Hausfrauen, Tänzerinnen, Handwerkern, Schauspielern, Naturwissenschaftlern, Professoren. Jeder kann zur Mystik erwachen. Aus Sicht der Mystik liegt hierin unsere Bestimmung: aufzuwachen aus dem Traum. Jeder kann und darf der *Wahrheit* nahe kommen, zum Schauen gelangen, um Gott zu *erfahren*, sowie die unendliche Schönheit des Lebens.

Immer wieder höre ich Sätze wie: *»Für mich ist der Weg der Mystik nichts. Ich bin nämlich ein realistischer, aktiver, weltoffener Mensch, der mit beiden Füßen auf dem Boden steh.«* Teilhard de Chardin, der französiche Jesuit und Naturforscher, schrieb am 4. Dez. 1917 in sein Tagebuch: *»Je mehr man Realist ist, umso mehr ist man Mystiker. Die Leidenschaft, sich Gott zu vereinen, zwingt den Menschen, den Dingen ihr Maximum an Wirklichkeit zu geben.«* [9]

Gerade die Mystiker sind besonders aktive und realistische Naturen, wie etwa Ignatius von Loyola, ein Mann, der die Weltgeschichte geprägt hat, oder die französische Kämpferin Jeanne d'Arc, oder Teresa von Avila, auch eine außerordentlich lebhafte, tatkräftige und mutige Frau, die viele Klöster gegründet und manche Ordensreformen durchgeführt hat. Der Mystiker ist leistungsstark und *lebt wirklich*. Wenn er arbeitet, ist er ganz und gar bei der Sache, er lebt im Augenblick. Er arbeitet, um des Arbeitens willen. Es gibt in dem Moment nichts Anderes, Wichtigeres für ihn.

Echte Mystik ist weltoffen, und von tiefer Weltliebe erfüllt. Hier im Leben des Alltags erfährt der Mystiker, dass es Gott selber ist, der sich in der Welt manifestiert. Der Mystiker schaut mit dem kontemplativen Auge *hinter* die Oberfläche. Seine Sinne erwachen. Die innere Wahrnehmung wird geschärft, so dass er das Göttliche in *allen* Phänomenen der Welt sehen, hören, riechen, tasten, fühlen und erkennen kann.

Alle Erscheinungsformen sind Ausdruck des tieferen Lebens, es drückt sich in allem aus: *im Prasseln der Regentropfen, im Knirschen des Schnees unter den Schuhsohlen, im Hupen der Autos, im Klang der Glocken, im Heulen der Sirenen, im Duft der Linden, in der Schönheit der Nachtkerze am Morgen und in ihrem Vergehen am Abend, in den Kopfschmerzen einer leidenden Frau und in der Geburt eines Kindes, im Wind, der meine Arme sanft streichelt, in Glückseligkeit, Tränen und Verzweiflung. Wenn ich durchlässig geworden bin, erkenne ich in einem einzigen Strohhalm das ganze Universum und im schwankenden, zerlumpten Bettler mich selbst. »Wer einmal Gott geschmeckt hat, der schmeckt Gott in allem durch«*, sagte Kyrilla Spiecker.

Alles Geschehen zusammen ergibt die Symphonie Gottes. Es liegt an meiner Achtsamkeit und an meinem vernehmenden Ohr, das durch den *kontemplativen Weg* geöffnet wird, ob ich es wahrnehme.

Mystik hat mit Bewusstwerden zu tun, mit Bewusstseinserweiterung, es geht um Erfahrung, Schauen. Die Theologie sagt: *»Was macht eine Erfahrung zu einer mystischen Erfahrung? Religionswissenschaftlich ausgedrückt ist eine mystische Erfahrung die unmittelbare Erfahrung der göttlichen oder transzendenten Realität, die das gewöhnliche Bewusstsein sowie die verstandesmäßige Erkenntnis übersteigt und als solche ein religiöses Urphänomen ist.«*[10] In der mystischen Erfahrung fühlt sich der Mensch von einer geheimnisvollen Wirklichkeit angerührt, vom Ganz-Anderen, das er als die wahre Wirklichkeit erlebt. Mystik ist tiefe Seinserfahrung, Gotteserfahrung. Hier heißt die Frage nicht: Glaubst du an Gott, sondern: Wirst du vom Geheimnis Gottes angerührt?

Eine Erfahrung: *»Ich bin in der Küche, schäle Kartoffeln, da – urplötzlich – bin ich umhüllt, getragen, umarmt von einer unsagbaren Liebe. Ja, ich bin gebannt von einer Gegenwart. Die Qualität dieser Wärme ist unbeschreiblich. Und ich weiß: Alles ist gut. Mir kann nie und nimmermehr was passieren.«*

Ähnliches erlebte Eugène Ionesco bei einem Waldspaziergang: »… *Plötzlich kam die Welt mir wie verherrlicht vor. So dass mich eine überwältigende Freude ergriff, und ich zu mir selbst sagte: ›Was auch noch geschehen mag, jetzt weiß ich. Und ich werde diesen Augenblick nie vergessen. Ich werde daher nie mehr ganz verzweifelt sein …‹ Der Himmel schien mir näher, fast greifbar. Das einzige, was ich sagen kann, ist: Intensität, Anwesenheit, Licht.«*[11] Marcel Proust schreibt: »… *Ich zuckte zusammen, und war gebannt durch etwas Ungewöhnliches. … Ein unerhörtes Glücksgefühl … hatte mich durchströmt. Mit einem Schlag waren mir die Wechselfälle des Lebens gleichgültig, seine Katastrophen zu Missgeschicken, seine Kürze zu einem bloßen Trug unserer Sinne geworden …«*[12]

Mystische Schau ist formlos, bildlos, strukturlos. Sie gehört nicht in die rationale Ebene. Erst nachträglich fließt sie in die

Verstandesebene des Menschen ein, wenn man die Erfahrung in Worten, Bildern und Vergleichen artikuliert. Mystik ist das Eintreten in einen form- und begriffslosen Bewusstseinszustand. Sich selbst als eins mit dem Einen wahrzunehmen in der *unio mystica*, die absolute Wahrheit zu *erfahren*, das ist Mystik. *»Gestern im Gottesdienst berührt mich die andere Ebene, die Fülle Gottes, die einzige Wirklichkeit, die ist: tiefe göttliche Kraft, die Berge versetzt, Freiheit, Liebe, Glückseligkeit. Da ist kein Ego mehr. Der Zustand hat nichts mehr mit äußeren Umständen zu tun. Er wird von nichts tangiert. Müsste ich jetzt sterben, was soll's? Egal! Würde mir alles genommen, restlos alles, und ich bliebe allein, was soll's! Hier gibt es keinen Mangel mehr. Denn das ist wirklich alles. Das ist mein wahrer Zustand, das göttliche Selbst.«*

Der Weg der Mystik ist die Kontemplation, das ist die Reise zu unserm wahren Selbst. Hier kommen wir in Berührung mit der Quelle des göttlichen Seins in uns, mit dem göttlichen Geheimnis. *»Das Reich Gottes ist in euch«*, sagt Jesus. Es geht um Gotteserfahrung und darum, sich selbst zu finden. *»Erkenne ich mich, dann erkenne ich dich o mein Gott.«* (Augustinus). Wer sich selbst nicht findet, hat auch Gott noch nicht gefunden. Habe ich aber mein Selbst gefunden, dann sehe ich auch das göttliche Sein in allem was ist, in der *Einheitserfahrung*.

Der irische Romancier Forest Reid beschreibt diese Erfahrung so: *»Es war, als hätte ich nie erkannt, wie lieblich die Welt war. Ich legte mich auf den Rücken, in das warme trockene Moos und hörte dem Gesang der Lerche zu ... Und dann kam eine merkwürdige Erfahrung über mich. Es war, als ob alles, was vorher außerhalb und um mich zu sein schien, plötzlich in mir sei. Die ganze Welt schien in mir zu sein. In mir wiegten die Bäume ihre grünen Kronen, in mir sang die Lerche, in mir schien die heiße Sonne, und in mir war der kühle Schatten ... Ich hätte vor Freude schluchzen können.«*[13]

Zu den mystischen Erfahrungen gehört auch der erfüllte, ewige Augenblick, die Versetzung aus der Zeit in die Ewigkeit, wovon Marcel Proust (»Auf der Suche nach der verlorenen Zeit«) einst meinte, dass erst dadurch die dauernde und gewöhnlich verborgene Essenz der Dinge zum Vorschein käme, nämlich dann, wenn Gegenwart und Vergangenheit zusammenfallen.

Auf dem Weg der Mystik geht einem voll Staunen zum ersten Mal auf: *Ich bin*, und *ich bin das*, nämlich göttlich, ewig. Gott und ich, wir sind nicht zwei. So wie die Welle und das Meer auch nicht verschieden sind. Beides ist Wasser.

Ein Kursteilnehmer erzählte mir einmal: *»Während eines Waldlaufs spürte, wusste, sah ich plötzlich, dass alles was in mir Leben ist, was mich zu einem lebendigen Wesen macht, Gott ist. Er selbst ist mein Leben. Was suche ich nach seiner Gegenwart! Er ist doch mein Leben! Also viel näher als nah! Er ist nicht bei mir. Es ist viel, viel mehr! Er selbst ist mein Leben. Ich kann nicht ausdrücken wie gewaltig das war! Und all die Bäume und Sträucher um mich herum, alles ist Er.«*

Die Suche nach dem innersten Kern, nach dem Geheimnis meines Ich ist dann zu Ende, wenn mir die Gnade des mystischen Schauens zuteil wird. Dann, wenn sich mir offenbart, was ich von meinem Ursprung her bin, wenn sich mir mein Urantlitz zeigt, bin ich heil geworden und frei. Der verdeckende Schutt ist weggeräumt, die innere Quelle offengelegt.

Willigis Jäger verdeutlicht das mit einem Vergleich: *»Die Ratio spielt immer nur auf einer Oktave des Bewusstseins-Klaviers, aber ein Klavier hat viele Oktaven. Solange wir nur auf einer Oktave herumklimpern, hören wir nichts von den anderen. In der mystischen Erfahrung aber wird die ganze Klaviatur des Bewusstseins hörbar. In diesem Sinne ist die mystische Erfahrung eine Erfahrung einer umfassenden Wirklichkeit.«* [14]

In der mystischen Erfahrung geschieht ein direktes Bewusstwerden der Gegenwart des göttlichen, ein evidentes Erleben von außerordentlicher Intensität und Klarheit. Im mystischen Erleben, wenn sich das Bewusstsein weitet, kommt man in einen neuen Bewusstseinszustand, in den Bereich der Stille jenseits der Worte, dahin, wo alles offenbar ist, und eindeutig: das Leben, der Sinn, Gott. Verborgene Kräfte des *Schauens* werden freigesetzt, und die verdeckte Wahrheit zeigt sich. Man erfährt unvermittelt das Göttliche. Die Zeit steht still in dieser heiligen Präsenz. Von einer Bekannten hörte ich: *»Ich bin mit einer Gruppe von Freunden im Gebirge. Plötzlich fühle ich das Verlangen alleine zu sein. Ich ziehe mich zurück in einen nahen Wald. Auf einem lichten, sonnigen Platz bleibe ich stehen. Was dann passierte, ist nicht in Worte zu fassen. Niemals vorher hatte mich etwas so überwältigt wie dieser Augenblick. Ich fühlte mich umhüllt, durchströmt, durchpulst von ›Etwas‹. Die dichte gewaltige Qualität des Geschehens ist nicht zu beschreiben. Es war etwas Majestätisches, Großes, Heiliges, begleitet von einem Gefühl von Glückseligkeit. Mir ist, als sei ich in unglaublicher Höhe, und tief, ganz tief unter mir ist das lärmende Leben der Menschen, das Getöse und die höllische Hetze. Hier oben will ich immer bleiben, in alle Ewigkeit. Hier ist es gut. Hier bin ich daheim, geht mir durch den Kopf. Da kommt mir: ›Lasst uns hier drei Hütten bauen.‹ Und gleich darauf kam mir der Titel eines Buches in den Sinn, das ich vor kurzen gelesen hatte: ›Mitten unter den Menschen‹. Sofort verstand ich: Ich muss zurück, zu den Freunden, zu den Menschen. Und ich kehrte um. Ich fand die Freunde in äußerster Sorge vor, da ich ja schon zwei Stunden verschwunden war, ohne dass sie wussten, wo ich war. Unbegreiflich! Für mich waren höchstens fünf Minuten vergangen, seit ich mich von der Gruppe getrennt hatte. Mystische Erfahrungen sind zeitlos.«*

Weil die Seele Teil Gottes ist, kann sie nur in inneren Frieden kommen durch die Erfahrung Gottes. Dann wird sie völlig überwältigt vom Erleben des Einsseins alles Geschaffenen, und fühlt sich eingetaucht in das Absolute, das Ganze, das ihr vorher verborgen war. Dieses gewaltige Geschehen bringt der Seele letzte Sättigung. Das Ego ist an seinen ihm gebührenden Platz gerückt. Man entdeckt im gleichen Zug, wenn es zurücktritt, das wahre Selbst. Diese Grunderfahrungen des Mystikers sind begleitet von intensiver, unsagbarer Freude. Sorgen und Ängste sind weg. Alles ist gut so wie es ist. Was bleibt ist Friede, Harmonie, auch wenn die problematischen Lebensbedingungen noch die gleichen sind.

Das hat auch eine Bekannte erfahren, die mir erzählte: *»Ich habe eine unheilbare Krankheit. Als ich höre, dass es eine neue Therapie gibt, die eventuell Abhilfe bringen könnte, weise ich sie weit von mir. Die erforderlichen Operationen kommen mir entsetzlich vor und machen mir panische Angst. Dann geschieht etwas Wunderbares, Unerklärliches: In der Kontemplation, in der Tiefe des Seins, in diesem Frieden, in dieser Klarheit verliere ich alle Angst. Sie ist verschwunden, aufgelöst. Sie kann mich nicht mehr berühren. Seitdem sind viele Wochen vergangen. Immer noch bin ich im Einklang mit der ›Mitte‹, in tiefem, unerschütterlichem Gleichmut. Ohne jede Sorge habe ich mich zu den Operationen angemeldet.«*

Wenn jemand von Gott angerührt wird, dann hat die Seele Einsicht in vorher unbekannte Wahrheiten. Geheimnisse des Lebens werden transparent. Man sieht zum ersten Mal die tiefere *Wirklichkeit* dieser Welt. Alles ist anders. Alles ist durchsichtig auf das Ganze hin. Alles ist »durchgottet«.

Kinder sind der Mystik manchmal besonders nahe. Ihre Augen sind dafür geöffnet.

Auch bei mir selbst gehört mystisches Erleben und das mystische Bewusstsein seit meiner Kindheit zum Leben. Das erste mystische Angerührtsein wurde mir bei der Erstkommunion geschenkt, als ich neun Jahre alt war. Die Liebe Gottes überwältigte mich und ließ alles Übrige, wie die große Feier und die vielen Besucher, unbedeutend werden.

Ein Kursschüler erzählt mir: *»Ich war acht Jahre alt, als ein gewaltiges, inneres Erlebnis mein Leben veränderte. Im Wald lief ich herum und schaute mir die Blätter auf dem Boden an. Da geschah es! Wie ein Blitz durchfuhr es mich! Alles ist Gott: die Blätter, die*

Pflanzen, die Menschen, ich selbst, die ganze Welt! Es war so klar! So evident! Dieser Augenblick hat mein ganzes Leben bestimmt, ihm die Richtung gegeben. Alles war anders, meine Augen geöffnet! Nie mehr wurde mir dieser ›Durchblick‹ genommen. Schwierigkeiten, Schicksalsschläge, die später kamen, konnten mich nie wirklich vernichten. Ich lebte aus dem einen Grund, der mir nie verloren ging. 50 Jahre später, als ich den Weg der Kontemplation eingeschlagen hatte, fand ich hier Altbekanntes. Und als mir das Erwachen geschenkt wurde, war das, was ich in dieser neuen Klarsicht schaute, im Wesen dasselbe wie damals im Wald, als ich acht Jahre war.«

Mystik, das ist die Begegnung »mit Gott in mir«. Diese Begegnung steht nicht in der Macht des Menschen. Im Gegenteil: Das einzige, was er tun kann, ist: nichts wollen und das Ich loslassen.

Eine andere Kontemplationsschülerin schildert ihre Erfahrung so: *»Als ich ungefähr zehn Jahre alt war, saß ich vollkommen gelangweilt im Kinderzimmer und beschloss so zu tun, als ob ich Teil der Einrichtung sei – wie ein beliebiges Möbelstück. Ich versuchte ganz leise und langsam ein- und auszuatmen und bemühte mich, jeglichen Gedanken zu vermeiden, da ich überzeugt war, Gedanken zerstörten dieses Spiel des Einsseins mit der Umgebung. Was mich daran so faszinierte, war die Entdeckung einer großen Ruhe, die ich dabei empfand … Später, ich war inzwischen achtzehn Jahre alt und voller Zweifel und offener Fragen, hatte ich folgendes Erlebnis: Hundemüde nach einer durchtanzten Nacht, saß ich alleine in schönster Natur, als ich urplötzlich gewahr wurde, dass Alles von vollkommener Schönheit und Perfektion ist. Es ist sehr schwer zu beschreiben, aber das ganze Universum war in dieser Vision selbstverständlich mit eingeschlossen – alles gehörte zusammen und war untrennbar miteinander verbunden – und alles war gut so wie es ist und goldrichtig … positive genauso gut wie negative Dinge oder Aspekte. Diese Erkenntnis überwältigte mich derart, dass ich einerseits vor Erschütterung weinen musste und gleichzeitig vor Lachen fast platzte!*

Alles erschien einerseits so erhaben und großartig und gleichzeitig so unglaublich und lachhaft einfach! Vollkommen lächerlich, sich über die Lage der Welt und die eigenen Gefühlslagen Gedanken zu machen! Diese Vision begleitete mich wochenlang – ich wünschte mir innigst, dass dieser Zustand anhalten sollte, merkte aber auch, dass dies nicht haltbar war. Darüber war ich unendlich traurig, hatte jedoch keinen blassen Schimmer wie dies zu verhindern wäre. Das Erlebnis blieb unvergessen. Nie hörte es auf in mir zu nagen – ein unbestimmter, unbenennbarer Hunger, der nicht zu stillen war. Jahre später fielen mir die Bücher »Die große Befreiung« von D. T Suzuki und »Die drei Pfeiler des Zen« von P. Kapleau in die Hände – eine Offenbarung!

Hier war sogar das Werkzeug beschrieben! Also machte ich mich auf den Weg. Dieser war zwar nicht immer geradeaus und übersichtlich, ich stockte auch zeitweise, ging verschlungene Pfade, bergauf – und wieder ab – doch war immer der rote Faden da und wird es auch bleiben.«

Die Sioux-Indianerin Alce Negro beschreibt ihre mystische Erfahrung mit folgenden Worten: *»Ich stand auf der höchsten Spitze eines Berges. Um mich herum und unter mir liegt die Welt. Ich sah viel mehr als ich ausdrücken kann. Alles war wie die Urform aller Formen, ein ›einziges Wesen in Einheit‹. Und alles war eingehüllt in strahlendes Licht. In seiner Mitte stand ein riesiger, blühender Baum. Er war die Heimat aller Menschen. Und alle waren Töchter und Söhne einer einzigen Mutter, eines einzigen Vaters. Und ich sah: alles ist heilig!«* [15]

Auch von Jiddu Krishnamurti haben wir einen Bericht über seine Stunde des Erwachens: *»Als ich morgens früh wach werde, ist da ein unbeschreiblich klares ›Schauen‹, von dem ich meine, dass es nie mehr aufhört. Das ›Schauen‹ umfasst Alles, das Ganze. Es geht weiter als alle Flüsse, Berge, die ganze Erde und alle Horizonte. Die Schau ist in unbeschreibliches Licht gehüllt. Und da ist eine unvorstellbare Geschwindigkeit. Der Verstand begreift nichts* *mehr! Nachmittags, beim Spaziergang, überwältigt mich die unsagbare Schönheit des Lichts zwischen Sträuchern, Gräsern und Bäumen. Es verschlägt mir den Atem. Für meinen Körper ist das zu viel. Ich fühle mich ganz schwach.*

Heute Morgen – ich wollte mich gerade zum Frühstücken hinsetzen – widerfährt mir wie ein Blitz dieselbe Gnade mit gewaltiger Macht und Stärke. Genauso schnell ist sie wieder weg. Heute war Es weniger stark als gestern. Aber immer noch fühle ich diese Schwäche.« [16]

In diesen tiefen Bereich wird der Mensch kaum kommen, wenn er nicht einen spirituellen Übungsweg geht, wie z.B. den Weg der Kontemplation. Es gibt zwar auch ganz spontane umfassende Erleuchtungen bei Menschen, die nie von einem Übungsweg gehört haben. Aber die Regel ist doch, dass man sich auf die Suche nach dem Absoluten macht in einem konkreten Übungsweg. Es handelt sich hier bei der Kontemplation um eine inhaltslose Form des Betens, die erfahrungsgemäß in das mystische Schauen führen kann. Im Mittelalter gab man ihr den Namen »contemplatio«. Im Menschen kann hier eine tiefe Transformation geschehen. Der *spirituelle Weg* wandelt ihn. Er erwacht aus dem Schlaf und lebt als »neuer Mensch« sein Leben. Mystik ist ein *Weg der Erkenntnis.* Er führt zum Durchbruch in die Erleuchtung, bei der der Mensch das Einswerden mit dem höchsten Sein erfährt. Im Osten nennt man das Samadi oder Satori. Es gibt keine Dualität mehr. Alles ist eins in dem Einen. Dieser neue Bewusstseinszustand zeichnet sich aus durch Klarheit und Offenheit. Gott erfahren und ihn leben, das ist das Ziel. Es ist das, worauf alle Religion letztlich hinaus will.

Bei der Mystik geht es also nicht um Theorie sondern um Praxis. Man muss selbst die Erfahrung gemacht haben, um zu verstehen, was gemeint ist. Eine mystische Erfahrung ist nicht wirklich mitteilbar. Das Eigentliche liegt jenseits der Formulierbarkeit. Die Sprache reicht nicht aus, um den mystischen Zustand zu artikulieren. Man kann es in Bildern umschreiben, aber nie umfassend und angemessen vermitteln, was wirklich mit einem geschah. Alle Mystiker leiden unter dieser Hilflosigkeit angesichts der sprachlichen Begrenzung.

Anthony de Mello schreibt: *»Jedes Wort, jedes Bild, das man für Gott gebraucht, dient eher der Verzerrung als einer Beschreibung. Wie spricht man also von Gott? Durch Schweigen. Warum sprecht Ihr dann in Worten? – Darüber lachte der Meister lauthals. Er sagte: Wenn ich spreche, darfst du nicht auf die Worte hören. Höre auf das Schweigen.«*

Da unsere Sprache keine Begriffe hat, um diese tiefe Erfahrung auszudrücken, haben Mystiker immer wieder versucht, es mit der Negation, dem Paradox, in poetischen Worten, oder im Schweigen auszudrücken. Es klingt beispielsweise paradox, wenn Jesus sagt: »Wer sein Leben gewinnen will, muss es verlieren.« Und bei Meister Eckhart lesen wir: »Dann, wenn du alles gelassen hast, hast du alles. Denn nichts haben, das ist alles haben.« Ein in der Mystik immer wiederkehrender Ausdruck für die Einheit von Gott und Mensch: »Gott und Mensch sind Nicht-Zwei.« In meinen Kursen fordere ich die Teilnehmer immer wieder auf, in der Verbundenheit mit dem Absoluten zu bleiben, im *schweigenden Dialog* mit der inneren Quelle.

Buddha sollte über das Sein predigen. Er aber schwieg, und drehte dabei eine Rose in seinen Fingern, die nach oben zeigte. Nur ein einziger hatte diese Antwort verstanden. Dieser wurde sein Nachfolger.

Ob ich Texte von Parmenides aus dem 5. Jahrhundert vor Christus lese oder von anderen Weisen aus vorchristlichen Zeiten, z.B. von Laotse, oder ob ich Meister Eckhart lese, oder Platon oder Leibnitz oder Nikolaus von Kues, oder Tersteegen – immer finde ich ähnliche mystische Erfahrungen, die sie entsprechend ihrer jeweiligen Kultur und Religion anders ausdrücken.

Willigis Jäger bringt den Vergleich mit Glasfenstern. Sie sagen uns etwas über das Licht (über Gott). Sie geben dem Licht Struktur und Farbe, aber sie sind selbst nicht das Licht. Es gilt aber, das Licht (Gott) selbst zu erfahren.

Stimmen von Mystikern

Alois Haas, der Schweizer Mystikforscher an der Universität Zürich,[17] beschreibt das so: *»Mystische Erfahrung ist ein am Mysterium orientiertes, nicht leicht mittelbares, letztlich unsagbares Erkenntnis- und/oder Liebesgeschehen zwischen Mensch und Gott, das vom Menschen als gnadenhafte, ohne Anstrengung empfangene Einigung mit Gott erfahren wird.«*

Bei dem Philosophen Wolfgang Struve lesen wir: *»In der Mystik geht es … um Einswerden.« Und an anderer Stelle: »Mystik ist nicht und nie idealistisch, sondern realistisch.«*

In der Mystik entfaltet sich das Bewusstsein. Es ist das Ziel des Mystikers zu erwachen. *»Die neuplatonische Philosophie versteht Mystik als die Erkenntnis einer ins Geheimnis gehüllten Wahrheit. Sie bezieht sich auf den verhüllten göttlichen Seinsgrund, dessen nur der inne werden kann, der sich von der Menge trennt und sich durch Askese und Meditation für Gott öffnet.«*[18]

Evagrius Ponticus beschreibt Mystik als das *»Wissen um das Wesen der existierenden Dinge«*.

John Eudes Bamberger, ein Benediktinerabt einer amerikanischen Trappistenabtei, sagt: *Ich sehe in den Dingen Gott. Ich erkenne in der Schöpfung den Schöpfer und begegne ihm überall, wo ich mit dieser Welt in Berührung bin. Ich betrachte eine Blume so, dass ich in ihr Gott selbst sehe in seiner Herrlichkeit und Liebe. Ich berühre den Grund allen Seins.«*

Es handelt sich hier um *Wachwerden*, um *reines Bewusstsein*. Man sieht die Wirklichkeit so wie sie ist, in ihrem wahren Sein, ohne die Brille von Vorurteilen. Und so berührt man in allem Gott selbst, den geheimnisvollen Grund der Schöpfung. Dann erst, wenn man alle angelernten Konzepte fallen gelassen hat, *sieht* man wahrhaftig. Mystik ist die Ahnung vom Geheimnis des Seins, des göttlichen Seins der ganzen Schöpfung. Es ist ein Staunen darüber, dass ich bin, da bin, hier und jetzt. Der bekannte Alttestamentler Friedolin Stier drückt dies poetisch mit folgendem Text aus:

»Geh, verlass die Heimat, die Welt, darin du geboren bist, darin du dich eingerichtet hast – das Haus, voll von den Namen der Dinge, die um dich sind, lass alles, was dir die Sprache über sie vorspricht, lass auch alles, was dir die Wissenschaft über sie zu wissen gibt, lass auch die Begriffe, mit denen du nach den Dingen greifst – lass dieses Haus hinter dir, geh! Dann wirst du, vielleicht wirst du dann dem Anderen begegnen, für das du weder Namen noch Wissen noch Begriffe hast, dem ur- und ingründig Wirklichen und Wirkenden begegnen. Du wirst ›schauen‹ … Dann ist kein Ding mehr, was es dir zuvor gewesen, ein jedes, eins um das andere, wird dir einen Namen sagen, den du nicht nachsprechen kannst.

Und dann wird dir, vielleicht wird dir dann aus allem und jedem, das um dich ist, das Unnennbare erscheinen, und du wirst jene Stimme hören, die du noch nie gehört, sehr nah und gewaltig wirst du sie rufen hören: »Ich bin da!« [19]

Auch Dionysius Areopagita, (Pseudonym des unbekannten Autors von einigen Büchern, die um 500 entstanden sind, vor allem des Buches über die mystische Theologie) handelt in seinen Schriften von dieser Seins- oder Einheitsmystik:

»Lass die Wahrnehmungen und alles Sinnenhafte und Geistige … und strebe erkenntnislos zum Geeintwerden – so weit es dir möglich ist – mit Dem, der alles Sein und Erkennen übersteigt.

Durch das reine, in Freiwerden und Ablösen von allem geschehende Hinaustreten aus dir wirst du, alles von dir abtuend und von allem gelöst, hinangehoben zum überwesentlichen Strahl des göttlichen Dunkels.«[20] An anderer Stelle schreibt er: *»Wir müssen alles Sichtbare übersteigen, alles Wissen hinter uns lassen, damit wir versinken in das Dunkel, das in Wahrheit mystisch ist.«*[21]

Johannes vom Kreuz betont immer wieder: Alles Wissen müssen wir übersteigen, damit wir wahrhaft wissend werden. Alles Sichtbare, Messbare, Begreifbare ist nur relativ, und man muss es hinter sich lassen.

Nur dann, wenn wir leer werden, uns von angelerntem Wissen lösen, ist es möglich, von göttlicher Weisheit erfüllt zu werden.

Entsprechend der zweierlei Aspekte bei der mystischen Erfahrung spricht man von Seinsmystik und von Liebesmystik. Beides sind Wege zur Gotteserfahrung.

Seinsmystik

Hier geht es um das Unterscheidungsvermögen von Wirklichem und Unwirklichem, von Sein und Schein. Es ist der Weg der Weisheit, der Erkenntnis, der zum Einssein mit Gott führt. Es ist ein *Wissen*, das aus Erfahrung gewonnen wird, aus unmittelbarer, direkter Einsicht. Beide Typen der Mystik sind im letzten nicht verschieden. Sowohl in der Liebesmystik als auch in der Seinsmystik geht es immer um die Liebe zu Gott, unserer tiefsten Sehnsucht, um das Über-uns-Hinauswachsen, um das

Einswerden und Verschmelzen mit ihm. Auch christliche und außerchristliche Mystik ist im Tiefsten kein Gegensatz, genauso wie die sogenannte Du-Mystik und die Seins-Mystik nicht etwas Verschiedenes sind. Wir finden in der christlichen Mystik sowohl die Sehnsucht und das sich Ausstrecken nach dem Geliebten, wie es das Hohe Lied der Liebe besingt, als auch das Einswerden mit Gott, dem Innersten meines Innern, dem Wesen aller Schöpfung, dem »einen Geschmack« in der Vielheit alles Seins.

Auf dem *kontemplativen Weg* zieht man sich zurück in die Abgeschiedenheit und Stille, schließt sich ein in seine »innere Kammer« und macht die Fensterläden zu. Wie ein unbeteiligter Zeuge nimmt man wahr, was kommt und geht, alle Objekte, alle Geräusche, alle Gerüche, ohne sie zu beurteilen, ohne Vorlieben oder Vorurteile. Man ist dabei reiner Beobachter.

Der Meditierende will sein ursprüngliches Gesicht finden. Was ist meine Wahrheit, mein Ich-Bin? Wer bin ich wirklich? Um die Antwort zu finden, nimmt er Abschied von den Eigenschaften, mit denen er sich durch sein getrübtes Bewusstsein irrtümlicherweise identifiziert hat. Er legt sie ab, eine nach der andern. Er will die Wahrheit hinter dem Scheingebilde seiner Ich-Identität entdecken. Dafür muss alles Vordergründige aufgegeben werden, denn das ist nicht das Unbedingte, das Absolute, der leere Spiegel seines Wesens, das er finden will. Nur wenn er alles Unwirkliche abgestreift hat, eine Hülle nach der andern, alles was kommt und geht, geboren wurde und wieder stirbt, alles, was keine Beständigkeit hat, dann, wenn er zur klaren Leere allen Seins gelangt, zum »Nada«, zum »Nichts«, was ja zugleich allerletzte Fülle ist, dann wird sein Bewusstsein durchflutet von Weite und Glück. Er schaut die leere Einheit, den göttlichen Urgrund von allem was ist. Jetzt weiß er: »Das nur bin ich.«

Um zu diesem großen *Wissen der Wahrheit* zu gelangen, musste er vorher lauter und nackt werden, ganz *arm* werden, alles lassen und auch noch sich selbst, das bedeutet, den »Großen Tod« sterben, wie es im Zen heißt. Und Jesus drückt das mit folgenden Worten aus: *»Selig die Armen im Geiste, denn ihrer ist das Himmelreich. Selig, die reinen Herzens sind, denn sie werden Gott schauen.«*

Die zwei Säulen mystischer Erfahrung sind Erkenntnis und Liebe.

Liebesmystik

In den Traditionen der theistischen Religionen, die einen »persönlichen« Gott voraussetzen, wie zum Beispiel im Christentum, werden vor allem liebesmystische Erfahrungen gemacht, wie etwa die mittelalterliche Brautmystik zeigt. *Die mystische Hochzeit* ist das intensivste Bild für das Verschmelzen mit Gott in der Übung der Kontemplation. Die Geschichte der Mystik ist auch eine Geschichte der Gottesliebe. Der Mystiker ist ein Liebender. Er ist trunken von Gott und lebt von dieser »Verrücktheit«.

Gott wird als großer Liebender erfahren, aus der Zweiheit wird die *unio mystica*, die liebende Vereinigung mit Gott, in der es kein Du mehr gibt. Es geht um ein Einswerden mit seinem innersten *Wesen*, das zugleich Einswerden mit Gott ist. Es ist der Weg der Sehnsucht und Liebe. Man streckt sich aus nach dem liebenden Du. Wir werden aber auch von der Liebe Gottes angezogen. Gott selbst lässt sich erfahren als der nahe, liebende Gott, der Sehnsucht hat nach dem Menschen. Deshalb macht sich der von Liebe ergriffene Mensch auf, ihn zu finden, bis er mit ihm eins wird.

Viele Mystiker haben das beschrieben. Bei Theresa von Avila gipfelt das Einswerden in der mystischen Hochzeit Gottes mit dem Menschen. Hier fallen Grenzenlosigkeit und Begrenztheit,

Ewiges und Zeitliches zusammen. Schöpfer und Geschöpf werden eins. Auch im »Hohen Lied der Liebe« ist diese Erfahrung wunderbar ausgedrückt. Johannes vom Kreuz, der große Liebende Gottes, zeigt uns in seinen flammenden Liebesgedichten das Feuer göttlicher Nähe. Über Liebesmystik kann man nicht viele Worte machen. Wer hiermit beschenkt wird, erfährt ein solches Geliebtwerden, dass alle Worte versagen. Er wird überwältigt. Da sind nicht zwei Liebende, da ist nur noch Liebe!

Eine Kursteilnehmerin machte folgende Erfahrung: *»Was Gott anbetrifft, so ist es ein Mich-Hinschenken. Ich lasse mich los und vergesse mich und sterbe in das unendliche Du. Ich bin nicht mehr, nur noch Seine glühende Liebe.«*

Das Einssein mit der *Liebe* durchstrahlt das ganze Leben. Der Erfahrende lebt gleichzeitig auf zwei Ebenen. Verwurzelt in Gott, geht er in der Welt des Alltags seinen Pflichten nach, wie jeder andere auch. Gleichzeitig bleibt er aber immer ausgerichtet auf diese *Liebe*. Immer scheint ein Glanz des göttlichen Geheimnisses durch. Die Liebe lässt den Menschen sehnsüchtig nach Gott suchen, so wie die Braut im Hohen Lied nach dem Bräutigam. In der mystischen Erfahrung sind auch erotische Gefühle vorhanden, aber sie sind verwandelt.

Um das Geheimnis dieser Liebesmystik zu beschreiben, bleibt dem Menschen nur die Sprache des Eros. Bei Origines und Bernhard von Clairvaux wurde in der Mystik oft die Sprache des Hohenliedes verwendet. Frauen wie Mechthild von Magdeburg (1208/10–1282/94), oder die niederländische Begine Hardewich von Antwerpen (1230–1260), oder Männer wie Seuse, Bernhard von Clairvaux: Alle sprechen von Liebesglut und Trunkenheit.

Von der Begine Hardewich hören wir: *»Ich gehöre nicht mehr mir, es bleibt mir nichts von mir selbst. Er hat die Substanz meines Geistes verschlungen. Die Seele wird mit Gott genau das was er ist. Das Feuer (der Liebe) macht keinen Unterschied, es verzehrt alles,* *was es erfasst: Ich versichere Euch, von Verdammnis oder Segen ist nicht mehr die Rede. In der Erfüllung der Liebe ist man Gott geworden ... Wer das Wunder verstanden hat, das Gott in seiner Göttlichkeit ist, erscheint oft den Menschen, die diese Erkenntnis nicht haben, gottlos, durch ein Übermaß an Gott, unwissend, durch ein Übermaß an Wissen.«*[22]

Eine Mystikerin unserer Tage schrieb mir: *»Oft und oft wache ich auf und bin von unbeschreiblicher göttlicher Liebesglut erfüllt, bin trunken vor Liebe. Ist es Gott, der mich liebt? Oder ist es meine Liebe zu ihm? Die Frage ist unwichtig! Es ist nicht zu unterscheiden. Da ist einzig nur Liebe, nichts als Liebe.«*

Bruder Lorenz, der Karmelit, spricht von nicht auszudrückender *Zärtlichkeit.*

»Während der Gehmeditation in einem Kontemplationskurs höre ich durch das offene Fenster den Gesang einer Amsel. Darin rührt mich, ja überwältigt mich die unsagbare Innigkeit und Zärtlichkeit Gottes. Ich kann es nicht fassen und die Tränen fließen.«

Ein anderer Kursteilnehmer teilte mir eine ähnliche Erfahrung mit: *»Manchmal bin ich wie in Ekstase, ganz außer mir vor Liebe. Es ist so, als wäre ich zum ersten Mal verliebt. Es ist so wunderbar, so unbeschreiblich! Da ist kein Raum mehr für was anderes. Jede Zelle in mir vibriert vor Glück. Unmöglich, diese Zärtlichkeit zu beschreiben!«*

Anselm Grün erläutert in seinem Buch »Liebe und Eros«, dass es hier um das »Grundgefühl der Liebe« geht, und weniger um eine konkrete Liebe zu einer bestimmten Person. Die Liebe, die der Mystiker erfährt, durchströmt seinen ganzen Leib und seine Seele und verwandelt ihn. Doch diese Liebe sei unendlich viel mehr als Gefühl. Sie sei reines Sein.

Von einer jungen Frau erhielt ich einen Brief, in dem sie über ihre tiefe mystische Erfahrung schreibt: *»Vor einem Jahr war mein Mann sterbenskrank. Kein Arzt wusste mehr zu helfen. Es schien, als würden ihm nur noch wenige Stunden bleiben. Ich schrie* *zu Gott und kämpfte wild um sein Leben. Noch nie hatte ich so verzweifelt um etwas gerungen. Auf keinen Fall durfte Er mir ihn nehmen! Da plötzlich, total unvermittelt, schlug alles um! Völlig unbegreiflich, menschlich nicht zu verstehen! Ich war nicht mehr dieselbe, als ich – noch mitten in meinem Kampf um sein Leben – unter Tränen ausrief: ›Du, o Gott bist und warst immer der einzige Geliebte meines Herzens. Zwischen Dir und mir darf es nichts und niemanden geben. Nur du und ich, sonst nichts. Wenn mein Mann noch dazwischen steht, so nimm ihn. Ich las ihn dir. Danach geschah etwas Unerhörtes. Ich fiel in eine so tiefe Ekstase der Glückseligkeit, dass mir die Worte fehlen, darüber zu sprechen. Ich ruhte – um es in einem Bild auszudrücken – im Schoße Gottes.«*

Nur aus Liebe kann der Mystiker sich selbst ganz und gar hingeben, aufgeben, und alles lassen, um eins zu werden mit dem Göttlichen. Und nur, weil der Mystiker von dieser Liebe durchdrungen ist, kann er auch die Menschen lieben, ohne sich selbst zu verausgaben. Seine Liebe wird sogar größer, je mehr er sich an alle verströmt.

3 Der spirituelle Weg der Kontemplation

Kontemplation ist ein alter spiritueller Weg in die »letzte Wirklichkeit«, in die Tiefe des eigenen Seins. Diese Innenschau war bis ins Mittelalter hinein ein ganz normaler Gebetsweg der Christen. Hier geht es darum, die göttliche Ebene des Seins zu entdecken, mit dem inneren Auge, dem Auge des Herzens. Diese andere Ebene geht über die mit psychologischen Methoden messbaren Daten der Person hinaus. Deshalb spricht man hier vom transpersonalen Raum. Die mystische Literatur ist voll vom Jubel über die Erfahrung dieses Raums, in der die »Fülle des Lebens« strömt und sich der Mensch vom Göttlichen angerührt erlebt. Es ist ein gegenstandsfreies Meditieren, ganz ohne Bild und Wort, bei dem der Geist ruht. Gleichzeitig aber ist er wach und lebendig. Der Übende ist bestrebt, sich in den eigenen Wesensgrund einzulassen, um dort die Wahrheit zu erfahren, um seine Quelle zu finden, und begegnet dabei dem wahren Selbst, dem letzten, tiefsten Geheimnis, und er weiß dann, dass er dem geheimnisvollen, namenlosen Gott begegnet ist. Er lässt in seinem Denken und in seinen Vorstellungen alles los, was ihn daran hindert, das Sein wahrzunehmen. Alles, was nicht das Letzte ist, alles Vordergründige und Oberflächliche, lässt er fallen, um zum Absoluten zu finden. Er übt immer wieder, durch die Verkleidung hindurchzuschauen, durch die Masken, um die Quelle, die verschüttet ist, das Wesen zu entdecken. »*Werde leer dessen, womit du gefüllt bist, auf dass du gefüllt werden kannst mit dem, dessen du leer bist.*« (Augustinus)

Dionysius Areopagita drückt das so aus: *»Lasst die Sinne und das Wissen des Verstandes hinter euch, so dass ihr durch Nichtwissen zu Ihm gelangt, der über alles Sein und alles Wissen hinausreicht.«*

Bei der Kontemplation geht man in den Raum des Schweigens, in absolute Stille, in die völlige Leere des Geistes. Wer alles Überflüssige losgelassen hat und sich so von allem Äußeren zurückzieht, von der Egoebene, wo das Viele ist, wird der einen Kraft inne, die das ganze Universum durchströmt. Er wird eins mit dieser göttlichen Kraft. Nichts Einzelnes ist mehr da, nur noch leere, unbewegte Stille, bewegungsloses Schweigen, klare Leere. Bei der Kontemplation (con-templare: in diesem Wort steckt das lateinische »templum«) geht der Mensch in seinen inneren »heiligen Raum«, in seinen Grund, in tiefer Hingabe, und lässt sich vom allgegenwärtigen Gott finden. Hier kann er die Kraft der Begegnung mit ihm erfahren. Das ist das Ziel der Kontemplation. Dahin führt sie, wenn sie echt ist.

Wer all seine Vorstellungen und Begriffe, alle Wünsche und Abneigungen losgelassen, hinter sich gelassen hat und in diesem Sinne »nackt« ist, von jeder Hülle befreit, der kann diesem Geheimnis begegnen, oder besser: er wird von Ihm angerührt. Um Ihn zu leben, muss man »sterben« und sich vom Hauch des heiligen Geistes führen lassen.

Diese Erfahrungen drückt eine Schülerin auf dem Weg so aus: *»Wenn ich auf dem Meditationskissen sitze, sammle ich mich. Eine mich in mir. Gehe ins Sein. Alles verschindet in der Tiefe des Schweigens, entgrenzt sich. Da ist nur noch ein unendlicher Raum von Einheit, Leere. Wie ein formloser Ozean. Das große Geheimnis: Alles – Nichts. Fülle des Seins … Wenn ich nach der Meditation aufstehe, ist da wieder die Welt mit ihren Formen. Die Tiefe der »Leere« – ich könnte es auch nennen Sein, oder Gott – stützt sie, trägt sie, und umarmt sie. Alles Leben ist diese »Fülle«. Leben offenbart sich in allem Seienden. Es sind verschiedene Stadien: Das*

Meditieren und das Im-Alltag-Stehen. Doch alles ist die Einheit des Seins, ist Gott.«

Gewöhnlich sehen wir mit unseren Sinnen nur das Außen, die verdeckenden Hüllen, und meinen, diese Verkleidung sei alles, mehr gäbe es nicht. Man spielt eine Rolle und glaubt selbst daran. Wir müssen uns von dieser Fata Morgana, die uns die Wahrheit nicht schauen lässt, lösen. Dann erkennen wir, wer wir eigentlich sind. Und gleichzeitig entdecken wir dann die *Einheit allen Seins*, das *Unwandelbare*, das *Ewige*, den *Urgrund* in allem was ist. Das Wichtigste, was wir auf diesem Weg lernen, ist das Loslassen und das Verweilen im tiefen Schweigen, in unserer Mitte. Das ist der Sinn des Übens in der Kontemplation. Es ist ein langer Weg, ein Lebensweg. Man »sitzt« immer wieder in der Stille, um seinen unruhigen Geist, der das nicht will und nicht gewohnt ist, und deshalb immer wieder versucht, in die Ferne zu schweifen, zurückzuholen, um still, bewegungslos, in der »Mitte« zu bleiben. Mühsam ist das. Aber es lohnt sich!

»Wenn ich im kontemplativen Gebet in die Tiefe komme, dann lege ich all meine Sorgen, Nöte und Probleme in diese Unendlichkeit hinein. Ich halte sie einfach hin, die Not der Freunde und aller die mir nahe sind, das Leid der Menschheit, und mich selbst. Alles halte ich in diese Leere hinein, ohne Worte, ohne Bitte. Ich halte sie einfach voll Vertrauen in diese Unendlichkeit. Und dann lasse ich alles wieder los und spüre und höre die Stille. Da wo nichts mehr ist, ist der Platz der Einheit, der Begegnung.« (Willigis Jäger).

Franz von Sales ermutigt seine Schüler folgendermaßen: *»Wenn dein Herz wandert, bringe es behutsam an seinen Platz zurück und versetze es sanft in die Gegenwart deines Herrn. Und selbst, wenn du in deinem Leben nichts anderes getan hast, außer dein Herz zurückzubringen und wieder in die Gegenwart unseres Herrn zu versetzen, obwohl es dir jedes Mal wieder fortlief,* *nachdem du es zurückgeholt hattest, dann hast du dein Leben wohl erfüllt.«*[23]

Die kontemplative Übung schenkt Klarheit und ordnet alles im Menschen.

»Alle Unordnung des inneren und des äußeren Lebens ordnet sich in der Gelassenheit, dann, wenn der Mensch sich ganz und gar lässt, und sich Gott überlässt.«

4 Loslassen

Das Ich

Weisheitslehrer aller Zeiten und aller Schulen stimmen darin überein: Das Ich ist das eigentliche Hindernis auf dem Weg zum Selbst. So wichtig es einerseits ist, ein gesundes Selbstwertgefühl zu entwickeln, ein stabiles Ich-Bewusstsein, um sich in dieser Welt zu bewegen und zu bestehen mit den beruflichen Aufgaben und den persönlichen Auseinandersetzungen. Irgendwann wird deutlich, dass der Entwicklungsweg weiter geht, dass das Ich nicht alles ist, dass es dahinter weiter geht. Das Ich ist nichts Negatives Es gehört zum Menschen. Er braucht es, um in dieser Welt zu überleben. Und doch ist es mehr eine Hülle, die Tieferes schützt und verhüllt wie ein Kleid. Aber der Mensch ist nicht die Hülle, ist nicht sein Kleid. Darunter verbirgt sich sein eigentlicher Wesenskern, und mit diesem darf man das Ich nicht verwechseln. Trotzdem gilt: Wir könnten in dieser Welt nicht ohne ein gesundes und starkes Ich leben. Man muss für sich sorgen, sich durchsetzen, für seine Rechte kämpfen, standfest und kräftig auftreten. Mut und Energie sind gefragt, um die Probleme des Alltags zu bewältigen. Das Ich ist also notwendig. Nur darf es nicht stets im Vordergrund stehen, was meistens der Fall ist. Unsere Aufgabe liegt darin, ihm seinen Platz zuzuweisen. Sonst geht es dem Ego, dem Ich bald nur noch um Bedürfnisse wie Anerkennung, Bewunderung, Größe, Geltung, Macht, Ruhm, Bedeutung. Es will immer und überall Mittelpunkt und etwas Besonderes sein. Es hält starr an seinen eigenen Bildern fest, lebt in Erwartungen, Befürchtungen und Sorgen, weil es sich in der Vergangenheit und Zukunft aufhält, statt im Hier und Jetzt zu leben. Dann kann es nicht mehr die Wirklichkeit dahinter wahrnehmen und dadurch lebt es in einer Welt der Illusion und Täuschung.

Soweit ist das normal. Der Mensch lebt zunächst auf der Egoebene, das heißt: er identifiziert sich mit seiner Gestalt, seinem Äußeren, seinen Fähigkeiten, seinen Eigenschaften, seiner ganzen Geschichte, mit den Rollen, die er im Leben spielt, dem Titel, den er träg. Es ist zunächst selbstverständlich, dass er sich als Vater, Mutter, Kind, Lehrer, Anwalt usw. fühlt. Aber das alles ist die Egoebene, sein Selbstbild.

Und doch haben andererseits manche Menschen eine tiefe Ahnung von ihrem »wahren Wesen«. In einem Gespräch sagte mir eine junge Frau: *»Da muss es doch noch mehr geben! Manchmal erfahre ich für einen Augenblick, dass ich so, wie ich mich dauernd erlebe, nicht bin, dass ich mich noch nicht gefunden habe. Ich spüre, dass ich irgendwo in der Tiefe heil bin, groß und weit. Eine gewaltige Sehnsucht treibt mich, das zu entdecken, was ich spüre und ahne.«*

Die Mystiker versichern: Der Mensch ist Licht vom Licht, Geist vom Geist. Er ist ewig. Das ist seine wahre Natur. Alle Mystiker bezeugen die andere Ebene, die Ebene des Geistes, das andere Bewusstsein, auf dem man die fundamentale Einheit des Universums erfahren kann. Und der Kern ihrer Botschaft ist: Um die Wahrheit, das wahre Selbst zu finden, müssen wir das Ich *überschreiten, transzendieren.* Dann kommen wir zu unserem Urantlitz, zu dem, was wir sind, dem Ganz-Anderen, Ewigen, Göttlichen, welches im Gegensatz zum Ich nicht geboren wurde und nicht stirbt, zeitlos ist und kein Altern kennt. Das aber kann man erst begreifen, wenn man es selbst erfahren durfte, wie zum Beispiel jene Kursteilnehmerin, die berichtete: *»Gestern beim Meditieren war es so mühsam. Ich war wieder nicht genug bewundert worden auf dem gemeinsamen Treffen* *am Wochenende, wollte geliebt und geachtet werden, vor allem aber im Mittelpunkt stehen. Ich fühlte mich mehr und mehr besetzt, blockiert. In dieser Verfassung kann man nicht meditieren, wenn das Ego sich so vordrängt. Es quält und lässt dich nicht leer werden.*

Erst als ich einen Schritt von mir zurücktrete und erkenne, was hier los ist, kann ich mich hingeben. Ich unterschreibe einen Blankoscheck. Nichts haben wollen, nur sein, nur Geschehenlassen! Es kommt die Wende: Ich bin Sein. Schweigen. Stehende Ruhe. Wie die Blume. Wie der Baum. Die inneren Wogen haben sich gelegt.

Wenn ich zunichte werde, wenn das Ich geschwächt wird, gebe ich IHM Raum: Manchmal, wenn ich krank, schwach, ohnmächtig war, kam Gott zum Tragen. Dann hatte ich den Raum freigegeben für Ihn, wenn ich zur Seite trat. Wenn ich nicht mehr konnte, war Er zum Greifen nah. Da blieb mir nur noch ein Staunen. Das habe ich nicht nur einmal erleben dürfen, z.B. wenn ich ein Seminar halten musste, oder einen Vortrag, aber durch irgendwelche Umstände nicht mehr in der Lage dazu war.«

Das Ich lebt in der Dualität von Subjekt und Objekt. Ich bin so, aber nicht so. Das ist mein und nicht dein. Ich bin das aber nicht das. Ich hebe mich ab von allem anderen. Von der Welt erfahre ich mich als getrennt. Sie steht mir gegenüber. Der andere Mensch ist der Fremde. Demgegenüber steht die Erfahrung der transpersonalen Psychologie, dass das Ich als eigenständige, abgelöste Wesenheit eine Täuschung ist, und dass es ohne dieses Ich nur *Einssein* gäbe. Wir sind aus dem Erleben des Ganzen herausgefallen. In der Bibel gibt es das Bild von dem »Verlust des Paradieses.«

Das vordergründige Ich wirft seinen Schatten auf den transpersonalen Bewusstseinsraum. Es schränkt das Schauen der Wahrheit ein und versperrt den Weg zur tiefen Dimension. Die Ich-Wünsche, Begierden, Emotionen und Leidenschaften sind ein großes Hindernis auf dem Weg zur Wahrheit. Hier liegt die Ursache unserer Leiden. Werden seine vielen oberflächlichen Wünsche erfüllt, so lassen sie den Menschen unbefriedigt. Denn in Wirklichkeit, ohne sich dessen bewusst zu sein, sucht er das viel Größere, das Absolute. Er sucht das Wasser, das seinen Durst endgültig stillt. Die Mystiker bezeugen, dass das Ich, das geboren wird und stirbt, also vergänglich ist, nicht den Stellenwert hat, den der Mensch ihm gibt. Es ist unfrei, abhängig von so vielem. Es leidet, ist gequält und verwundbar, und es hat Ängste, vor allem vor dem Tod. Aber wer zum Absoluten gelangt, zur Wahrheit, zum Selbst, erkennt, dass das Ego substanzlos ist, eine Fata Morgana. Und deshalb muss das kleine Ich den Stellenwert einnehmen, der ihm gebührt. Dann gewinnen wir unsere Leichtigkeit, Freude, Freiheit und unbeschwerte Heiterkeit zurück. Dann kann uns nichts mehr in Depression und Verzweiflung führen, weil wir das Eigentliche, das wir immer schon suchten, gefunden haben.

Loslassen, um das Selbst zu finden

Um zum Schauen zu gelangen, gibt es für mich persönlich nur eines: Sitzen, Schweigen, Leerwerden, also den Weg der Kontemplation. Mit großer Geduld im liebenden Dasein verweilen. Wir versetzen uns schweigend in eine gegenstandslose Gegenwärtigkeit, ohne Begriffe und innere Bilder. Es ist reines Dasein in absoluter Offenheit vor dem unaussprechlichen Geheimnis, ein Eintauchen in die wortlose Gegenwärtigkeit des Göttlichen. Ziel der Kontemplation ist es, zu unserem wahren Wesen durchzustoßen, dorthin, wo Einheit mit Gott erfahrbar ist. Das gelingt nur dem, der vorher in tiefer Gelassenheit alles Äußere und auch noch sich selbst, also alle Vorstellungen und Begriffe, Ansprüche, Begierde und Wünsche loslässt. Der Tod des Ich ist die Voraussetzung für die Erfahrung Gottes. Meister Eckhart gibt die Anweisung, dass wir nur die Tür öffnen sollen. Gott stehe dahinter und warte, dass wir den Platz räumen für sein Kommen. Für zwei sei nämlich kein Raum.

Nur dieses Sterben führt in die *unio mystica*, in die Einswerdung mit der Ersten Wirklichkeit. Der Pfad zur Einheitserfahrung und Liebe ist ein Pfad der Hingabe, ein Sterben, um wirklich zu leben.

Diese Erfahrung machte auch ein Kursteilnehmer, der mir berichtete: *»Ich hatte eine tiefe Erfahrung, die acht Stunden anhielt. Mein Leben ist frei, total frei, ohne Grenzen. Das Ich löst sich immer mehr auf. Es wird mehr und mehr zu nichts. Meine Person wird immer weniger. Alle meine Poren erweitern sich, bis zuletzt reine Leere bleibt. Ich sehe das* Ganze, *das alles ›Etwas‹ wegkehrt. Es ist wie eine Gegenwart, die gleichzeitig Kraft ist, eine ganz klare Kraft. Alles ist in Ordnung und unbeschreiblich hell und klar. Ich sehe mein Fundament, die göttliche Basis.*

Angst hat hier keinen Platz. Ich fühle mich total stark und mutig, ich, der ich sonst so ängstlich bin. Es erfüllt mich mit Frieden, mit tiefer Freude, zu sehen, wie alle Mauern fallen und eine unbeschreibliche, ewige Ordnung erscheint. Eine Ordnung, die alles heilt.«

Das *Sterben* hier ist mehr als die Zurücknahme von Egoaktivitäten wie Denken, Fühlen, Sich-Vorstellen. Es ist ein Aussteigen aus liebgewonnenen und Sicherheit gebenden Denk-Strukturen und Verhaltens-Mustern. Es ist ein Sich-Ausliefern an das Größere. Es ist nichts Negatives, hat nichts mit Vernichtung zu tun, sondern mit Befreiung, mit mehr Leben. Vordergründiges, was das Eigentliche verdeckt, muss zurücktreten, damit das Wesentliche aufscheinen kann. Es geht hier um ein Sterben, um zu leben. Ziel ist die Rückkehr zu unserem Ursprung, zur Quelle, ins Leben, solange wir noch hier in diesem Körper sind. Wir können so das Göttliche hier und jetzt, in diesem Leib, in dieser konkreten Situation erfahren. Loslassen in diesem Sinne bedeutet auch nicht Loslassen von Besitz und von Hab und Gut. Es bedeutet innerlich frei sein, nicht daran hängen.

Das Loslassen auf dem Weg, in der Übung der Kontemplation, um ins tiefe unbewegte Schweigen zu kommen, in stehende Ruhe, ist einfach, aber nicht leicht. Man hat es auch nicht in der Hand, ob es gelingt. Ganz plötzlich, man weiß nicht warum, ist da nur noch unbewegte Stille, ohne Störung. Klarheit. Leere. Schweigen. Warum? Was habe ich gemacht? Beim nächsten Sitzen versuche ich es wieder so. Jetzt weiß ich ja, wie. Aber es gelingt nicht mehr. Es liegt nicht an meinem Können oder Wollen.

Diese Erfahrung machte ein Meditationsschüler, wenn er schreibt: »*Ich habe bemerkt, dass ich selbst manchmal das Hindernis bin. Wenn ich zu stark erwarte, Gott umfassender zu erfahren, dann kann das eine Störung sein, denn dann bin ich nicht leer, will noch was haben. Wie lang dauert es, bis ich endlich begriffen habe: Voller Erwartung sein, aber ohne etwas Bestimmtes zu erwarten!*«

Es geht hier um ein Sich-Loslassen, Fallenlassen, und Sich-Überlassen in tiefer Hingabe an das Leben. Hermann Hesse drückt das so aus: »*Die ganze Kunst war: sich fallen lassen! Das leuchtete als Ergebnis seines Lebens hell durch sein ganzes Wesen: sich fallen lassen! Hatte man das einmal getan, hatte man einmal sich dahingegeben, sich anheim gestellt, sich ergeben, hatte man einmal auf alle Stützen und jeden festen Boden unter sich verzichtet, hörte man ganz und gar nur noch auf den Führer im eigenen Herzen, dann war alles gewonnen, dann war alles gut, keine Angst mehr, keine Gefahr mehr.*«[24]

Unsere tägliche, konstante Achtsamkeit im Jetzt, und unsere tägliche Übung der Meditation transformieren allmählich das vordergründige Ich und lassen es abnehmen. Das treue Gehen auf diesem Weg verwandelt uns. Das stellt jeder fest, der ihn schon lange geht. Wir brauchen ein sehr waches Bewusstsein, um diese Übung durchzuführen. Denn die äußeren Eigenschaften, mit denen ich mich identifiziert habe, die schillernden

Dinge dieser Welt, versuchen unsere »Übung« zu stören, und unsere Aufmerksamkeit auf sich abzulenken. Man hat sie die »Diebe des Geistes« genannt. Das ist wie auf Glatteis, auf dem man leicht ausrutscht.

Das gilt nicht nur für die Übung des Sitzens. Hier darf man nicht ins Dösen oder gar Schlafen kommen. Es gilt genauso für unseren Alltag. Augenblick für Augenblick ist Wachsamkeit gefragt. Dazu muss man täglich diszipliniert und streng trainieren. Der Weg zur Wahrheit, zur Selbstfindung, ist ein aufwendiges Unterfangen. Es ist nicht leicht, sich immer wieder die Zeit fürs Meditieren frei zu halten. Das hat jeder schon erfahren, der den »Weg« geht. Für das Ich gibt es viel verlockendere Dinge: Da ist das spannende Buch, das einen so mitreißt, dass es entsetzlich ist aufzuhören; oder der Besuch, der sich angesagt hat, gerade zu dieser Zeit; oder ein guter Vortrag, den man sich nicht entgehen lassen möchte. Eigentlich gibt es immer eine Entschuldigung! Aber man kann den Weg nicht halbherzig gehen. Man muss hundertprozentig dahinter stehen, und sich diesem mit all seinen Kräften und mit ganzem Herzen widmen. Er ist das Notwendigste im Leben.

Wenn wir beim Üben zäh und beharrlich bleiben, ist es möglich, dass wir schließlich zum Selbst durchbrechen, zur vollen Erleuchtung und Freiheit. Das wird sein wie ein Quantensprung, plötzlich, unerwartet. Von einer solchen Erfahrung erzählte mir auch eine Kursteilnehmerin: *»Gestern im Kontemplationskurs war es so wahnsinnig schwer! Das Loslassen. Das Schweigen. Unmöglich! Bis es mir langweilig wurde, sinnlos. Was soll das? Ist das Beten? Dunkelheit. Schmerzen in den Schultern. Heute Morgen beim Sitzen döse ich laufend ein. Beim anschließenden Frühstück plötzlich, ganz unvermittelt, ist die dicke Kruste weg. Alles ist Es! Der Augenblick, die Menschen hier um mich herum, die Tasse, der Bissen Brot, der Schluck Wasser. So ist es wirklich! Es ist Realität, Wahrheit! Fülle, Freude, alles so voll Sinn! Wenn das Auge nicht geöffnet ist,* *erkenne ich mich nicht, nur Schatten, keine Konturen, kein Gesicht! Jetzt erst sehe ich mich. Und alles ist transparent.«*

Beim Erwachen sieht man voller Staunen, dass man etwas anderes ist als man bis jetzt geglaubt hat. Im selben Augenblick löst sich das Ego in Nichts auf und macht der Wahrheit Platz, dem wahren Selbst. Man nennt diese Erfahrung »Wesensschau«. Die große Gnade, sich selbst zu finden, ist erstaunlicherweise etwas ganz normales und natürliches, wenn Es einem widerfährt. Es wird einem nur enthüllt, was schon immer ist.

Nach einer überwältigenden Erfahrung schrieb ich in mein Tagebuch: *»Es war so, als beleuchtete die Lampe Gottes alles auf einmal. Zum ersten Mal sah ich urplötzlich alles so, wie es in Wahrheit ist. Dies bin ich und nicht das, was ich bis dahin für mein Ich hielt. Ich erfuhr mein wahres Selbst in letzter Klarheit und erkannte gleichzeitig, dass das, was ich bis dahin für mein Ich gehalten hatte, so nicht existierte. Es war nur Illusion. Das war für mich eine überwältigende Offenbarung! Ich hatte keine Ahnung gehabt, dass es noch mehr geben könnte als das, was ich so gut zu wissen und zu kennen glaubte. Diese große Erfahrung war kristallen klar, ohne Gefühle, ohne Beteiligung des Ego. Ich sah: Das Selbst ist ewig, unbedingt, von absolut gar nichts abhängig und ohne Ursache. Ich erfuhr mich als tiefer Friede, überwältigende Freude und göttliche Kraft. Wenn man überhaupt noch von einem ›mehr‹ sprechen kann, dann war es vielleicht die unbeschreibliche Freiheit, die mich vollkommen erschütterte. Ich sah das ganze Universum als lebendiges Ganzes. Und ich selbst war es. Das ist alles unbeschreiblich und in Worten nicht auszudrücken. Was mir widerfahren war, war letzte Erfüllung, Vollendung, tiefe Freude, unendliche Liebe. Nichts fehlte! Ich verstand alles: die Zusammenhänge zwischen Gott, Mensch und Schöpfung. Alles war klar, gelöst. Und doch war das Geschehen so normal und natürlich! Ich war ›nach Hause‹ gekommen. Gibt es etwas Normaleres, als daheim zu sein? Erst nach Tagen war es mir möglich, hierüber zu sprechen. Mit dem zeitlichen Abstand zu dem Geschauten kam auch* *das Staunen. Und dann stieg die Frage auf: ›Wo war denn Gott, der Gott meiner Kindheit und Jugend, in dieser tiefen Erfahrung?‹ In einer so tiefen ›Einheitserfahrung‹ gibt es keine Dualität mehr, kein Gegenüber. Wenn man auf der Spitze eines hohen Berges angekommen ist, sieht man den Berg nicht mehr vor sich. Nie habe ich es so klar erkannt wie in dieser Erfahrung, dass Gott und ich nicht zwei sind, dass Schauender und Geschautes eins sind.«*

Das »Übersteigen des Ich« ist die Voraussetzung, um zur Wahrheit, zum wahren Selbst, vorzustoßen. Nur wer sein Ich loslässt, kann mit der Wahrheit, mit Gott, eins werden. Im Alltag rutschen wir immer wieder aus und fallen leicht zurück in die Dualität, die Ich-Identität, die Egoebene, obwohl wir wissen, dass das Täuschung ist. Vor vielen Jahren, am Anfang meines spirituellen Weges, fragte ich Graf Dürckheim: *»Wie nur ist es möglich, dass das empirische Ich, von dem ich durch eigene Erfahrung weiß, dass es eine Illusion ist, und dass ja nur das Selbst Bestand hat, sich immer wieder einschleicht?« »Eine Gute Frage«, meinte er. »Wenn Sie mir ein Rezept wüssten, dass man hiervon befreit wäre, so wäre ich Ihnen dankbar.«*

Unsere Übung besteht darin, uns mehr und mehr von den Beschränkungen des Ich zu lösen. Man wird nicht mehr so besetzt von der Welt und den Dingen. Beim »Sitzen« nimmt man seine Identifikation mit Gedanken, Bildern, Gefühlen zurück und macht sich klar: »Ich bin dies nicht. Sie sind nicht mein Selbst. Ich kann sie ja beobachten. Deshalb ist es falsch, mich mit ihnen zu identifizieren, mich in sie hineinzuverstricken, mich von ihnen fesseln zu lassen. Das wahre Selbst ist immer frei.«

Erfahrungen mit dem Loslassen

Eugen Herrigel hatte von der Weisheit des Ostens gehört. In seinem Buch *»Zen in der Kunst des Bogenschießens«*[25] beschreibt er unsere eigene Geschichte, die Geschichte des »spirituellen Weges« und die Schwierigkeiten, die das mit sich bringt. Es handelt vom Wichtigsten auf dem Weg: vom Loslassen. Schon als Student fühlte er einen tiefen Drang zur Mystik. Bald war ihm klar: *»Es gibt keinen Zugang zu ihr, es sei denn der Weg über die eigene Erfahrung.«* Bevor er einen Lehrer finden konnte, bekam er einen Lehrstuhl in Japan, den er mit Freude annahm. Wunderbar! Meinte er. Hier kann ich endlich zu meiner Versenkungspraxis und Mystik in Bezug treten. Schon in Tokio hatte er ein bemerkenswertes Erlebnis: Beim Abendessen, im höchsten Stock eines Hauses, als er sich mit einem Japaner unterhielt, gab es plötzlich ein derartiges Erdbeben, dass Wände und Tische wackelten. Alle verließen fluchtartig in größter Panik den Saal. Nur Herrigels Gesprächspartner blieb ruhig und unbeeindruckt sitzen. Als das Beben sich beruhigt hatte, fuhr er fort zu sprechen, mitten im Satz, wo er gerade aufgehört hatte. Herrigel fragt ihn sehr verwundert und neugierig, wie er sich so ein Verhalten, so ganz anders als alle anderen Menschen erklären könne. *»Ich bin schon lange auf dem Weg des Zen«*, war seine Antwort. *»Dann geht man anders mit den Dingen um. Man ist verwandelt.«*

Man riet Professor Herrigel, als erstes mit einer der Japanischen Zen-Künste zu beginnen, und zwar mit dem Bogenschießen. So würde er als Europäer leichteren Zugang finden zur Tiefe des Seins. Er begann mit dem Erlernen der Technik. Nie hätte Herrigel geglaubt, dass das Erlernen dieser Kunst so langwierig und schwierig ist! Bis jetzt war ihm immer alles leicht gelungen, denn er war hochbegabt und hatte nie Schwierigkeiten gehabt, sich etwas Neues beizubringen. Technische Kenntnis aber genügte hier nicht. Sie musste *überschritten* werden. Das ging nur, wie der Meister sagte, wenn man sich *von seinem Ego vollkommen löst und befreit*. Bis zum Überdruss wurde der technische Ablauf eingeübt. Alles hängt davon ab, dass man sich *völlig selbstvergessen und absichtslos* dem Geschehen einfügt, so dass sich der äußere Vollzug, nämlich das Schießen des Pfeils, wie von selbst abspielen kann. Ein ganzes Jahr übte er. Das Spannen des Bogens und das Schießen musste »geistig« werden. *»Das kann nur geschehen, wenn du locker bleibst, unbeteiligt. Es kommt darauf an, dass du trotz all deinem Tun unbewegte Mitte wirst«*, spornte ihn der Meister an. Aber es wurde und wurde nicht »geistig«, denn eigentlich verstand Herrigel gar nicht, was der Meister meinte. *»Es muss sich dabei um einen Kniff handeln, den der Meister mir aus irgendeinem Grund nicht preisgibt«*, sagte er sich ungeduldig.

Ehrgeizig und völlig verbissen versuchte er den zu entdecken. *»Auch den Schuss darfst du nicht willentlich abfeuern ins Ziel. Nicht du schießt. Es schießt«*, belehrte ihn der Meister. *»Du darfst die Zielscheibe nicht einmal anvisieren. Du musst absichtslos werden, selbstlos, und deinen Willen weglassen. Nicht tun, nur sein. Dann geschieht Es. Rechte Kunst ist absichtslos, zwecklos. Wenn Du ganz versunken in dich selbst bist, kann auch das äußere Ziel nicht mehr verfehlt werden.«*

»Das ist es ja gerade, was ich mir logisch nicht erklären kann«, erwiderte Herrigel. *»Das scheint doch ganz unmöglich! Wie kann es zugehen, dass die Papierscheibe, das äußere Ziel, getroffen wird, ohne dass der Schütze gezielt hat, und dass somit die Treffer äußerlich bestätigen, was sich innerlich ereignet. Diese Übereinstimmung ist mir unbegreiflich.«* Woraufhin der Meister nur sagte: *»Das sind Vorgänge, an die der Verstand nicht heranreicht. Komm von dir selbst weg und lass all das Deine hinter dir. So dass von dir nichts mehr übrigbleibt. Nimm dich zurück aus allen wie auch immer gearteten Bindungen, so dass die Seele zu ihren Ursprung kommt. Schließe das Tor der Sinne. Durch Konzentration auf den Atem verblassen die äußeren Reize. Bis du von ihnen wie durch unsichtbare Hüllen isoliert bist. Dann bist du in einem Zustand eines unübertroffenen In-Dir-Selbst-Verweilens, in einem Gefühl unerhörter Leichtigkeit, in höchster Geistesgegenwärtigkeit und geistiger Wachheit.«*

Herrigel übte und übte, fünf Jahre lang. Der Pfeil schoss immer noch nicht ohne sein Zutun ins Schwarze. Jetzt verstand er die spöttische Bemerkung seines Landmanns, es gebe in Japan doch wahrhaftig Wichtigeres und Interessanteres zu erleben als ausgerechnet diese brotlose Kunst. Er war ungehalten. Seine Geduld war am Ende, das Interesse, es weiter zu versuchen, verflogen. Nur noch abreisen wollte er, nach Europa zurück. Es war ihm unwichtig geworden, ob er die Scheibe trifft oder nicht. Völlig resigniert und gleichgültig versuchte er es ein letztes Mal. *»Ob ich das Bogenschießen lerne oder nicht, jetzt ist es mir egal«*, meinte er. *»Richtig«*, schrie der Meister. *»Jetzt hat Es geschossen.« »In dem Moment waren Bogen, Pfeil und ich verschmolzen miteinander«*, berichtet Herrigel. *»Alles war klar, eindeutig und so lächerlich einfach.«*

Nach jahrelangem Bemühen um Vollkommenheit hatte er schließlich jedes bewusste Bemühen weggelassen. Er wollte nichts mehr, war ohne Ziel und Ehrgeiz. Es klappte ja sowieso nicht. Wozu noch sich abmühen! Erst jetzt kann sich der vollkommene Schuss absichtslos lösen, jetzt, wo er nicht mehr selbst das Hindernis war.

Hierin liegt das Geheimnis der »Kunst des Bogenschießens«. Hierin liegt auch das Geheimnis des spirituellen Weges, des Zen oder der Kontemplation. Dann, wenn man nichts mehr will, nichts mehr wünscht, wenn das Ich vollkommen verschwindet, wenn man alles losgelassen hat, dann tritt das Absolute in Erscheinung.

Solche Erfahrungen machen alle Übenden. Eine Kursteilnehmerin erzählte: *»Fünf Tage lang wollte ich ernsthaft loslassen. Es gelang mir nicht. Ich kam nicht runter in den stillen Grund. Bis ich am letzten Tag ganz verzweifelt sagte: ›Jetzt ist Schluss. Ich mühe mich nicht mehr. Es hat ja sowieso keinen Sinn. Ich bin müde. Ich kann es nicht. Tu Du es! Dann geschah es. Mühelos. Und ich weiß wieder, dass bei meinem Loslassen noch viel eigenes Wollen, eigenes Machen dabei ist.«* Absichtslosigkeit ist die Tür zur Erfahrung.

Der italienische Journalist Tiziano Terzani hat kurz vor seinem Tod ein bewegendes Gespräch mit seinem Sohn Folco geführt, um auf sein Leben zurück zu blicken und Abschied zu nehmen. Er hatte Krebs und sein Ende war greifbar. Sterbenskrank ruft er seinen Sohn, um noch einmal mit ihm über Wesentliches zu sprechen. »Sieh dir die Natur an, ... ein einziges, großes Konzert mit einem eigenen Leben, das von dem Tod, auf den ich warte, vollkommen unberührt bleibt. ... Was für eine große Lehre! Deshalb bin ich so heiter. Seit Monaten spüre ich eine geballte Freude in mir, die in alle Richtungen ausstrahlt. Ich habe das Gefühl, nie zuvor so leicht und glücklich gewesen zu sein. Und wenn du mich fragst: Wie geht es dir?, kann ich nur antworten: hervorragend. ... Nur dieser Körper fault vor sich hin und ist inzwischen überall leck. Das einzige, was bleibt, ist, sich von ihm zu lösen und ihn seinem Schicksal zu überlassen, dem Schicksal der Materie, die zerfällt und wieder zu Staub wird. Ohne Angst, denn es ist doch die natürlichste Sache der Welt. Aber eben, weil mir nur noch wenig Zeit bleibt, möchte ich noch etwas Letztes tun, mit dir reden.

Folco: Also hast du deinen Tod tatsächlich angenommen, Papa?

Ticiano: ... Der Letzte Akt des Lebens, den man Tod nennt, macht mir keine Angst, denn darauf habe ich mich vorbereitet. ... Ich habe ungeheuer intensiv gelebt. Und ich habe nicht das Gefühl, ich hätte irgendetwas versäumt. Ich brauche nicht zu sagen: Ach, wie gern hätte ich noch ein bisschen Zeit, um dies oder jenes zu tun. Und ich habe keine Angst, Dank jener zwei, drei Dinge, die ich für wesentlich halte und die alle Großen und Weisen der Vergangenheit begriffen haben. Was ist es, was uns am Tod ängstigt? ... die Vorstellung, dass in dem Moment alles, woran wir hängen, verschwindet. Zunächst einmal der Körper. ... Ich bin jeden Tag kilometerweit gejoggt, um in Form zu bleiben, ... Das ist doch zum Lachen. Sieh dir an, wie ich jetzt aussehe! ... Wir sind nicht dieser Körper. Aber was sind wir dann? Wir glauben, all das zu sein, was wir mit dem Tod zu verlieren fürchten. Unsere Identität. Da hast du dich mit deinem Beruf identifiziert ... und der Gedanke, dass all das auf einmal verschwindet, dass du nicht mehr der große Journalist ... bist, dass der Tod dir all das nimmt, erschüttert dich. Und dann alles, was dir gehört – das Auto, ... ein Grundstück, ein Häuschen am Meer. Alles deins! Und jetzt stirbst du und verlierst es. Der Grund, warum wir solche Angst vor dem Tod haben, ist, dass wir plötzlich auf alles verzichten müssen, woran unser Herz hängt, unseren Besitz, unsere Wünsche, unsere Identität. Ich habe das bereits hinter mir. In den letzten Jahren habe ich all diese Dinge über Bord geworfen. Und jetzt gibt es nichts mehr, woran ich hänge. Denn natürlich bist du nicht dein Name, natürlich bist du nicht dein Beruf und auch nicht dein Haus am Meer. Und wenn du schon im Leben lernst zu sterben, wie die Weisen der Vorzeit es gelehrt haben, ... dann gewöhnst du dich daran, dich mit diesen Dingen nicht zu identifizieren und zu erkennen, von was für einem absolut begrenzten, vorübergehenden, lächerlichen, vergänglichen Wert sie sind. ... Und wenn du im Laufe des Lebens zu begreifen beginnst, dass du nicht diese Dinge bist, dann trennst du dich allmählich davon, dann lässt du sie los. Dann lässt du auch das los, was dir am teuersten ist. Für mich war das die Liebe zu deiner Mutter. ... Und wenn ich sage, dass ich diese Liebe loslasse, heißt das nicht, dass ich sie nicht mehr liebe, sondern dass ich nicht mehr Sklave dieser Liebe bin; dass ich nicht mehr von ihr abhänge; dass ich mich auch von ihr gelöst habe. Diese Liebe ist Teil meines Lebens, aber ich bin nicht diese Liebe.

Ich bin vieles ... oder vielleicht auch nichts. Aber ich bin nicht diese eine Sache. Und der Gedanke, im Moment des

Todes diese Liebe zu verlieren, dieses Haus … meinen Beruf … kümmert mich nicht mehr. Er macht mir keine Angst mehr. Denn ich habe mich daran gewöhnt. Das hat mich der Himalaja gelehrt, die Einsamkeit dort oben, die Natur, das Glück, diese Krankheit zu bekommen und die Gelegenheit zu haben, über diese Dinge nachzudenken. …

Wenn man denkt, gut, mir liegt nichts mehr an Geld und Ruhm, und kaufen will ich auch nichts mehr. Aber was gäbe ich nicht für ein Mittel, das mir noch 10 Jahre schenkt! Auch diesen Wunsch habe ich nicht mehr. … Ich kann mich glücklich schätzen, denn die Jahre der Einsamkeit in der Hütte im Himalaja haben mir gezeigt, dass es für mich nichts mehr zu wünschen gab. Dort brauchte ich nichts als ein wenig Wasser zum Trinken, und das gab es an der Quelle, wo auch die Tiere hinkamen. Zum Essen hatte ich ein bisschen Reis mit Gemüse, den ich mir über dem Feuer kochen konnte. Was hätte ich mir denn wünschen können? …

Vielleicht geschieht im Tod ja was Ähnliches wie im Schlaf. … Ich gehe … mit innerer Ruhe und leichtem Herzen, so leicht wie nie zuvor. Und vielleicht liegt das an dieser Kombination von Faktoren, die ich dir gerade zu erklären versucht habe, dass ich das Sterben schon vor dem Tod ein wenig gelernt habe; … was von dir bleibt, vielleicht dieses unteilbare Leben, diese Kraft, diese Intelligenz, die du mit einem Bart schmücken und Gott nennen kannst, auch wenn sie etwas ist, was unser Denken nicht fassen kann, vielleicht der große Geist, der alles zusammenhält. Was ist das, was alles zusammenhält?«[26]

Wir müssen nicht jahrelang in einer Hütte im Hochgebirge leben, wie Tiziano Terzani, um Weisheit zu empfangen, um das Loslassen zu lernen. Dasselbe können wir hier in unserem Alltag erreichen, wenn wir den inneren Weg treu und sehr konsequent gehen, ihn zu unserem Lebensweg machen.

In der Kontemplation geht es nicht um Machen, sondern um Lassen, nicht darum, etwas *hinzuzufügen*, sondern etwas *wegzulassen. »Nur da, wo ich alles gelassen habe, in der leeren Nacktheit des Grundes, da kann mir alles geschenkt werden ... Nichts haben, das ist alles haben«*, sagt Meister Eckhart.

Weiter lesen wir bei Meister Eckhart: *»Fang zuerst bei dir selbst an, und lass dich! ... Der Mensch soll zuerst sich selbst lassen. Dann hat er alles gelassen. Fürwahr, ließe ein Mensch ein Königreich oder die ganze Welt, behielte aber sich selbst, so hätte er nichts gelassen. Lässt der Mensch aber von sich selbst ab, was er auch dann behält, sei es Reichtum, oder was immer, so hat er alles gelassen.«* [27] Und bei Angelus Silesius lesen wir: *»Wenn ich in Gott vergeh, dann komm ich wieder hin, wo ich von Anfang an, vor mir gewesen bin.«*

Hierzu ein antikes Gleichnis: Was ist das Meer: »Es war einmal ein Salzmännchen, das durch warme Gegenden und Wüsten gewandert und ans Meer gekommen war. Plötzlich entdeckte es das Meer. Es hatte es nie vorher gesehen und verstand es deshalb nicht. *»Wer bist du?«* Fragte das Männchen. *»Ich bin das Meer?«* antwortete das Meer. *»Aber was ist das Meer?«* bohrte das Salzmännchen weiter. *»Ich«*, entgegnete das Meer. *»Ich verstehe es nicht«*, murmelte das Männchen traurig vor sich hin. *»Aber wie nur könnte ich dich verstehen? Ich wünsche es so sehnlich.« »Berühr mich«*, sagte das Meer. Und scheu berührte das Salzmännchen mit seinen Zehenspitzen das Meer. Und es begann, das Geheimnis des Meeres zu verstehen! Aber sehr schnell merkte es, dass seine Zehenspitzen verschwunden waren. *»Was hast du gemacht, Meer?« »Du hast etwas gegeben, um mich verstehen zu können«*, sagte das Meer. Und das Salzmännchen begann, sich langsam und sanft im Meer aufzulösen, wie jemand, der den wichtigsten Akt seines Pilgerlebens verwirklicht. In dem Maß, wie es ins Meer eintauchte, wurde es Stück für Stück dünner. Aber im gleichen Maß hatte es den Eindruck, das Meer besser zu verstehen. Das Männchen wurde immer dünner und fragte sich weiter: *»Was ist das Meer?«* Bis eine letzte Welle es ganz aufgezehrt hatte. Aber in diesen letzten Augenblicken konnte es noch die Antwort des Meeres zu seiner eigenen machen und sagen: *»Ich bin das Meer.«* Erinnern wir uns an den Satz von Angelus Silesius: *»Das Tröpflein wird das Meer, wenn es ins Meer gekommen, die Seele Gott, wenn sie in Gott wird aufgenommen.«*

Der Weg zum Glück, zur Wahrheit, geht über das Loslassen. Dann wird der Einblick in die letzte Wirklichkeit geschenkt. Wenn die Hände leer geworden sind, wenn ich, – christlich gesprochen – »in die Armut des Geistes« gelangt bin, dann öffnet sich der Himmel. Um dahin zu kommen, lassen wir Gedanken, Gefühle, Vorstelllungen, Erinnerungen und Wünsche los. Der spirituelle Weg der Kontemplation heißt: verlieren, sich lassen, sich von der Egostruktur lösen. Das ist die Voraussetzung, um sich selbst zu finden, um mit Gott eins zu werden. Nur aus Liebe zum Absoluten, aus Liebe zu Gott, kann sich der Mystiker vom Anhaften an sich selbst, von Abhängigkeiten, und von seinem Besitz geistig lösen. Wer das Eigentliche »schmeckt«, wer vom Göttlichen angerührt wird, der braucht nichts mehr. Nichts fehlt. Er hat alles. Der Durst ist gestillt. Das Sich-Lösen von allem ist kein Opfer. *»Dios solo basta. Gott allein genügt.« (Teresa von Avila) Wer Gott hat, dem fehlt nichts mehr!*

Der spirituelle Weg bedeutet Gelassenheit, Geschehenlassen, sich nicht widersetzen, bewusst alle Spannung loslassen, auch den eigenen Willen. Es bedeutet, verfügbar zu sein, und sich absolut einlassen auf das, was jetzt ist, was das Leben jetzt für mich bereithält. Bin ich müde, dann lege ich mich hin. Habe ich Hunger, dann esse ich. Bin ich traurig, dann bin ich es einfach. Bin ich schlapp und elend, dann ist es so und nicht anders. Bin ich ans Krankenlager gefesselt, so ist das jetzt mein

Augenblick, der von mir gelebt sein will. Ich widersetze mich nicht. Ich lebe das Leben wie es kommt, bin mit ihm im Einklang. Ich setze keinen Widerstand und fließe einfach mit, in welcher Form Es mir auch begegnet, ob als Licht, oder Schatten und Dunkelheit, ob als Freude oder Trauer. Alles ist das EINE. Es umhüllt und durchdringt mein Sein und entleert mich, bis ich transparent bin. Alles geschieht. Ich selbst bin nicht mehr. Was ich fühle, ist Befreiung und Freude.

Maria Petit hatte hierfür ein schönes Bild. *»Ich sollte versuchen, immer oben zu schwimmen, wie ein bestimmter Vogel, der sein Nest auf dem Wasser baute. Obwohl das Nest mit der Flut auf und ab geht, bleibt der Vogel fest und ruhig in seinem Nest, ohne sich um das Auf und Ab des Wassers zu kümmern. Er lässt sich mittreiben, wohin das Wasser ihn mitnimmt. Wenn er nämlich im Nest bleibt, kann das Auf und Ab des Wassers ihm nichts anhaben.«* [28]

Meister Eckhart spricht vom Nicht-Wollen, Nicht-Haben, Nicht-Wissen. Nicht kleben an seinem Tun, an Wünschen, Gefühlen oder Gedanken! Man konzentriert sich auf die Mitte, in Achtsamkeit, in offenem Gewahrsein, in einem Zustand, der frei ist von Dualität, frei von Bewertung, frei von Verurteilen, von Ja oder Nein. Man ist einfach nur *da*, horcht nach innen, in sich hinein, und hält sich hin, wie ein Stück Ton, das sich formen lässt, in reiner Absichtslosigkeit, ohne etwas Bestimmtes zu erwarten oder erreichen zu wollen. Das ist die wichtigste Übung des Weges.

Ich befreie mich auf dem Weg der Kontemplation aus allen wie auch immer gearteten Bindungen, die mich besetzen, entkleide mein Selbst von den Hüllen, die im Laufe des Lebens hinzugekommen sind und das Eigentliche, das Göttliche, verschleiern. Um das Absolute zu finden, muss ich zur *puritas cordis, der Reinheit des Herzens*, gelangen, wie die Wüstenväter es nannten, wenn sie über das »innere Gebet« sprachen, zu einem störungsfreien, nackten Bewusstsein ohne Inhalte, leer wie ein weißes Stück Papier. Dann können tiefe Seinserfahrungen aufsteigen.

Kontemplation ist die Übung der Selbstentäußerung. Alles was gelassen werden kann, muss gelassen werden. Es ist wie beim leiblichen Tod, wo nichts bleibt als nur das was nicht vergeht, das Ewige, Göttliche. Und wenn ich nicht weiß, ob ich in der Übung wirklich alles losgelassen habe, frage ich mich: Was ist in der Stunde des Sterbens noch wichtig? Was dann keine Bedeutung mehr hat, lasse ich auch hier los. Es ist ein Sterben ins Leben hinein. »Stirb, bevor du stirbst«, sagen die Mystiker. Tief innen tragen viele in sich die Sehnsucht nach einem Leben in Wachheit und klarer Bewusstheit, nach einem offenen, weiten Herzen, nach einem Leben in leidenschaftlicher Fülle.

Was zuletzt bleibt, wenn man alles gelassen hat, ist Leere, abgrundtiefes Schweigen. Und hier offenbart sich der Urgrund. Hier ist die Fülle, das Leben, das absolute Sein, Gott. Das Letzte ist Gnade. Man kann dafür nur den Weg bereiten, indem man loslässt, geschehen lässt, und sich überlässt in letzter Verfügbarkeit.

Die inneren Nabelschnüre müssen durchschnitten werden

So wie bei unserer ersten Geburt die Nabelschnur durchschnitten wird, um ins Leben zu kommen, so müssen auch die »geistigen Nabelschnüre« durchtrennt werden, damit die *»Gottesgeburt in der Seele«* (Meister Eckhart) geschehen kann, damit wir ins wahre Leben finden. Hier geht es nämlich auch um eine Geburt, um Verwandlung, um das Offenbarwerden des Göttlichen, des Eigentlichen. Das ist die Aufgabe unseres Lebens: Zum Vorschein bringen, was in einem angelegt ist. Die Nabelschnüre bei dieser geistigen Geburt aber sind stärker als die körperliche Nabelschnur und schwerer zu durchtrennen. Immer wieder versucht der Mensch, das alte Leben festzuhalten, alles zu behalten, nichts loszulassen und herzugeben, vor allem nicht sein Ego. An dem klammert er und meint, nicht ohne es leben zu können. Wir versuchen uns abzukapseln vom Ganzen. Wir sträuben uns, den Raum frei zu machen für das Göttliche in uns, für das Eigentliche, das in uns offenbar werden will. Kurz: wir wollen nicht loslassen. Das Allerwichtigste für viele Menschen ist ihre Rolle, die sie in der Welt spielen, ihr großes Ansehen, ihre schöne äußere Gestalt, und das Geld, was ihnen in all den Jahren zugeflossen ist. Wie viele bringen sich durch dieses falsche Denken um das eigentliche Glück. Das sind die Nabelschnüre, die es zu durchtrennen gilt. Sonst können wir nicht in »die Welt des Wesentlichen« finden, in die »Welt des Geistes.« Dort geht es nicht um Haben, sondern um Sein. Besitzen verdeckt das Sein. Wir müssen uns desidentifizieren von dem, was wir haben.

Es ist, wie wenn aus einer Raupe ein Schmetterling wird. Der Kokon muss aufbrechen, damit ihr Traumleben beendet ist. Ihre eigentliche Bestimmung ist es, ein Schmetterling zu sein, der glücklich und frei in der Sonne herumflattert. Oder wie bei einem Engerling, in den dunklen, feuchten Gängen der Erde. Es gehört zu seinem Wesen, dass er diese enge Dunkelheit verlässt, um dann als fröhlicher Maikäfer in der sonnigen Weite zwischen Blumen und Gräsern herumzufliegen. Dabei geht es immer ums Loslassen dessen, was uns besetzt, was Hindernis zum Eigentlichen ist. Das, was wir zunächst als Verlieren erleben, erweist sich danach als Freiwerden von den Gewändern, den Rollen und Masken, was uns als Armwerden vorkommt, zeigt sich als Durchbruch in die Fülle. So heißt es in den Seligpreisungen: *»Selig die Armen im Geiste, denn ihrer ist das Himmelreich. Selig die reinen Herzens sind, sie werden Gott schauen.«*

Auch in manchen Märchen wird diese große Weisheit ausgedrückt. Zum Beispiel im Märchen »Hans im Glück« der Gebrüder Grimm.

Hans im Glück

Zunächst das Märchen: *Hans hatte sieben Jahre bei seinem Herrn gedient, da sprach er zu ihm ›Herr, meine Zeit ist herum, nun wollte ich gerne wieder heim zu meiner Mutter, gebt mir meinen Lohn.‹ Der Herr antwortete ›du hast mir treu und ehrlich gedient, wie der Dienst war, so soll der Lohn sein,‹ und gab ihm ein Stück Gold, das so groß als Hansens Kopf war. Hans zog ein Tüchlein aus der Tasche, wickelte den Klumpen hinein, setzte ihn auf die Schulter und machte sich auf den Weg nach Haus. Wie er so dahinging und immer ein Bein vor das andere setzte, kam ihm ein Reiter in die Augen, der frisch und fröhlich auf einem muntern Pferd vorbeitrabte. ›Ach,‹ sprach Hans ganz laut, ›was ist das Reiten ein schönes Ding! da sitzt einer wie auf einem Stuhl, stößt sich an keinen Stein, spart die Schuh, und kommt fort, er weiß nicht wie.‹ Der Reiter, der das gehört hatte, hielt an und rief ›ei, Hans, warum läufst du auch zu Fuß?‹ ›Ich muss ja wohl,‹ antwortete er, ›da habe ich einen Klumpen heim zu tragen: es ist zwar Gold, aber ich kann den Kopf dabei nicht gerad halten, auch drückt mirs auf die Schulter.‹ ›Weißt du was,‹ sagte der Reiter, ›wir wollen tauschen: ich gebe dir mein Pferd, und du gibst mir deinen Klumpen.‹ ›Von Herzen gern,‹ sprach Hans, ›aber ich sage Euch, Ihr müsst Euch damit schleppen.‹ Der Reiter stieg ab, nahm das Gold und half dem Hans hinauf, gab ihm die Zügel fest in die Hände und sprach ›wenns nun recht geschwind soll gehen, so musst du mit der Zunge schnalzen und hopp hopp rufen.‹*

Hans war seelenfroh, als er auf dem Pferde saß und so frank und frei dahinritt. Über ein Weilchen fiels ihm ein, es sollte noch schneller gehen, und fing an mit der Zunge zu schnalzen und hopp hopp zu rufen. Das Pferd setzte sich in starken Trab, und ehe sichs Hans versah, war er abgeworfen und lag in einem Graben, der die Äcker von der Landstraße trennte. Das Pferd wäre auch durchgegangen, wenn es nicht ein Bauer aufgehalten hätte, der des Weges kam und eine Kuh vor sich hertrieb. Hans suchte seine Glieder zusammen und machte sich wieder auf die Beine. Er war aber verdrießlich und sprach zu dem Bauer ›es ist ein schlechter Spaß, das Reiten, zumal, wenn man auf so eine Mähre gerät, wie diese, die stößt und einen herabwirft, dass man den Hals brechen kann; ich setze mich nun und nimmermehr wieder auf. Da lob ich mir Eure Kuh, da kann einer mit Gemächlichkeit hinterhergehen, und hat obendrein seine Milch, Butter und Käse jeden Tag gewiss. Was gäb ich darum, wenn ich so eine Kuh hätte!‹ ›Nun‹, sprach der Bauer, ›geschieht Euch so ein großer Gefallen, so will ich Euch wohl die Kuh für das Pferd vertauschen.‹ Hans willigte mit tausend Freuden ein: der Bauer schwang sich aufs Pferd und ritt eilig davon.

Hans trieb seine Kuh ruhig vor sich her und bedachte den glücklichen Handel. ›Hab ich nur ein Stück Brot, und daran wird mirs noch nicht fehlen, so kann ich, sooft mirs beliebe, Butter und Käse dazu essen; hab ich Durst, so melk ich meine Kuh und trinke Milch. Herz, was verlangst du mehr?‹ Als er zu einem Wirtshaus kam, machte er halt, aß in der großen Freude alles, was er bei sich hatte, sein Mittags- und Abendbrot, rein auf, und ließ sich für seine letzten paar Heller ein halbes Glas Bier einschenken. Dann trieb er seine Kuh weiter, immer nach dem Dorfe seiner Mutter zu. Die Hitze ward drückender, je näher der Mittag kam, und Hans befand sich in einer Heide, die wohl noch eine Stunde dauerte. Da ward es ihm ganz heiß, so dass ihm vor Durst die Zunge am Gaumen klebte. ›Dem Ding ist zu helfen‹, dachte Hans, ›jetzt will ich meine Kuh melken und mich an der Milch laben.‹ Er band sie an einen dürren Baum, und da er keinen Eimer hatte, so stellte er seine Ledermütze unter, aber wie er sich auch bemühte, es kam kein Tropfen Milch zum Vorschein. Und weil er sich ungeschickt dabei anstellte, so gab ihm das ungeduldige Tier endlich mit einem der Hinterfüße einen solchen Schlag vor den Kopf, dass er zu Boden taumelte und eine Zeitlang sich gar nicht besinnen konnte, wo er war. Glücklicherweise kam gerade ein Metzger des Weges, der auf einem Schubkarren ein junges Schwein liegen hatte. ›Was sind das für Streiche!‹ rief er und half dem guten Hans auf. Hans erzählte, was vorgefallen war. Der Metzger reichte ihm seine Flasche und sprach ›da trinkt einmal und erholt Euch. Die Kuh will wohl keine Milch geben, das ist ein altes Tier, das höchstens noch zum Ziehen taugt oder zum Schlachten. ›Ei, ei‹, sprach Hans und strich sich die Haare über den Kopf, ›wer hätte das gedacht! es ist freilich gut, wenn man so ein Tier ins Haus abschlachten kann, was gibts für Fleisch! aber ich mache mir aus dem Kuhfleisch nicht viel, es ist mir nicht saftig genug. Ja, wer so ein junges Schwein hätte! das schmeckt anders, dabei noch die Würste.‹ ›Hört, Hans‹, sprach da der Metzger, ›Euch zuliebe will ich tauschen und will Euch das Schwein für die Kuh lassen.‹ ›Gott lohn Euch Eure Freundschaft‹, sprach Hans, übergab ihm die Kuh, ließ sich das Schweinchen vom Karren losmachen und den Strick, woran es gebunden war, in die Hand geben.

Hans zog weiter und überdachte, wie ihm doch alles nach Wunsch ginge, begegnete ihm ja eine Verdrießlichkeit, so würde sie doch gleich wieder gutgemacht. Es gesellte sich danach ein Bursch zu ihm, der trug eine schöne weiße Gans unter dem Arm. Sie boten einander die Zeit, und Hans fing an, von seinem Glück zu erzählen, und wie er immer so vorteilhaft getauscht hätte. Der Bursch erzählte ihm, dass er die Gans zu einem Kindtaufschmaus brächte. ›Hebt einmal‹, fuhr er fort und packte sie bei den Flügeln, ›wie schwer sie ist, die ist aber auch acht Wochen lang genudelt worden. Wer in den Braten beißt, muss sich das Fett von beiden Seiten abwischen.‹ ›Ja‹, sprach Hans, und wog sie mit der einen Hand, ›die hat ihr Gewicht, aber mein Schwein ist auch keine Sau.‹ Indessen sah sich der Bursch nach allen Seiten ganz bedenklich um, schüttelte auch wohl mit dem Kopf. ›Hört‹, fing er darauf an, ›mit Eurem Schweine mags nicht ganz richtig sein. In dem Dorfe, durch das ich gekommen bin, ist eben dem Schulzen eins aus dem Stall gestohlen worden. Ich fürchte, ich fürchte, Ihr habts da in der Hand. Sie haben

Leute ausgeschickt, und es wäre ein schlimmer Handel, wenn sie Euch mit dem Schwein erwischten: das Geringste ist, dass Ihr ins finstere Loch gesteckt werdet.‹ Dem guten Hans ward bang, ›ach Gott‹, sprach er, ›helft mir aus der Not, Ihr wisst hier herum bessern Bescheid, nehmt mein Schwein da und lasst mir Eure Gans.‹ ›Ich muss schon etwas aufs Spiel setzen‹, antwortete der Bursche, ›aber ich will doch nicht schuld sein, dass Ihr ins Unglück geratet.‹ Er nahm also das Seil in die Hand und trieb das Schwein schnell auf einen Seitenweg fort: der gute Hans aber ging, seiner Sorgen entledigt, mit der Gans unter dem Arme der Heimat zu. ›Wenn ichs recht überlege‹, sprach er mit sich selbst, ›habe ich noch Vorteil bei dem Tausch: erstlich den guten Braten, hernach die Menge von Fett, die heraussträufeln wird, das gibt Gänsefettbrot auf ein Vierteljahr, und endlich die schönen weißen Federn, die lass ich mir in mein Kopfkissen stopfen, und darauf will ich wohl ungewiegt einschlafen. Was wird meine Mutter eine Freude haben!‹

Als er durch das letzte Dorf gekommen war, stand da ein Scherenschleifer mit seinem Karren, sein Rad schnurrte, und er sang dazu.

›Ich schleife die Schere und drehe geschwind,
und hänge mein Mäntelchen nach dem Wind.‹

Hans blieb stehen und sah ihm zu; endlich redete er ihn an und sprach ›Euch gehts wohl, weil Ihr so lustig bei Eurem Schleifen seid.‹ ›Ja‹, antwortete der Scherenschleifer, ›das Handwerk hat einen güldenen Boden. Ein rechter Schleifer ist ein Mann, der, sooft er in die Tasche greift, auch Geld darin findet. Aber wo habt Ihr die schöne Gans gekauft?‹ ›Die hab ich nicht gekauft, sondern für mein Schwein eingetauscht.‹ ›Und das Schwein?‹ ›Das hab ich für eine Kuh gekriegt.‹ ›Und die Kuh?‹ ›Die hab ich für ein Pferd bekommen.‹ ›Und das Pferd?‹ ›Dafür hab ich einen Klumpen Gold, so groß als mein Kopf, gegeben.‹ ›Und das Gold?‹ ›Ei, das war mein Lohn für sieben Jahre Dienst.‹ ›Ihr habt Euch jederzeit zu helfen gewusst‹, sprach der Schleifer, ›könnt Ihrs nun dahin bringen, dass Ihr das Geld in der Tasche springen hört, wenn Ihr aufsteht, so habt Ihr Euer Glück gemacht.‹ ›Wie soll ich das anfangen?‹ sprach Hans. ›Ihr müsst ein Schleifer werden wie ich; dazu gehört eigentlich nichts als ein Wetzstein, das andere findet sich schon von selbst. Da hab ich einen, der ist zwar ein wenig schadhaft, dafür sollt Ihr mir aber auch weiter nichts als Eure Gans geben; wollt Ihr das?‹ ›Wie könnt Ihr noch fragen‹, antwortete Hans, ›ich werde ja zum glücklichsten Menschen auf Erden; habe ich Geld, sooft ich in die Tasche greife, was brauche ich da länger zu sorgen?‹ reichte ihm die Gans hin, und nahm den Wetzstein in Empfang. ›Nun‹, sprach der Schleifer und hob einen gewöhnlichen schweren Feldstein, der neben ihm lag, auf, ›da habt Ihr noch einen tüchtigen Stein dazu, auf dem sichs gut schlagen lässt und Ihr Eure alten Nägel gerade klopfen könnt. Nehmt ihn und hebt ihn ordentlich auf.‹

Hans lud den Stein auf und ging mit vergnügtem Herzen weiter; seine Augen leuchteten vor Freude, ›ich muss in einer Glückshaut geboren sein‹, rief er aus ›alles, was ich wünsche, trifft mir ein, wie einem Sonntagskind.‹ Indessen, weil er seit Tagesanbruch auf den Beinen gewesen war, begann er müde zu werden; auch plagte ihn der Hunger, da er allen Vorrat auf einmal in der Freude über die erhandelte Kuh aufgezehrt hatte. Er konnte endlich nur mit Mühe weitergehen und musste jeden Augenblick halt machen; dabei drückten ihn die Steine ganz erbärmlich. Da konnte er sich des Gedankens nicht erwehren, wie gut es wäre, wenn er sie gerade jetzt nicht zu tragen brauchte. Wie eine Schnecke kam er zu einem Feldbrunnen geschlichen, wollte da ruhen und sich mit einem frischen Trunk laben: damit er aber die Steine im Niedersitzen nicht beschädigte, legte er sie bedächtig neben sich auf den Rand des Brunnens. Darauf setzte er sich nieder und wollte sich zum Trinken bücken, da versah ers, stieß ein klein wenig an, und beide Steine plumpsten hinab. Hans, als er sie mit seinen Augen in die Tiefe hatte versinken sehen, sprang vor Freuden auf, kniete dann nieder und dankte Gott mit Tränen in den Augen, dass er ihm auch diese Gnade noch erwiesen und ihn auf eine so gute Art, und ohne dass er sich einen Vorwurf zu machen brauchte, von den schweren Steinen befreit hätte, die ihm allein noch hinderlich gewesen wären. ›So glücklich wie ich‹, rief er aus, ›gibt es keinen Menschen unter der Sonne.‹ Mit leichtem Herzen und frei von aller Last sprang er nun fort, bis er daheim bei seiner Mutter war.

Hans hatte durch die Arbeit einen großen Klumpen Gold verdient in seinem Leben. Uns geht es ähnlich, wenn wir Karriere gemacht haben, eine Partnerin gefunden haben, und Haus und Kinder und ein Auto, und vielleicht noch ein dickes Bankkonto besitzen. Irgendwann spüren wir, dass das noch nicht alles ist, dass wir noch nicht am Ende unserer Sehnsüchte angekommen sind. Unser Hunger ist irgendwie nicht gestillt. Im Märchen heißt es: Hans hatte Sehnsucht nach zu Hause. Er wollte heimkehren zu seiner Mutter. Bei uns ist es der *innere Ruf*, der uns ahnen lässt, dass das Leben noch auf eine andere Erfüllung wartet. Spätestens um die Lebensmitte trifft uns dieser Ruf, dann, wenn die äußeren materiellen Wünsche weitgehend erfüllt sind. Dieser Drang, diese Sehnsucht, führt manchen auf den spirituellen Weg. Wenn im Märchen von »Heimkehr« die Rede ist, so ist damit das Zurückfinden zu unserer eigentlichen Natur, zu unserer Wesensnatur gemeint. Der Mensch ist ein spirituelles, göttliches Wesen, das hier auf Erden eine Erfahrung als Mensch macht. Aber nicht für immer. Wenn dem Menschen langsam die Augen aufgehen, und er merkt, dass er in der *Fremde* ist, zieht es ihn zurück in die *Heimat*. Er spürt, dass er umkehren muss, und dass das Heil nicht auf dem Weg des immer mehr Zusammenraffens liegt, sondern, dass es auf dem umgekehrten Weg des Loslassens zu finden ist. Es wird ihm klar, dass nicht Besitz und Macht ihm das Glück bringen, um das er kämpft und ringt, sondern dass diese vielmehr eine Last bedeuten.

Hans im Märchen spürt, dass der Goldklumpen ihm eine ungeheure Last ist auf dem Weg, an der er sich halbtot schleppt. Mit diesem Gewicht auf den Schultern wird er nie nach Hause gelangen. Also tauscht er den Klumpen Gold gegen ein Pferd ein. »Das wird mich schneller ans Ziel tragen und weniger mühevoll sein«, meint er. Er kommt wirklich schneller vorwärts. Aber bald muss er einsehen, dass das Pferd gefährlich ist. Es wirft ihn ab. So wechselt er das Pferd gegen eine Kuh aus. Aber auch die hat ihre Tücken. Sie gibt keine Milch, als er in der Hitze des Tages großen Durst hat, und gibt ihm dann noch einen Tritt, der ihm für einige Momente die Besinnung raubt.

So gibt er sie her, um ein Schwein zu bekommen, und dieses tauscht er gegen eine Gans, wegen des guten Festtagsbratens. Aber auch die Gans lässt er sich abluchsen.

Nach all diesen Erfahrungen hat er schließlich eine tiefe Erkenntnis: Im einfachen Leben, im redlichen Verdienst müsste das Glück liegen, in den einfachen Dingen des Lebens. Und er nimmt sich vor, Scherenschleifer zu werden. Dafür genügen ihm zwei einfache Wetzsteine. Doch dann kommt es nochmals anders. Er will an einem Brunnen trinken, passt nicht recht auf, und da fallen sie ihm in den Brunnen, der so tief ist, dass er sie nicht herausholen kann. Das letzte, was er besaß, versinkt. Und er hat nichts mehr.

Hans kniet nieder, so heißt es im Märchen, und betet:«*Gott ich danke dir, dass du mich von allen unnötigen Dingen befreit hast.*« Es ist von der Basis des »gesunden Menschenverstandes« aus schwer zu verstehen. Doch jetzt ist er frei und glücklich. Wörtlich heißt es im Märchen: *»Hans, als er sie (die Schleifsteine) mit seinen Augen in der Tiefe hatte versinken sehen, sprang vor Freude auf, kniete dann nieder und dankte Gott mit Tränen in den Augen, dass er ihm auch diese Gnade noch erwiesen und ihn auf eine so gute Art, und ohne dass er sich einen Vorwurf zu machen brauchte, von den schweren Steinen befreit hätte, die ihm allein noch hinderlich gewesen wären. ›So glücklich wie ich‹, rief er aus, ›gibt es keinen Menschen* *unter der Sonne.‹ Mit leichtem Herzen und frei von aller Last sprang er nun fort, bis er daheim bei seiner Mutter war.*

In diesem Märchen wird der »spirituelle Weg nach Hause« beschrieben als ein Weg mit Strapazen, Leiden, Gefährdungen. Hans lernt, alles immer wieder loszulassen, alles, was ihm zuerst sinnvoll und nützlich erschien. Bis er zuletzt nichts mehr hat. Aber er hat die Freiheit und das wahre Glücklichsein geschenkt bekommen. Das ist die Erfahrung der Nacktheit, der Leere, der Armut des Geistes, die in absolute Freiheit führt.

Die bildhaften Ereignisse dieses Märchens zeigen den Kern jedes spirituellen Weges: Nicht anhaften an den Dingen dieser Welt! Das Märchen beschreibt also unseren eigenen Weg: Sich lösen, innerlich sich trennen von allem, was einen erstickt, um frei zu werden und die *Heimat* zu finden. Aber Voraussetzung ist zu erkennen, oder wenigstens zu ahnen, dass man mit dem Ballast, der uns niederdrückt und nicht frei atmen lässt, nicht leben kann. Das Licht des Schauens und der Gnade muss uns irgendwie geschenkt werden. Wenn wir achtsam sind und Hörende, werden wir irgendwann den Ruf vernehmen, der uns nach Hause führt.

Die Sterntaler

In diesem Märchen geht es um dasselbe Thema: In dem Moment, wenn der Mensch alles, was er *sein Eigen* nennt, hingegeben, sozusagen sein letztes Hemd wegegeben hat, in dem gleichen Augenblick findet er das wahre Selbst, findet er das Absolute.

Zunächst der Märchentext:

Es war einmal ein kleines Mädchen, dem war Vater und Mutter gestorben, und es war so arm, dass es kein Kämmerchen mehr hatte, darin zu wohnen, und kein Bettchen mehr, darin zu schlafen und endlich gar nichts mehr als die Kleider auf dem Leib und ein Stückchen Brot in der Hand, das ihm ein mitleidiges Herz geschenkt hatte. Es war aber gut und fromm. Und weil es so von aller Welt verlassen war, ging es, im Vertrauen auf den lieben Gott, hinaus ins Feld. Da begegnete ihm ein armer Mann, der sprach: »Ach, gib mir etwas zu essen, ich bin so hungrig.« Es reichte ihm das ganze Stückchen Brot und sagte: »Gott segne dir's!« und ging weiter. Da kam ein Kind, das jammerte und sprach: »Es friert mich so an meinem Kopf, schenk mir etwas, womit ich ihn bedecken kann.« Da tat es seine Mütze ab und gab sie ihm. Und als es noch eine Weile gegangen war, kam wieder ein Kind und hatte kein Leibchen an und fror: da gab es ihm seins; und noch weiter, da bat eins um ein Röcklein, das gab es auch von sich hin.

Endlich gelangte es in einen Wald, und es war schon dunkel geworden, da kam noch eins und bat um ein Hemdlein, und das fromme Mädchen dachte: Es ist dunkle Nacht, da sieht dich niemand, du kannst wohl dein Hemd weggeben, und zog das Hemd ab und gab es auch noch hin. Und wie es so stand und gar nichts mehr hatte, fielen auf einmal die Sterne vom Himmel und waren lauter harte blanke Taler. Und obwohl es sein Hemdlein weggegeben, so hatte es ein neues an, und das war vom allerfeinsten Linnen. Da sammelte es sich die Taler hinein und war reich für sein Lebtag.

Das Mädchen steht für den Menschen, der alles gelassen hat, alles, was wir normalerweise in unserem Leben als nötig betrachten. Auf unserem Weg dürfen wir uns nicht einmal an Dinge klammern, von denen wir meinen, dass wir ohne sie nicht sein können, sonst werden wir das wirklich Notwendige nicht erlangen, das Leben, in seiner ganzen Fülle.

Wenn es im Märchen ein kleines, armes Mädchen ist, dem am Ende die Sterne vom Himmel fallen, so hat dies eine tiefere Bedeutung: Es sind nicht die Stolzen, Reichen und Großen, die die Wahrheit finden.

Als das Mädchen in den tiefen, dunklen Wald kommt, begegnet ihm ein armer Mann. Voll Mitleid reicht es ihm sein letztes Stück Brot. Und als da plötzlich ein frierendes Kind vor ihm steht, tut es seine Mütze ab und gibt sie hin; und dem nächsten gibt es sein Röcklein und als dann noch ein Kind kommt, gibt es sein Hemdlein auch noch her. Und nun steht es völlig alleine und ganz nackt im dunklen Wald. Doch nun passiert etwas Wunderbares und völlig Unerwartetes. Das Mädchen wird so reich beschenkt, wie es das nie erwartet hätte – aus einer ganz anderen Dimension, von oben fallen die Sterne vom Himmel. Und obwohl es alles weggegeben hatte, ist das Mädchen jetzt gekleidet in ein strahlend weißes Gewand von feinstem Linnen. Darin sammelt es die fallenden Goldstücke auf und ist nun reich für sein Lebtag.

Das Bild der dunklen Nacht ist uns aus der mystischen Tradition wohlvertraut. Johannes vom Kreuz (1542–1591) hat diesen Zustand in seinem Buch »Die dunkle Nacht« beschrieben. Dort sagt er: *»Dann, wenn die Nacht am dunkelsten ist, genau in dem Moment, geht die Sonne auf.«* [29]

Die dunkle Nacht ist der Augenblick, in dem das »Ganz-Andere« sich offenbart. Dann, wenn man sein letztes Hemd hergibt, sein letztes Stück Brot. Das strahlend weiße Gewand symbolisiert das wahre Selbst, Reinheit, Leere und das Nichts. Der Weg des Mädchens durch die Nacht bedeutet den Weg des Menschen zum Eigentlichen auf dem Weg der Kontemplation.

In dem Moment, wo das Mädchen am wenigsten mit einer Hilfe gerechnet hätte, in der dunkelsten Dunkelheit, im Schweigen der Nacht, da fallen die Sterne vom Himmel. Es ist ein gnadenhaftes Geschenk, das dem Menschen dann zuteil wird. Dieses Märchen drückt in seiner Einfachheit eine grundlegende mystische Erfahrung aus: Dann, wenn der Mensch alles gelassen hat, bekommt er alles geschenkt.

5 Das Schweigen, die Stille

Anfangserleben auf dem inneren Weg

Zu Beginn hat jeder die gleichen Schwierigkeiten. Es ist wie beim Fasten: Der Anfang ist nicht leicht. Meditieren ist »Fasten des Geistes.« Wie oft höre ich Geschichten wie diese, besonders in Anfängerkursen:

»Ich bin zum ersten Mal in einem Kontemplationskurs und freue mich auf die Stille. Lange habe ich mich nach Ruhe und Schweigen gesehnt und hoffe, hier den Alltagsstress ablegen zu können. Ich genieße die weite Leere des Raumes. Da sind keine Geräusche, nur Stille! Im Alltag kenne ich keine Stille, auch nicht, wenn ich alleine bin. Ich bin innerlich meistens zerrissen, in Aufruhr. Das Leben schleudert mich, und ich komme nicht nach. Ich könnte Stille nicht aushalten, deshalb stelle ich immer schnell den Fernseher an, wenn es droht, ruhig zu werden, oder das Radio. Oder ich flüchte in einen Anruf. Hier im Meditationsraum habe ich nur noch mich. Keine äußere Ablenkung ist möglich. Hier kann ich vor der Stille nicht fliehen. Und dann beginnt die erste Runde des Sitzens. O Gott, diese Unruhe in meinem Innern! Das ist für mich etwas völlig Unerwartetes, eine erste innere Erfahrung: In meinem Innern herrscht pausenloser Lärm. Gedanken, Gefühle wie Angst, Wut oder Trauer steigen auf. Emotionen, Erinnerungen, Probleme, Fragen, Zweifel und auch ganz Banales, Unwichtiges.

Ich werde bombardiert, zermahlen wie auf einem Kriegsschauplatz, von diesem ständigen inneren Tumult: ›Habe ich eigentlich zu Hause das Wasser abgestellt? Die Heizungen sind nicht auf Frost-

schutz gedreht. Hoffentlich werden sie nicht einfrieren! Ich wollte doch noch den Nachbarn über einen wichtigen Termin informieren. Meine Freundin steht vor mir und die Unstimmigkeiten, die wir gestern hatten. Warum habe ich nicht liebevoller reagiert? Ich will sie nicht verlieren. Habe ich der Katze genügend Trockenfutter für die fünf Tage meiner Abwesenheit hingestellt? usw. usw. Es kommen auch Dinge an die Oberfläche, die ich längst vergessen glaubte. Alter Müll von Jahrzehnten! Unverarbeitetes, Verdrängtes wagt sich nach oben, jetzt, wo keine Ablenkung mehr möglich ist. Es will angeschaut und gereinigt werden. O Gott, auf was habe ich mich hier eingelassen? Ich suche Ruhe und stoße auf das Gegenteil! Mit aller Kraft reiße ich mich zusammen und erlaube keiner Störung mehr in meinem Bewusstsein zu erscheinen. Aber schon schleicht sich wieder ein Gedanke ein, dann ein zweiter, ein dritter. Und ohne dass ich es merke oder verhindern kann, bin ich schon wieder in meinen Selbstgesprächen und den inneren Fantasien. Ich ärgere mich. Es plappert unaufhörlich. Eins jagt das andere. Wo sind die erhoffte Stille und das Schweigen? Ich meinte bis jetzt, dass ich Herr im eigenen Hause sei!

Später las ich eine Geschichte, die mich tröstete: Ein junger Eremit sucht in der Wüste seinen Meister auf, weil er es beim Meditieren nie schafft, ins Schweigen zu kommen. Die Gedanken überrumpeln ihn unaufhörlich. Der Altvater fordert ihn auf, draußen, im Freien mit seinem Beduinengewand die Sturmwinde aufzuhalten. ›Das geht doch nicht‹, entgegnet dieser. ›Das ist unmöglich!‹ Darauf der Alte: ›Genauso wie du die Winde nicht aufhalten kannst, kannst du die störenden Gedanken und Gefühle nicht hindern, zu dir zu kommen. Du kannst nur eines tun: Wenn sie kommen, so bleibe stehen. Gib dich nicht mit ihnen ab. Tanze nicht mit ihnen!"

Nach viel geduldigem Üben ist es nun langsam ruhiger geworden in meinem Innern. Jetzt aber stelle ich manchmal fest, dass die Abwesenheit von Geräuschen und innerem Lärm Entzugserscheinungen in mir auslöst. Wann endlich ertönt die Glocke, das Zeichen dafür, dass die Sitzrunde im Schweigen beendet ist? Die Minuten schleichen nur so. Sie dauern ewig! Ich döse laufend ein und kann nicht mehr!«

Einige Jahre sind seitdem vergangen. Durch viel geduldiges Üben hat die Kursteilnehmerin gelernt, Störungen loszulassen. *»Ich selbst bin ja diese Stille! Sie ist da, ohne dass ich mich darum bemühe. Sie ist mein Sein. Nie war sie weg. Der Lärm, der mich bombardierte, hat nichts mit meinem Eigentlichen zu tun! Innen, ganz innen, ist es immer still. Ich bin mir der Stille bewusst, die etwas Bleibendes ist, auch bei Störungen. Wenn mir das Loslassen gelingt, besser gesagt, wenn es mir geschenkt wird, dann bin ich im Schweigen. Mit der Zeit habe ich gelernt, die inneren Fenster und Türen zu schließen und einfach nur im tiefen, breiten Schweigen meines Seins zu ruhen.«*

Am Anfang zeigt sich Stille in der Abwesenheit von Geräuschen. Irgendwann erfährt der Übende sie wie einen leeren Raum. Gedanken- und Gefühlsfetzen segeln in ihm herum, aber sie stören die Stille nicht mehr, denn diese ist wie ein bleierner Berg, den nichts bewegen kann.

Zuletzt verwandelt sich die Große Stille in abgrundtiefes Schweigen, das ihn umhüllt, umarmt und nährt, und in dem er verweilen darf so lange er will. Nichts zieht ihn mehr weg, wie in folgender Erfahrung einer anderen Kursteilnehmerin zum Ausdruck kommt: *»Ich bin in tiefer Versenkung. Plötzlich ohrenbetäubender, höllischer Lärm von einem Presslufthammer! Ich nehme ihn wahr, aber wie von Ferne. Es stört die breite Stille nicht. Hier bin ich, eingehüllt in Schweigen, und da ist der Lärm. Er tangiert mich nicht.«*

Die große Stille ist das Bleibende, auch im Alltag

Auch wenn man tief in den Aktivitäten des Alltags steckt, ist es möglich, in der Mitte zu bleiben, in der inneren Stille, die das

Heilige in jedem Menschen ist. Und das sogar im schlimmsten Gewühl und Lärm eines Pariser Fernbahnhofs, wo man umgerannt wird von Menschen aller Farben und Rassen! »Das Mysterium findet am Hauptbahnhof statt«, schrieb Josef Beuys. Auch am Gare de l'Est, zwischen zerlumpten Gestalten und so viel schreiender Not? Ja, auch hier ist Gott! Schon Martin Luther hat gesagt, selbst ein Saustall sei ein heiliger Ort. Es kommt überhaupt nicht auf den Ort an, sondern auf den Menschen, ob er verbunden bleibt mit der Stille, mit seiner Mitte, auch in Lärm und Gestank, unberührt vom Getöse um ihn herum. Auch im Großstadtlärm kann jeder Mensch im inneren Schweigen verweilen. *»Auch mitten im Lärm der Welt tönt die Stille des Seins. Tönt ihren ewigen Ton. Kein menschliches Ohr kann diesen ›Ton der Stille‹ hören. Doch ihn zu hören: das ist es, ... Nicht dort schon, wo der Lärm der Welt einmal schweigt, ist die Stille des Seins. Es hängt an der Weise zu hören, ob in der Stille der Welt oder auch mitten im Lärm, der Mensch die Stille des Seins vernimmt.«*[30]

Ein Bekannter hat mir eine Erfahrung berichtet, die er in London auf dem Bahnhof machte: *»Ich hatte einen wichtigen Zug verpasst und war gezwungen, stundenlang in London auf dem Bahnsteig zu warten. Da habe ich etwas Bemerkenswertes erlebt. Anstatt nervös zu werden, habe ich die Sache positiv angepackt. Wann nehme ich mir schon so lange Zeit zum Meditieren? Hier wird sie mir geschenkt. Ich fand einen Platz auf der Bank und ließ mich durch nichts aus dem inneren schweigenden Dialog wegreißen. Ich sah die Menschenmassen, die abgehetzt ankamen, um den Zug nicht zu verpassen und andere, die aus dem Bahnhof hinausströmten, zu ihrer Arbeit. Mit all meinen Sinnen war ich da und nahm hellwach das lebendige Treiben wahr. Dennoch blieb ich von all dem unberührt, ganz in mir. Ich staunte selbst darüber, dass so etwas möglich war in dieser hektischen Unruhe um mich herum. Dann kam über mich ein sicheres Spüren: Hier bin ich zu Hause. Auch hier! Alles ist gut wie* *es ist. Ich erfahre das göttliche Geheimnis im lauten, lärmenden Treiben dieser Hölle, die gleichzeitig Himmel ist. Wieder einmal ging mir auf: Der Himmel ist hier und jetzt. Die große Stille ist da, überall und in jeder Situation.«*

Man kann in ihr verweilen genauso gut im Alltagsgeschehen wie im Meditationsraum. Es kommt auf beides an: Dass ich in der Achtsamkeit bin, bewusst mit ihr verbunden, und dass ich mich nicht durch äußere Geschehnisse hiervon wegreißen lasse. Wichtig ist, voll und ganz mit all seinen Kräften im Alltag zu stehen, und dennoch gleichzeitig im inneren Schweigen zu bleiben, das heißt, sozusagen, auf zwei Dimensionen zu leben. Sogar in Streitsituationen, um die man nicht herum kommt, wenn man z. B. seine Position verteidigen muss, kann man mit der Mitte verbunden bleiben, auch in heftigsten Momenten. Das ist nicht einfach, aber durch Übung wird es möglich.

Ich selbst habe Folgendes erlebt: Ich bin in einem Gerichtsverfahren. Man will mir mein Recht auf betrügerische Art streitig machen. Der Gegner schreit und tobt. Durch Lügen will er die Situation zu seinen Gunsten hinbiegen. Ich bleibe in der Mitte. Sein Geschrei lässt mich kalt. Es trifft mich nicht, und ich bleibe ruhig. Leise und gelassen lege ich meinen Standpunkt dar und bin dabei ganz in mir. In der Welt siegt fast immer der, der am lautesten brüllen kann. Das Stille geht unter. Diesmal aber, zu meiner großen Überraschung, kam die Wahrheit zu ihrem Recht.

Die Stille, das bin ich

Das Schweigen ist der schnellste Weg zur Realisation, um sich selbst zu finden. Es bedeutet nicht *ruhig* sein, einfach bloß nichts sagen. Es ist mehr. Schweigen bedeutet tief, ganz tief zu jenem Ort zu gehen, wo die absolute Wahrheit zu Hause ist. Das wahre Selbst, das Ich-bin, ist Schweigen. Ich *mache* das Schweigen nicht. Ich *bin* es. Die Stille, die wir lauschend wahrnehmen, ist immer und überall da. Richtet man die Aufmerksamkeit auf sie, spürt man sie im Innern. Dann ist man vom Denken gelöst. Man wird sich einfach der Stille bewusst, wo immer man auch ist. Wenn man das Denken loslässt, ist Stille da. Denken ist innerer Lärm.

Wenn man sich der Stille bewusst wird, steigt innerlich ein *»Bewusstsein jenseits des Denkens«* auf. Es ist kristallen klar. Hier in dieser Leere können einem tiefe *Seinserfahrungen* geschenkt werden. *»Schweigen ist nicht nur nicht Reden, Ruhe von den Sinneswahrnehmungen und Gedanken, von den Gefühlen und Emotionen. Es ist das Aufgehen des ganzen Menschen in der Raum- und Zeitlosigkeit der absoluten Gegenwart. Schweigen ist die Mitte und Quelle des Lebens. Es erfüllt die Tiefen des Alls, des Universums.«*[31] *»Erfahrung absoluter Wahrheit geschieht nur im Schweigen, in der Stille, jenseits des Tagesbewusstseins.«*[32] Dieses tiefe Schweigen ist unendlich beredt. Stille ist die Bedingung dafür, dass wir mit dem göttlichen Sein, mit dem Grund, in Kontakt treten. Um seine Mitte zu finden, um auf der Seinsebene anzukommen, muss man äußere Betriebsamkeit, alles Machen lassen und nur wach da sein. Dem Lärm muss man sterben, denn er verhindert die Wahrheit. Stille jedoch führt in das wirkliche Leben hinein. Gott offenbart sich im Schweigen. Stille hat eine ganz besondere Qualität. Sie ist etwas Kostbares und hüllt den Menschen ein. Hier findet der Mensch *nach Hause*, zu seinem wahren Selbst, das weit über das Denken hinausgeht, hier findet er Frieden.

»Schweige und höre, neige deines Herzens Ohr. Suche den Frieden.« So beginnt die Regel des Heiligen Benedikt.

In der Stille entdeckst du dich selbst. *»Zu einem Einsiedler kamen eines Tages Menschen. Sie fragten ihn: ›Welchen Sinn siehst* *du in einem Leben der Stille?‹ Er war gerade mit Schöpfen von Wasser aus einer Zisterne beschäftigt. ›Schaut in die Zisterne, was seht ihr?‹ fragte er sie. Die Besucher: »Wir sehen nichts.« Nach einer Weile forderte der Einsiedler sie wieder auf: ›Schaut in die Zisterne, was seht ihr?‹ sie blickten hinunter und sagten: ›Jetzt sehen wir uns selbst.‹ Der Einsiedler sprach: ›Als ich vorhin das Wasser schöpfte, war das Wasser unruhig, und Ihr konntet nichts sehen. Jetzt ist das Wasser ruhig, und ihr erkennt euch selbst. Das ist die Erfahrung der Stille!‹«*[33]

Wie leicht aber verlieren wir im Alltag die Berührung mit der inneren Stille! Besonderen in schwierigen Situationen fällt man leicht heraus. Ein Bekannter erzählte mir: *»Mein Hund wurde heute morgen angefahren. Ich bin völlig außer mir. Wo ist jetzt die innere Harmonie, wo die* Mitte*? Ich habe den Kontakt zu mir verloren, zum innersten Kern, zu dem, was mich tausendfältig überschreitet. Das hätte ich nicht für möglich gehalten.«*

Eine andere Erfahrung: *»Die Arztdiagnose ist fatal. Panik! Entsetzen! Der Boden schwankt. Wie gelähmt bin ich. Aber es dauert nicht lange. Da fasse ich mich wieder, komme zu mir, lasse mich los, sinken in den ›Grund‹. Ruhe überkommt mich. Gelassenheit, Ergebenheit, Stille, Ja-Sagen, Annehmen. Das ist die Frucht langjährigen Übens auf dem Inneren Weg.«*

Bei großen inneren Erschütterungen kommt es immer wieder vor, dass man zunächst aus der inneren Verbindung herausfällt. Aber wenn man geübt ist, findet man bald zurück. Immer wenn man seine Mitte verloren hat, nicht mehr in sich selbst verankert ist, dann verliert man sich in der Welt. Dann wird man gelebt, statt selbst zu leben. Wer in der Achtsamkeit geübt ist, wird alles tun, um wieder ins Lot zu kommen. In der Stille hat er Teil am namenlosen Geheimnis, dem viele den Namen Gott geben. Mein *›ich bin‹* ist untrennbar mit Stille verbunden. Sie ist Leben im tiefsten Sinne. Gegenstandsloses Bewusstsein öffnet den Menschen für die Stille des Seins. Er erfährt sie, wenn er im Einklang ist mit seinem Wesen. Die Stille *ist* dieser Einklang. Sie ist die Sprache Gottes.

Die große Stille ist das Wesen, das Verbindende, von allem was ist

Stille ist spürbar und greifbar da. Sie ist das Wesen, das Verbindende in allem was ist. Sie ist ihr »Nenner«. Sie trägt, wärmt und umhüllt den Menschen. Es ist Gott, der uns in der großen Stille begegnet. Alles Geschaffene, wenn es ganz bei sich selbst ist, hat Stille um sich. Ein Baum, einfach wie er da steht, ohne was zu tun oder zu wollen, oder ein Tier, das ganz versunken am Waldesrand äst, der Säugling in der Wiege, der mit glänzenden Augen wach und zufrieden da liegt, oder ein Kind, das mit ungeheurem Ernst seinem Spiel hingegeben ist, ganz darin verwoben – überall dort ist diese Stille. Wer Ohren hat zu hören und Augen zu sehen, zu vernehmen, der nimmt das Schweigen überall wahr. So sagt Angelus Silesius: *»Wer seine Sinne hat ins Innerste gebracht, der hört, was man nicht hört, und siehet in der Nacht.«*

In dem Augenblick, wo man präsent ist, im Jetzt, wenn da kein Gedanke mehr ist, nur noch innere Wachsamkeit, kann man die Stille in sich und um sich herum vernehmen. Es braucht nicht mehr, als immer wieder auf diese Stille zu lauschen.

Während eines Kurses erzählte mir eine Teilnehmerin: *»Im Zustand von tiefer Stille und offenem Gewahrsein erblicke ich einen Baum. Ich nehme das Schweigen in ihm wahr und erkenne: der Baum und ich, wir sind eins, eins im göttlichen Sein, eins im selben Urgrund, eins im Schweigen. Er ist und ich bin. Ein anderes Mal, als ich mich auf einer Wanderung ein wenig hinsetze, um nach innen zu gehen, erfahre ich etwas Ähnliches: Mein Blick fällt auf einen Hagebuttenstrauch, dicht neben mir. Die Ameisen spazieren auf den Ästen auf und ab. In gedankenfreier Stille, ohne etwas zu wollen, ruht mein*

Blick auf dem Strauch. Ich schaue hindurch, erkenne seinen Hintergrund, und gleichzeitig erfahre ich auch meinen, das eine göttliche Sein, den Nenner von allem. Der Baum, der Strauch, sie lehren mich, mich selbst zu finden.«

Es ist gut, auch auf die *äußere* Stille zu lauschen. Dieses Lauschen eröffnet die Erfahrung der Stille in uns selbst. Wer die Stille um sich herum wahrnimmt, wer sich ihrer bewusst wird, ist präsent in der Gegenwart, in einem Zustand innerer Wachsamkeit. Er ist da. Es ist ein stetes Bemühen, immer wieder in sie einzutauchen! Ohne Gedanken. Wenn das Denken kommt, fällt man aus ihr heraus. Aber für den, der geübt ist, ist es leicht, zurückzukehren. Schweigen, schauen und hören. Das ist alles. Mehr ist nicht nötig. Dann kann man Weisheit finden. In der Stille, im Schweigen, stellt sie sich ein. Darum gibt es nichts, was der Mensch dringender braucht, als dass sich ihm das *innere Auge* öffnet im Erkennen des Absoluten.

Karlfried Graf Dürckheim sagte einmal: *»Auch in einer zwischenmenschlichen Begegnung, wenn sie tief ist, klingt das Schweigen an. Auch hier kann der Ton der Stille hörbar werden, das Ungesprochene zwischen dem Gesprochenen, das Schweigen zwischen den Tönen. Die Worte geben der Stille ihren Gehalt und die Stille gibt den Worten ihr Leben.«*[34]

Der Mensch, dem das Ruhen im inneren Schweigen zuteil wurde, ist ein *Spürender* geworden. Er spürt im Anderen denselben göttlichen Grund, die große Stille, die uns alle verbindet. Er erkennt den, der neben ihm steht. Er fühlt sein Befinden und seine Gedanken, auch wenn sie nicht ausgesprochen werden. Er versteht ihn deutlicher im Schweigen als durch lange Diskussionen. Das kann man auch in einem Kontemplationskurs feststellen. Nach sechstägigem Schweigen ist man sich sehr nahe gekommen. Da ist Vertrauen gewachsen, Wärme, ein Sich-Kennen. Hätten die Kursteilnehmer, statt zu schweigen, sechs Tage miteinander diskutiert, wäre so etwas unmöglich.

Loslassen, Leerwerden von allem Unwesentlichen: das ist die Voraussetzung für die innere Stille. Wer auf dem »inneren Weg« ist, nicht nur in der täglichen Übung, sondern immer, der kann vielleicht den »Ton der Stille« vernehmen. Aber nur das Ohr, das ledig ist von allen Tönen, ist dazu fähig. Das Loslassen von dem Vielen, das Leerwerden, ist die Voraussetzung dafür, dass in einem Menschen das »innere Auge aufgeht«, um die Wahrheit zu vernehmen. Dann hat er sein inneres Haus entrümpelt von allem Unwesentlichen. Das Leben wird dadurch einfacher und befreiter. In der großen Stille ordnet sich alles.

Dann kann einer sagen: *»Wo sind die Probleme von vorher? Maßstäbe ändern sich. Der Ärger mit dem Hausbau und den Arbeitern, die so vieles falsch machen, scheint jetzt unbedeutend. War ich vorher noch verzagt, wenn ich an die bevorstehende Prüfung dachte, so bin ich jetzt hoffnungsvoll, dass ich es schaffe. Und es ist ja auch nicht so sehr wichtig. Sogar die berechtigte Sorge um meinen Sohn drückt nicht mehr so schwer.«*

Der *Weg* hat ihn gewandelt, ohne sein Zutun. Die Achtsamkeit ist schärfer geworden. Wenn das *innere Haus* in Ordnung ist, muss sich auch außen im Umfeld, alles ändern. Es muss geräumt werden, ordentlich sein. *»Ich vertrage nicht mehr den vielen Ballast in meinem Haushalt. Er stört mich. Überall entdecke ich Überflüssiges, das unbedingt weg sollte. Die vielen Bücher, die ich mit Sicherheit nicht mehr lesen werde, und die nur noch Dekoration sind. Wie befreiend, wenn die Regale sich leeren und nur noch Lesenswertes bleibt! Ich brauche auch nicht 15 Stühle in meinem Haus. Und von den vielen Hemden meines Mannes geben wir zwei Drittel her. Benötige ich zehn Pullover? Weg mit denen, die ich nur alle zwei Jahre einmal trage! Und die unzähligen Halstücher! Ich räume und räume. Nur das wirklich Nötige darf bleiben! Wie innen so außen! Es drängt mich regelrecht, das Haus zu entrümpeln und zu ordnen. Mit jedem unnötigen Stück, das wegfällt, fühle ich mich leichter und* *froher. Vieles, was ich früher brauchte, langweilt mich jetzt, weil ich den inneren Reichtum gefunden habe, weil ich hindurchschaue auf den Hintergrund. Auch die Beziehungen wandeln sich. Es gibt viel Wichtigeres, viel Tieferes als stundenlanges, oberflächliches Geschwätz beim Kaffee oder beim Kegeln. Die Interessen haben sich gewandelt. Nicht mehr Tun ist das Wichtigste. Es genügt mir, ganz und gar zu sein. Dann hat man alles. Alles ist wesentlicher geworden.«*

Und bei Angelus Silesius lesen wir: *»Mensch werde wesentlich, denn wenn die Welt vergeht, so fällt der Zufall weg, das Wesen das besteht.«*

Der Weg ins leere Schweigen des Seins

Ich *bin* Stille, auch wenn ich es im normalen Alltagsbewusstsein nicht wahrnehme. Aber ich kann den Weg bereiten, um die Tür dahin zu finden, damit ich die Stille auch wahrnehme. Ich komme hierfür in einen anderen Bereich meines Bewusstseins, den ich normalerweise nicht betrete. Um diese tiefe Erfahrung des Schweigens bemüht man sich, ohne sich zu bemühen, ist nicht verkrampft, sondern heiter. Um dahin zu gelangen, muss man viele kleine Tode sterben, bis einem plötzlich die große Gnade geschenkt wird, das tiefe Schweigen des Seins zu *schmecken*, das Schweigen des Seins, welches der »eine Geschmack« (Ken Wilber) ist in allem, was existiert.

Praktisch lassen wir das *innere Theater* los, das uns immerzu beschäftigt, die Eindrücke der Sinne, die Gefühle, Gedanken, Fragen, Wünsche. Wir lassen alles *wie* es ist und *was* es ist, aber es berührt uns nicht mehr. Wir öffnen uns der Stille unseres Seins und achten ganz wach darauf, dass nichts diese Stille stört. Da ist dann nichts mehr als nur *schweigendes Lauschen*. In einem solchen Moment innerer Stille ist nichts anderes mehr wichtig als die völlige *Leere des Geistes.*

Die Schwelle von der betriebsamen Geschäftigkeit, von dem Lärm, hin zur Stille des Seins, hin zur unbewegten Mitte, diese Schwelle erscheint uns oft riesengroß, fast unüberwindbar. Doch plötzlich stellt man fest: »Da ist ja überhaupt keine Schwelle. Ich kann ungehindert den Raum der Stille und des inneren Schweigens betreten.« (Waltraud Herbstritt). Es braucht nur einen Schritt, und man ist da. Dann spürt man, wie es ist, wenn nichts Einzelnes mehr da ist, nur noch leere, unbewegte Stille. »Horchen auf die Stille, horchen, bis man sich selbst vergisst in Stille hinein, bis man erwacht als Stille selbst.« (Waltraud Herbstritt) Dann kann man die Erfahrung machen, dass man selbst nichts anderes ist als tiefes, breites, unbewegtes Schweigen, leere Stille, klare Leere. Henry Le Saux hat das einmal so ausgedrückt: *»Kehre dich nach innen, dahin wo nichts besteht. Und achte darauf, dass du nichts einlässt. Dringe in deine Tiefe ein, bis dorthin, wo kein Gedanke besteht, bis an diese Basis. Und achte darauf, dass sich keiner erhebt. Wo nichts ist, ist Fülle. Wo nichts zu sehen ist, die Schau des Seins, wo nichts mehr erscheint, in diesem absoluten Schweigen, da erscheint dir das Selbst.«*[35]

Wenn man schweigt, und alles in einem verstummt, ist man transparent geworden für die Begegnung mit dem *inneren Geheimnis*. Da ist nur noch *Gegenwart*. Es gibt keine Zeit mehr und auch kein Denken. Diese Erfahrung ändert auch das Verhältnis zur Zeit im Alltag. Wenn man erkennt, dass der Augenblick schon alles ist, wenn man im Augenblick aufgeht, weil er allein schon das Ganze ist, dann bedrängt einen die Zeit nicht mehr. Man hat alles. Was muss man noch tun? Man ist frei von ihr. Man erkennt, dass man sehr viel Zeit geschenkt bekommt.

Waltraud Herbstritt, eine Karmelitin in Tübingen, sagt, im inneren Schweigen und Leersein erfahre man, dass Beten anders ist, als wir gewöhnlich meinen. Das Wichtigste dabei ist die reine Hingabe, das Loslassen aller Vorstellungen und Ich-Konzepte. Darum spricht man vom Sterben des Egos. Da ist nur Hingabe an das, was ist. Das ist der mystische Tod des Ich, durch den man wird, was man schon immer ist. Und das *»Wesen«, »das Absolute«*, die große innere Stille, kann sich in mir und durch mich offenbaren. Jetzt lebe ich das Leben Gottes. Und in jedem Schritt, in jeder Bewegung, folgt man der Einladung, dem Ruf des Lebens. Da ist zuletzt kein Begehren mehr, kein Wollen. Man setzt keinen Widerstand. Man fließt mit dem Leben, egal in welcher Form es einem begegnet, ob als Licht oder Schatten und Dunkelheit, ob als Freude oder Trauer. Alles ist das Eine. Es umhüllt und durchdringt unser Sein und entleert uns von allen Ich-Konzepten und -Ansprüchen, bis wir ganz transparent sind. Alles geschieht. Ich selbst bin nicht mehr. Alles ist mir Gott geworden.

Um dahin zu gelangen, muss man viel und ernsthaft üben, sich von der Kompliziertheit des Alltags mehr und mehr befreien und immer einfacher werden. Auch während der Arbeit, während des ganzen Tages, wäre es gut, im inneren Schweigen zu bleiben, in einem offenen Gewahrsein, um zu vernehmen, zu lauschen. Wenigstens sollte man immer wieder von neuem versuchen, in diesen inneren Raum des Schweigens zu gehen, immer dann, wenn man ihn verloren hat.

Viele Lehrer des inneren Weges raten, sich während des Tages äußere Kontrollen, »Ampeln« zu errichten, die einen daran erinnern, zurückzuspüren, ob man noch verbunden ist mit der *Mitte*: Beispielsweise jedes Mal, wenn eine Glocke zu hören ist, oder jedes Mal, wenn man eine Türklinke anfasst, immer wenn man telefonieren will, oder wenn man die Küche betritt, oder wenn man eine Treppe besteigt, – es gibt so viele Möglichkeiten – erinnert man sich und geht für einen winzigen Moment nach innen.

Das innere Schweigen muss man behutsam bewahren, damit die Wahrnehmung des *Lichts*, oder das *Spüren des Seins* im Innern nicht überlagert wird vom Lärm des äußeren Alltags.

Die laute Welt mit ihrem grellen Licht lenkt ab. Was man dabei auch noch braucht und einüben muss, ist Vertrauen. Damit man der Einladung oder dem Ruf des Lebens folgen kann, ist Vertrauen nötig. Nur im Vertrauen ist es möglich, sich einfach nur führen zu lassen, auch dahin, wo man nicht mehr versteht, und man dann das Leben akzeptiert, in welcher Form auch immer es auf einen zukommen mag. Hier wird das »Ja« zum Leben geübt, das sich in uns und durch uns offenbaren will. Diese letzte Hingabe aber geschieht dann, wenn man leer ist und sich nicht einmischt, und nichts mehr will, als sich nur dem *Ganz-Anderen*, dem unermesslichen Geheimnis zu öffnen.

Ein bekanntes Gebet von Sören Kierkegard (1813–1855) drückt das so aus: *»Als mein Gebet immer andächtiger und innerlicher wurde, da hatte ich immer weniger zu sagen. Zuletzt wurde ich ganz still. Ich wurde, was womöglich noch ein größerer Gegensatz zum Reden ist, ich wurde ein Hörer. Ich meinte erst, Beten sei Reden. Ich lernte aber, dass Beten nicht bloß Schweigen ist, sondern Hören. Beten heißt still werden, ins tiefe Schweigen gehen, und warten, bis der Betende Gott hört.«*

Das Geschehenlassen wird zu einer immerwährenden Aktivität, so wie ein unbeweglicher Weg, wie ein bewusst gesprochenes *Ja*, ewig. Gott wird nicht in der Ferne gesucht, sondern im eigenen Innern. Der Meditierende verharrt schweigend in Seiner Gegenwart. Er lässt Es mit sich geschehen. Er öffnet sich der Gnade.

6 Das Sein

Schauen ins nackte Sein

Eine Kursteilnehmerin schrieb mir ihre Erfahrung mit dem nackten Sein: »*Manchmal ist es ganz leicht, ja, es gibt nichts was einfacher wäre, den Urwald, der mich überwuchert hat, die Egoebene, die mich erstickt und so leiden macht, zu verlassen, und tief unter dieser dunklen Schicht in die Klarheit des »Seins« zu tauchen, in die andere Dimension. Wenn es geschieht, ist es ein unerwartetes Geschenk, und ich kann nur danken und staunen. Denn verstehen kann ich es nicht. Machen auch nicht. Es geschieht einfach. Hier ruhe ich aus. Hier ist Frieden, Schweigen, Stille, Klarheit. Hier kann ich atmen, frei und heil werden. Alles ist im richtigen Maßstab. Die Bedrohung von eben ist nicht mehr. Alles Schreckliche löst sich in nichts auf.*

Ich bin in meiner Wahrheit, im leeren Sein, ohne Gedanken, Vorstellungen, Wünsche. Ich bin da *und* bin ganz. *Gedanken, Emotionen, meine Zerrissenheit von vorher gehören zur oberflächlichen Ebene, der Ebene der Person, des relativen Ich, zu der Schicht, die ich einen »wuchernden Urwald« nenne, in dem ich mich normalerweise bewege. Er hat das Sein erstickt und verdeckt. Ich hatte mich in ihm verloren und wusste nichts mehr vom Licht und dem Eigentlichen, dem göttlichen Wesen, das ich bin. In diesem Urwald, der finster ist und undurchdringlich, der mich zerstört, in dem ich verzweifelt kämpfe und leide, fehlt mir die Luft zum Atmen. Er ist wie eine Krebsgeschwulst des Geistes. Und doch ist er nur ein Phantom. Wenn ich in die Tiefe des nackten Seins gelange, erfahre ich, dass er keine Existenz hat. Hier trinke ich an dem frischen Quell des Lebens und erfahre Freude und Heilsein. Das nur bin ich. Hier ist meine Wahrheit.«*

Der erste Schritt ist, dass man sein zerstreutes Bewusstsein sammelt. Mit der Zeit wird das *Gebet der Ruhe* immer einfacher, bis es zuletzt nichts mehr gibt, was man noch weglassen könnte. Schließlich kommt man zu einer Schau ohne Bild, zur Schau des *Nackten Seins*. Und wenn man auch das noch loslässt, kommt man zur Schau des dem eigenen Sein zugrunde liegenden göttlichen Seins, dem wahren Selbst. Das ist die tiefste Form der Gotteserkenntnis und der Selbstfindung.

Das Innenleben des Menschen ist ständig in Bewegung. Unaufhörlich wandelt es sich. Mein Sein dagegen ist das Bleibende, Ruhende, der Ursprung. Man kann es vergleichen mit der unbewegten stillen Wasseroberfläche eines Sees. In der Kontemplation kehren wir heim in diesen See, auf die Basis unseres Bewusstseins. Im Tagesbewusstsein ist es nicht möglich, sie wahrzunehmen. Sie wird überlagert von intellektuellem und emotionalem Geschehen, das unser Ichbewusstsein schafft. Da der Mensch normalerweise nichts anderes kennt und erfährt, glaubt er, das vordergründige Ich sei die »Mitte«, sei alles. Wenn in der Meditation das emotionale, kognitive Innenleben zum Schweigen kommt, wird die *Basis des Bewusstseins* sichtbar. Jeder hat sie. Sie wartet darauf, dass wir die überlagernden Schichten durchdringen und sie entdecken.

Das Göttliche ist im Menschen verborgen. Wenn dieses vielschichtige Innenleben zur Ruhe kommt, wenn der Mensch die oberflächliche, lärmende Ebene verlassen hat, die das Sein überlagert, überdeckt, überwuchert und verdunkelt, stößt er auf eine Wirklichkeit, die er bis jetzt nicht wahrgenommen hat. Sie füllt seinen ganzen Bewusstseinsraum aus. Er wird zum passiv Schauenden. Er ist auf der tiefen Dimension, wo nur noch Ruhe, Frieden, Weite, Freude ist.

In liebendem Aufmerken auf das Schweigen des leeren, nackten Seins, auf diese gleichförmige, breite unwandelbare Stille, verweilt er unbeweglich im Nicht-Tun, im Nur-Sein, in reiner Gegenwärtigkeit. Da ist nur noch Ruhen in diesem reinen, einfachen Bewusstsein *ich bin*. Der Körper entgrenzt sich. An der Peripherie, ganz in der Ferne, nimmt man noch das ein oder andere wahr. In der Mitte aber erfährt man die eine Wirklichkeit, das *nackte Sein*. Diese raumlose Wirklichkeit ist unendlich klar und beeindruckend. Hier möchte man ewig verweilen.

Wenn in dieser tiefen Ruhe Gedankenfetzen über das Bewusstsein segeln, so stören sie absolut nicht. Man lässt sie einfach vorüberziehen. Sie können einen nicht aus dieser tiefen Qualität von Stille wegreißen. Es ist auch gut und heilsam für Leib und Seele, möglichst lange in diesem Zentrum zu bleiben. Wer gesundheitliche Probleme hat, für den gibt es hier, an der Quelle, Heilungskräfte, die er jetzt vielleicht nutzen kann.

Es braucht allerdings Übung, und am Anfang ist es nicht leicht, sich in dem schlichten, stillen Wahrnehmen des nackten Seins zu halten. Noch ist das lange Ruhen in dieser tiefen Ebene kein stabiler Zustand. Hier muss man sehr behutsam sein und sich ganz ruhig verhalten, unbewegt. Ferner sollte man darauf achten, nicht gleich wieder darüber nachzudenken und Fragen zu stellen: »Was ist das? Das ist ja wunderbar! Wie bin ich nur hierher gekommen?« Sonst ist es möglich, dass man diese Tiefe wieder verliert. Am Anfang ist man immer wieder versucht, auf die emotional-kognitive Ebene zu gehen, wo Gedanken, Vorstellungen und Überlegungen sind, die einen ablenken und in die Vielheit zersplittern. Es braucht Übung und Ausdauer, um gesammelt im Einen zu verweilen, um sich in der innersten Mitte seines Geistes aufzuhalten, in dieser Ungeteiltheit seines Herzens, in dieser reinen Wahrnehmung und bildlosen Schau seines Seins. Es geht einem im Alltag sehr leicht wieder verloren, weil das Schillern und der Glanz der Welt einen wie ein Magnet wegziehen von der Mitte. Nach langem Üben fällt es leicht, immer wieder, schon nach wenigen Atemzügen, in eine tiefe, breite Stille einzusinken, in den Grund, in die Ebene, die unter den Aktivitäten des Bewusstseins liegt, in das nacktes Sein. Es ist erfüllt von reiner Gegenwart.

Der Mensch ist nicht sein Körper, auch nicht sein Fühlen und Denken. Er ist nicht sein Name, oder seine besondere Gestalt, oder sein Beruf. Man kann sich auch nicht über Erfolge oder Misserfolge definieren. Auch nicht, indem man sich als ein Glied in einer Familie oder Sippe erklärt. Es ist unmöglich, sich mit grobstofflichen Sinnen wahrzunehmen, weil man derjenige ist, der all das *übersteigt*. Man ist reines Bewusstsein, der Wahrnehmende, der Zeuge von allem. Dann, wenn Gedanken still stehen und Sinneseindrücke keinen Zugang mehr haben, kann man zur Erfahrung des reinen Bewusstseins kommen. Man ist sich bewusst, dass man sich bewusst ist. Das Bewusstsein ist in der Lage, sich selbst wahrzunehmen.

Diesem inhaltslosen Bewusstsein können wir den Namen *Christusbewusstsein* oder *Gottesbewusstsein* geben. Im Zen heißt es *Buddhabewusstsein.* Für den Mystiker Tauler ist diese tiefe Ebene der *Grund.* Und Theresa von Avila nennt sie *die innere Burg.*

Der Raum Gottes in uns

Der Benediktiner Anselm Grün aus Münsterschwarzach beschreibt ihn als den Raum Gottes in uns, als den Raum der tiefen Stille, den inneren Raum des unerschütterlichen Schweigens, als unsere wahre Heimat, unser Zu-Hause, als unseren innersten Kern. Hier sind wir im Einklang mit uns selbst, eins mit unserem eigentlichen Wesen. Alles ist stimmig. Wir sind in tiefem Frieden und in Berührung mit unserem Herzen, mit Gott, unserm innersten Innen.[36] Hier kann uns niemand etwas antun, uns bedrängen oder verurteilen. Wir brauchen keine Angst vor Verletzungen zu haben. Alle Gedanken, Vorstellungen und Bilder haben wir zurückgelassen. Lärmende Störungen, die unser Sein verdunkeln und bedecken, bleiben draußen. Die Ansprüche, die wir stets an uns selbst haben, alles was zum kleinen vordergründigen Ich gehört, kann hier nicht einkehren. Hier sind wir frei von Bindungen jeglicher Art, von Zwängen und Nöten dieser Welt. Bedrängendes und Dunkles tangiert diesen Raum des Nackten Seins nicht. Befreit sind wir von der Macht der Menschen, von der Macht des Überichs, das uns nicht sein lässt, wie wir ursprünglich gemeint sind. Hier, jenseits aller äußeren Turbulenzen, ist die Seele gesund und heil, weit weg von Bedrängnis und Leiden. Die Seele ruht in tiefer Gleichmut. In dieser absoluten Freiheit gibt es das selbstgemachte Gefängnis von vorher nicht mehr. Wir erfahren reine Gegenwart. Das liebende Du Gottes.

»Wo ich gehe – Du – wo ich stehe – Du –
Nur Du, wieder Du, immer Du!
Ergeht's mir gut – Du, wenn's weh mir tut – Du
Nur Du, wieder Du, Du, Du, Du.
Himmel – Du, Erde – Du,
Oben – Du, unten – Du,
Wohin ich mich wende, an jedem Ende
nur Du, wieder du, immer Du.

Martin Buber [37]

Das ist das »gelobte Land«, dieser innere Raum der Stille, in dem ich selber lebe, anstatt gelebt zu werden. Hier ist alles gut, ohne Mangel. Es gibt diesen inneren Raum in jedem, wo ihn nichts mehr im Griff hat. Und in diesen Raum kann er sich jederzeit zurückziehen, sogar in allergrößten Nöten. Das ist kein Trick und keine Flucht, sondern es ist mein Geburtsrecht, das zu sein, was ich bin: Raum Gottes, nacktes Sein. Das setzt jedoch voraus, dass man ihn entdeckt hat, diesen Raum. Durch viel Üben in der Kontemplation kann jeder so weit kommen, dass er jederzeit leicht dahin zurück findet, ohne Schwierigkeiten.

»Seitdem ich das ›Wesen‹ schauen durfte, sehe ich immer wieder durch alles ›hindurch‹, auf den Grund, auf das Dahinter. Tiefes Staunen, immer wieder von neuem, wenn ich mit dem inneren Blick die Masken durchdringe und sich mir die Wahrheit zeigt.«

In der Welt, in der wir leben, die uns immer wieder entwurzelt, wo das schreckliche Rennen und Hasten ist, in diesem Stress, vor dem niemand gefeit ist, ist es nötig, oft und oft am Tage heimzukehren ins Sein, um sich zu erholen und sich wieder zu stärken am Quell des Lebens.

Als ich vor 30 Jahren zum ersten Mal dem Jesuitenpater Hugo M. Enomiya-Lassalle begegnete, hielt er einen Vortrag über christliches Zen. Dabei erzählte er von seinem Freund, mit dem er in Japan zusammenlebte. Man hatte ihn im Krieg zum Tode verurteilt. Er sollte erschossen werden. Diese Schreckensnachricht habe ihn jedoch keineswegs in Entsetzen oder Verzweiflung gestürzt, wie es eigentlich normal gewesen wäre, sondern seine Seele blieb in Frieden und völlig ruhig, wie immer. Wie schaffte er das? Pater Lassalle erklärte uns das so: *»Er zog sich zurück, in sein Innerstes, in den Raum Gottes, ins nackte Sein, wo überhaupt nichts von außen ihn bedrängen oder tangieren konnte. Diesen Ort kannte er gut. Hier war seine Heimat, wo er sich geborgen fühlte. Und er wartete in tiefem Frieden auf sein Ende.«*

Es ist so ähnlich, wie wenn man von den tosenden, trüben Wellen der Oberfläche eines wild aufgewühlten Sees hinunter in die ruhigen, klaren und sicheren Tiefen am Grund taucht, dahin, wo das Wasser ruhig ist und Stille herrscht. So ähnlich bewegt man sich jetzt ganz tief in die stille Ebene des Seins, in die Klarheit des Urgrunds. Hier verweilt man, unbewegt, und blickt hinauf, aufmerksam, aber distanziert, zu den trüben und beängstigenden Wirbeln, zu diesem Chaos da oben. In diesem Zustand erfährt man in totaler Klarheit, dass tief im Innern ein tieferes Selbst ist, ein Sein, das von allem Äußeren unberührt ist. Von hier aus kann man alles als unbeteiligter Zeuge beobachten, ihm zuschauen, in Ruhe, ganz gelöst und in innerer Heiterkeit und unbeeindruckt. Aus dieser Distanz heraus wird einem klar, dass man all das ja gar nicht ist. Man erkennt, dass man zwar Bedrängnisse hat und Leiden, aber dass sie einem nichts antun können. Man steht weit darüber. Nichts kann einen auf der Seins-Ebene ernstlich bedrohen. Man hat Probleme, Schwierigkeiten, Ängste, Sorgen und Nöte, aber man *ist* sie nicht. Dieser Schritt der Desidentifizierung ist ganz wesentlich.

Das ist der entscheidende Moment, in dem das »kleine Ich« seine Macht über uns verloren hat, in dem man zu leiden aufhört, weil man erkennt und durchschaut, dass sie keine eigentliche Realität besitzen, sondern eine Täuschung des Bewusstseins sind.

Aber das ist Ergebnis eines längeren Übungsprozesses, dahin kommt man nicht in einem Tag oder in kurzer Zeit. Man muss viel und beharrlich und ernsthaft üben. Spüren und immer wieder nach innen lauschen. Nicht nur beim regelmäßigen Sitzen in der Kontemplation. Man sollte auch im Alltag immer mal wieder in diese Tiefe lauschen, diese innere Fühlung aufnehmen, zu diesem Grund hin spüren.

Karlfried Graf Dürckheim erzählt, dass er daran seine Entwicklung auf dem inneren Weg erkennt, wenn die Abschnitte, in denen er nicht mehr mit der *Quelle* verbunden ist, immer kürzer werden, weil er sie immer schneller bemerkt und dann umkehrt.

Die Erfahrung des nackten Seins ist noch nicht die Erleuchtungserfahrung. Es kann aber sein, dass schon hier plötzlich die Einheitserfahrung geschenkt wird. Dann sieht man in allem das Göttliche, den gemeinsamen Grund. Alle Dualität ist weg. Das ist ein erstes Erfahren des *wahren Selbst*, des Eigentlichen. In Gelassenheit und innerer Heiterkeit erlebt man das.

Schauen ins göttliche Sein

Das Schauen ins nackte Sein, in den Raum Gottes in uns, ist noch nicht das Letzte auf dem mystischen Weg. Es ist nur Durchgang. Der Weg geht weiter. Die menschliche Sehnsucht geht dahin, Gott zu erfahren und sonst nichts. Nur Er ist die absolut letzte Wahrheit, die radikal andere transmentale Wirklichkeit, die Essenz von allem was ist. Es ist die Erfahrung, die immer wieder zu beschreiben versucht wurde und wird mit Wörtern wie *Einheit*, *Leere*, *Nichts*. Doch das alles sind nur Bezeichnungen, um Es verbal ausdrücken zu können. Dabei treffen sie es eigentlich nicht wirklich. Der unbekannte englischer Autor der »Wolke des Nichtwissens« aus dem 13. Jahrhundert schrieb: *»Falls du beim Üben merkst, dass du noch nicht Gott, sondern erst dein eigenes Sein wahrnimmst und erfährst, verlange mit ganzer Kraft Deines Herzens danach, einzig in Gottes Sein zu versinken, und dass dir nichts übrig bleibe, als der tiefe Wunsch, die kärgliche Erkenntnis und die den Grund verstellende Wahrnehmung deines eigenen dunklen Seins zu vergessen.«*

Und dann merkt man: *Mein* Sein, das gibt es nicht. Das ist eine relative Wahrheit, die eigentliche, absolute ist das göttliche Sein. Das erst ist das *wahre Selbst*. Das wahre Selbst auch eines jeden Menschen. Der nächste Schritt besteht im Aufgeben des eigenen nackten Seins, in der vollen Hingabe an die große Wirklichkeit, die wir Gott nennen. Das ist ein totales

Sich-Überlassen, Fallenlassen in seinen Grund. Im Zen sagt man: *»Übe, als ginge es auf Leben und Tod. Übe mit allen Kräften deiner Seele.«* Es geht darum, den eigenen Tod zu sterben, den Tod des Ich.

Diese Totalität, die Bereitschaft zur äußersten Hingabe, kann der Mensch nur aus Liebe und Sehnsucht nach Gott aufbringen. Unser Motor ist das tiefe Verlangen nach der Wahrheit. *»Alles lassen heißt alles gewinnen«*, schreibt Meister Eckhart. Und an anderer Stelle: *»Wir müssen leer und ganz ledig werden.«* Letztes Ziel ist, das Sein Gottes zu erfahren. Er selber ist unser Sein. Solange der Mensch noch sein *eigenes Sein* wahrnimmt, ist da *einer der schaut und etwas das geschaut wird*. Da sind noch zwei. Das ist nicht die eigentliche, die letzte Wirklichkeit. Erst wenn *Schauender und Geschautes eins* sind, dann ist der Mensch angekommen. Der Mensch muss also noch die Erfahrung seines nackten Seins lassen, weil es als *Hindernis* dazwischen steht. Die alles übersteigende Erfahrung Gottes, wie Er ist, ist die Vereinigung mit Ihm in der *unio mystica, der Einheitserfahrung*, das klare Erkennen, dass Gott und man selbst Nicht-Zwei sind. Der Welle geht auf, dass sie der Ozean ist. Der Mensch überlässt sein nacktes Sein in tiefer Hingabe. Dann wird er erfahren, wie er voll Liebe umfangen wird, und erkennen, wer er in Wahrheit ist, und wer Gott ist. Tiefe geistige Erfahrungen ruhen immer auf den zwei Säulen: Liebe und Erkenntnis.

Der Beitrag des Menschen dabei ist: mit ganzer Kraft danach zu verlangen, sich einzig in Gott fallen zu lassen, in den Urgrund, ernsthaft zu versuchen, jede Wahrnehmung von seinem nackten Sein zu verlieren. Geduldig warten, die Einheit von Schauendem und Geschautem geschehen lassen. Denn machen kann man es nicht. In einem Kurs machte eine Teilnehmerin die Erfahrung: *»Die Sehnsucht meines Abgrundes und die unsägliche Liebe seines Abgrundes sind ein und dasselbe. Ich ruhe in tiefem, grenzenlosem Schweigen.«* Ein anderes Mal schreibt sie mir: »*Das Leben wird ›durchscheinend‹. Formen werden transparent auf das All-Eine hin. Liebe, Freude, Schönheit, Glückseligkeit … Das erscheint, wenn ich durchlässig bin.*

Ich habe nicht den Verstand verloren. Es ist so real, so klar! Letztes Verstehen, tiefes Wissen. Alles ist Licht, durchleuchtet, verwandelt. Göttliche Freude … Danke für das Geschenk …«

Das Wahre Selbst

In einer tiefen Bewusstseinsschicht des Menschen liegt die Fähigkeit des intuitiven Wahrnehmens und Erkennens. Das ist ein Wissen von absoluter Sicherheit. Es ist eine andere Form der Wahrnehmung und der Sicherheit als die über den Verstand gewonnene. Christliche Mystiker nannten diese Fähigkeit: »Sehen mit dem inneren Auge« oder mit dem »inneren Licht« oder mit dem »Auge des Herzens«. In einer intuitiven Schau kann es uns gegeben werden, dass wir unser Eigentliches, das wahre Selbst, dieses unfassbare göttliche Geheimnis, das wir sind, erkennen. Jemand drückte diese Erfahrung so aus: »*Das nur bin ich! Wahres Selbst. Da ist gar nichts. Nur Leere, absolute Reinheit, fleckenlose weiße Leinwand, unbewegt und klar.*« Ein anderer berichtet: »*Manchmal, in Augenblicken tiefer Ruhe, zeigt sich mir das Sein. Ich weiß nicht, warum gerade jetzt. Und ich erfahre: alles was ist, ist Sein. Zeit, Raum, Licht, der Mensch, alles ist von gleichem Ursprung, von gleichem Leben. Alles hat dieselbe Quelle, die eine Wurzel. Wenn mir das geschenkt wird, so geschieht das ohne mein Zutun. Ich lasse lediglich zu, dass die Strahlen des Geistes mich berühren. Es ist etwas Heiliges, wenn Es mich durchflutet, so dass ich hier nicht mitmischen darf. Alles was ist, ist erfüllt von Gott. Wenn es geschieht, dass ich göttliche Weisheit empfange, dann verliert alles Gewesene seinen Wert, seine Wichtigkeit: Die Bücher, Lehrer, alles angelernte Wissen. Die Wahrheit lebt, wird lebendig, jetzt, in diesem*

Moment. Und alles Vergangene, alles Zukünftige ist geborgen in diesem Jetzt. Wenn das geschieht, ist mir alles heilig geworden, alles in mir und um mich herum. In diesem großen Geschehen verschwindet alles Einzelne, Getrennte, Besondere. Alles ist das Eine.«

Das ist ein Geschenk. Machen kann man das nicht, nur den Weg dafür bereiten. Ohne unser Zutun, in einer gnadenhaften Stunde, geschieht das. Dann ist der Mensch erwacht. Er ist neu. Von ihm sagt der Philosoph Pascal: *»Der Mensch übersteigt den Menschen um ein Unendliches.«* Erst wenn man das wahre Selbst, das göttliche Sein erfährt, wenn es sich offenbart, dann durchschaut man auch in aller Klarheit das Ego, das kleine Ich, in seinem relativen Wert, und gibt ihm den ihm gebührenden Platz.

Erfahrung: *»Immer mehr geht mir auf, dass alles leer ist, nur Schein, und dass nur das Wesen, das Göttliche in allem, Bestand hat. Dieses Wissen ist schon mein Fleisch und Blut geworden. Es kann mich befreien von den Schatten des Lebens und des Todes. Das ›Hindurchschauen‹ hilft mir, befreit und froh durchs Leben zu gehen. Ich kann nur bestätigen, was Kierkegaard sagt: ›Ich wäre zugrunde gegangen, wenn ich nicht zu Grunde gegangen wäre.‹«*

Eine solche Erfahrung geht dann auch in den Alltag über: *»Seitdem ich das Wesen schauen durfte, sehe ich immer wieder, auch in meinem Alltag, durch alles hindurch. Auf den Grund, auf das Dahinter.«*

Aus Gott sind wir entstanden, von Ihm gehen alle Dinge aus, in Ihm leben wir, und in Ihn kehren wir auch wieder zurück. In tiefer Kontemplation, wenn Gedanken und Emotionen aus dem Ich-Bereich nicht mehr die Sicht verstellen, kann dem Menschen diese tiefe Seinserfahrung zuteil werden.

Graf Dürckheim schreibt: *»Wer den Begriff ›Mensch‹ auf den Horizont seines Welt-Ichs beschränkt, wird alles ihn Transzendierende aus sich hinaus verlegen. In Wahrheit ist er das, was ihn tausendfältig überschreitet, sein Wesen, sein innerster Kern! In ihm hat* *er Teil am All-Wesen, Teil an dem namenlosen Geheimnis, dem viele Menschen den Namen Gott geben. Es ist – will man das Unfassbare begrifflich fassen – die dem Menschen wie allen Dingen ›immanente Transzendenz‹.«*[38]

Gott ist der transpersonale Seinsgrund, das wahre Wesen des Menschen. Er ist nicht mehr Gegenstand unseres Denkens, sondern unmittelbare innere Erfahrung. In kontemplativer Stille, im Schweigen, wird ihm das Geschenk des »Schauens« zuteil. Er erkennt sein wahres Wesen und weiß: Das bin ich wirklich. Sich finden, das wahre Selbst finden, das ist Gott finden. Das erfahren alle, die zur Wahrheit durchbrechen. Jetzt weiß man: Gott ist das Innerste meines Innern.

Ken Wilber sagt über das Selbst: *»Dieses Selbst kann nicht gefunden werden, weil es dasjenige ist, was niemals verloren ging. Dieses Selbst ist Gott. Es ist zeitlos, niemals endend. Du bist dieses Selbst, Du bist das Eine. Es gibt nur das Eine. Du kannst nicht nach IHM greifen, weil es dasjenige ist, was greift. Du kannst es nicht sehen, weil es dasjenige ist, was sieht.«*[39]

Das *wahre Selbst* ist im Gegensatz zu allem anderen ohne Eigenschaften. Es ist leer. Es ist das Herz aller Wesen. Es ist der Beobachter, der von allem unberührt bleibt, der *Transpersonale Zeuge*. Er ist unser Leben. *»Hier ist ein unaussprechliches Geheimnis. Das Paradies ist in uns und rings um uns, doch wir, in unserer Blindheit, verstehen nichts ... So wie die Wolken die Sonne verdecken, ist unsere Klarheit durch trügerische Gedanken verborgen. Wir haben Augen und sehen nicht.«* (Thomas Merton)

Carlo Caretto sagte einmal: *»Ich bin in Ihm wie der Embryo im Mutterleib, so umhüllt, gewärmt, geliebt und umsorgt.«*

Unser Geist trägt eine Entwicklungsdynamik in sich. Er strebt zur Transzendenz, zu höheren Bewusstseinszuständen, in denen er wieder die Ganzheit des Seins erlebt. Wenn Ichverwirklichung und Ichentfaltung in den Hintergrund treten, dann erkennt man, dass in der Tiefe etwas Großes verborgen ist, das Göttliche, die Ganzheit, und dass Es überall existiert. Man spürt so etwas wie einen verborgenen, gemeinsamen Grund. Das Selbst erkennt sich selbst in der Kontemplation, wenn der Mensch sich tief nach innen kehrt und zur Wahrheit erwacht, zum Urgrund, aus dem der individuelle Mensch hervorbricht. Gott selbst manifestiert sich im Menschen als Mensch. Das wahre Selbst des Menschen ist also grenzenlos formlos und zeitlos. Es ist Sein des göttlichen Seins. Alles ist im Selbst enthalten.

Man erfährt es mit solcher Sicherheit und Gewissheit, dass man diese Wahrheit furchtlos vor aller Welt vertreten würde. Wie alle Weisheitslehrer und Mystiker aller Zeiten erkennt man: *»Ich bin und war immer das göttliche Selbst, ob ich es erfahre oder nicht. Es ist nicht geboren und wird nicht sterben. Es ist unzerstörbar, unverwundbar und von den Zeitläufen unabhängig. Es ist das Ganze, Es ist heilig, ewig, unwandelbar, und nicht bedingt durch irgendetwas. Das nur bin ich wesenhaft. Das allein ist meine wahre Wirklichkeit.«*

Wer hierhin gelangt, der ist zurückgekehrt in den Ursprung. Von der Unwissenheit ist er zum Wahrnehmen der Wahrheit gelangt. Die Wahrheit ist ins Feld seines Bewusstseins getreten.

Das geschieht auf einer anderen Erkenntnisebene als das rationale reflektieren und verstehen, trotzdem kann man es mit Gewissheit erfahren. Der japanische Zenmeister Dogenzenji meint: *»Ontologisch sind wir Buddhanatur, ob wir das wissen oder nicht.«* Wir könnten das *Christusbewusstsein* nennen. Im Selbst sind wir alle eins. Es ist der gemeinsame göttliche Urgrund von allem was ist.

Auf dem Weg geht es darum, die *Einheit des leeren Seins* zu entdecken, in allem was ist. Die Decken, die das wahre Selbst verhüllen, die uns daran hindern Es wahrzunehmen, müssen wir wegziehen, fallen lassen, dann entdecken wir das Eigentliche, das Göttliche, den Hintergrund, das Grundwasser, das Unwandelbare, das Ewige, das Immer-Gleichbleibende, das Absolute.

Alles ist das *Göttliche*, und das ist ohne Eigenschaften, leer, nackt. Alles ist das eine Meer. Und die vielen Wellen, die so verschieden aussehen können in ihrer Form, sind dasselbe. Sie sind nichts als Wasser. Wenn man zu diesem Ziel gelangt, wenn man in der äußersten Tiefe seines Bewusstseins die Unendlichkeit berührt, dann ist man zurückgekehrt zu dem, was man ursprünglich ist, zu dieser Reinheit und Einfachheit und Vollkommenheit. Dann sieht man auch zum ersten Mal die Welt so wie sie ist. Bis jetzt war man in Begriffen und Vorstellungen über sie befangen. Jetzt transzendiert man alle Beschreibungen, die von außen übergestülpt sind. Die Sinne, die Augen, sind rein gewaschen. Der Schleier ist weg. Man sieht zum ersten Mal eine Blume, einen Regentropfen, hört die Glocke, das Plätschern der Quelle als Ausdruck des Göttlichen. Man schaut das Göttliche in den Augen eines Kindes. Alles ist wie es ist. Man kann es nicht fassen! Der Geist ist leer und rein wie ein klarer Spiegel. Und deshalb sieht man jetzt die Welt in ihrer Wahrheit. Man hat neue Augen bekommen. Und aus allem spricht einen *das göttliche Geheimnis an.* Diese Erfahrung verändert das ganze Leben. Wenn man das Selbst schaut, erwacht in einem das Empfinden von tiefer Einheit und Liebe zu allen Menschen, zu allen Lebewesen und zu allem Sein, ob schön oder hässlich, gesund oder elend und verfallen, ob groß und gewaltig oder winzig, banal und unscheinbar: Alles umarmt man. Liebe bedeutet nichts anderes als ein Überfließen der Kraft, von der man sich erfüllt fühlt, wenn man leer ist vom eigenen Ego. Dem Menschen geht auf, dass alles was ist, den gleichen göttlichen Urgrund hat und heilig ist. Er ist einfach verliebt in alles, in das ganze Leben. In allem leuchtet ihm Gott. Alles ist das Eine.

Wenn der Mensch aus der Erfahrung des wahren Selbst lebt, aus einem göttlichen Bewusstsein, dann nimmt er an der

Einheitserfahrung Jesu teil, der sagt: »*Wie der Vater und ich eins sind, so sollt ihr in uns eins sein.*« (Joh. 17,21) Oder: »*Wie ich im Vater bin und der Vater in mir ist, so bin ich in euch und ihr in mir.*« *Oder:* »*Wie ich durch den Vater lebe, genauso werdet ihr durch mich leben.*«

Im Bilde Jesu vom Rebstock sind wir alle von dem einen göttlichen Rebensaft durchflossen. Er ist die Quelle, aus der der Mensch sein Leben empfängt. Er ist der mystische Leib und wir sind die Glieder. Wir sind eins mit Ihm, göttlich. Gott und ich wir sind Nicht-Zwei.

Dann, wenn der Mensch die andere Ebene erreicht, wenn das Ich ihn nicht mehr bestimmt, verändern sich auch seine Sehnsüchte: Die Begierde nach Macht hört auf, wenn man spürt, wie man von göttlicher Kraft und Allmacht durchflutet wird. Der Drang nach mehr Leben, nach allerletztem Genuss, erfüllt sich dann, wenn man das göttliche Leben gefunden hat. Auch der ehrgeizige Wunsch, möglichst viel zu wissen, wird unbedeutend, wenn der Mensch das *Wesen* entdeckt hat, und dadurch zur Weisheit gelangt ist.

Der Wunsch nach Glücklichsein, der die Triebkraft allen Handelns ist, hat sich dahingehend verändert, dass das Glück nicht mehr von Äußerlichkeiten abhängt. Jetzt findet der Mensch das wahre Glück im Innern. Er erkennt, dass kein Glück der Welt solche Erfüllung bringen kann wie die Tiefe wahre Freude aus dem göttlichen Sein. Hier ist letzte Sättigung. Jetzt braucht man nichts mehr, denn man hat alles.

Jemand, der an einer unheilbaren Krankheit litt, teilte mir folgende Erfahrung mit: »*Heute kam ich beim Sitzen in der Kontemplation in eine so große Tiefe, in einen Raum von solcher Fülle und Gottesnähe, wie es mir bisher noch nie geschenkt worden war. Das war Vollendung! Alles! Mehr gibt es nicht! Als mir dabei meine bedrohliche Krankheit in den Sinn kam, und dass ich jetzt in dieser unmittelbaren Begegnung mit dem Göttlichen um Heilung bitten könnte, war mir das unmöglich! Meine Krankheit hatte in diesem heiligen und heilen Raum in dem ich mich befand, ihre Bedeutung verloren. Wo alles ist, fehlt nichts mehr!«*

Wenn man sein *Wesens-Ich* findet, erkennt man: »*So wie ich bin, bin ich gut.*« Man hat keine Minderwertigkeitsgefühle mehr, sondern ein gesundes Selbstwertgefühl. Man ist im Einklang mit sich und mit allem was einen umgibt. Stolz oder Überheblichkeit haben hier keinen Platz. Beides würde nicht zu der Wahrheit passen, die man erfährt.

Eine andere mystische Erfahrung wurde mir von einer Französin berichtet: »*Morgens um 5 Uhr, am 25. Juli, wird mir tiefe Gnade zuteil, das geschieht ganz plötzlich, begleitet von unbeschreiblicher Zärtlichkeit, so als würde mich das Morgenlicht anlächeln und die Welt erlöst und befreit aufatmen. Ich kann das nicht beschreiben. So wie ich ja auch einem Blinden nicht die Schönheit der Morgenröte erklären könnte. Der tiefe Gnadenzustand ist unvorstellbar! Alles ist in Lichtstrahlen gehüllt, Dinge und Menschen. Es ist wie das Licht von jemandem, der nicht mehr herumraten oder glauben muss, weil er weiß. Mühelos weiß er. Frag mich nicht was oder wie. Ich könnte wieder nur antworten: Er weiß. Er erkennt. Dabei bin ich in einem so beseligenden Gefühl, das mit nichts zu vergleichen ist. Ich erlebe meinen Körper als Geschenk, und ich weiß und erfahre zum ersten Mal: Ich bin. Und das ganze Leben ist ein göttliches Wunder! Alles ist eingehüllt wie in eine Aura und strahlt und atmet eine zarte Energie aus. Nie hätte ich mir vorher einen so gnadenhaften Zustand vorstellen können. Er ist heilig, und doch so normal. Alles, was ich schaue und erkenne, ist nicht wiederzugeben. Ich verhielt mich die ganze Zeit still, unbewegt und in tiefem Schweigen. Es war wie die Verkündigung von einem Engel, der mir das Leben und die Welt sichtbar macht.*«

Bei dem Menschen, der zu seiner Wahrheit durchgebrochen ist, hat sich auch die Weise zu beten verändert. Es ist ein Ruhen in Ihm, ein einförmig sein mit Gott, wie der Mystiker Tauler es nennt. Im Gespräch Jesu mit der Samariterin am Jakobsbrunnen fragt die Frau: *»Wo soll ich Gott anbeten, im Tempel von Jerusalem oder auf dem heiligen Berg Sichar?«* Die Antwort Jesu kommt aus seiner spirituellen Tiefe: *»Die Zeit ist gekommen, da man weder in Jerusalem noch auf Sichar Gott anbeten wird, sondern im Geist und in der Wahrheit. Gott ist Geist, und wer Gott anbetet, soll im Geist und in der Wahrheit anbeten.«* (Joh. 4,1–26)

Beim »inneren Beten« lässt sich der Mensch in der Kontemplation schweigend auf seine Tiefe ein, lässt sich voll Vertrauen in den *Grund* fallen. Dann entfaltet sich eine tiefe Gottesbeziehung, die ihn frei und glücklich macht; und er erkennt die göttliche Dimension seines Seins. *»Wir sind berufen, von der ganzen Fülle Gottes erfüllt zu werden.«* (Eph. 3,19)

In den Upanishaden, jener indischen Weisheitslehre, die in der Zeit von 600 v. Ch. bis 400 nach Ch. geschrieben wurden, heißt es: *»Das Selbst im Menschen ist nichts anderes als die Kraft hinter dem Universum. Es ist nicht geboren und es stirbt nicht. Es ist aus nichts entstanden. Geburtenlos, ewig dauernd, wird es nicht getötet, wenn der Körper getötet wird. Das Selbst ist alldurchdringendes Bewusstsein und das Herz aller Dinge. Es ist unwandelbar. Durch Studium oder mit einem scharfen Verstand kann man das Selbst nicht erkennen. Wenn das Denken durch die Kontemplation geläutert ist, wird es durchsichtig und klar und reflektiert die Herrlichkeit des Selbst. – Das Selbst wohnt im Herzen aller und ist das innerste Wesen des Menschen. Es ist der unbeteiligte Zeuge der Erfahrungen. Das Selbst existiert immer, ungetrübt und unvermindert. Es kann aber wie die Sonne von Wolken der Nichterkenntnis verborgen werden. Und es wird erst wieder enthüllt, wenn Nichtwissen von Erkenntnis vertrieben ist.«*

7 Durchbruch

Erwachen

Die tiefste Sehnsucht des Menschen – ob er es weiß oder nicht – strebt nach dem ewigen Daheim-Sein in Gott. Sein Ursprung ist Gott. In Ihm heimisch zu werden, anzukommen da, wo nichts mehr fehlt, das ist es! Dann entdeckt er das Ungewöhnliche im ganz Gewöhnlichen, das Großartige im Unscheinbaren, das Göttliche in der menschlichen Armut und Nichtigkeit, im Allzumenschlichen. Unterschiedslos entdeckt er dann in der Welt selbst, im ganz Alltäglichen, in all ihren Erscheinungsformen, das Göttliche. Alles ist dann heilig.

Wir sind göttlichen Ursprungs, eines Wesens mit Ihm. Deshalb sind wir immerfort auf der Suche nach Gott, nach dem Einssein mit Ihm und aller Schöpfung. Unser Herz ist unruhig, bis es erkennt: *Er ist ja schon seit Ewigkeiten die Wirklichkeit meines Seins, die Wirklichkeit aller Wirklichkeit.* Wenn sich uns das offenbart, dann sind wir *angekommen.*

Eine Bekannte erzählte mir eine solche Erfahrung: *»Ich erwache. Es ist da! Klarheit. Leere. Urgrund des Göttlichen! Formlos und doch Alles, das Ganze! Nüchtern und glasklar schaue ich. Ich kann hier verweilen, so lange wie ich will.«*

Eine Gipfelerfahrung ist wie ein Loch im Vorhang, durch das man plötzlich einen kurzen Einblick in die Letzte Wirklichkeit hat. Erleuchtung aber, das Erwachen, ist so, als sei der Vorhang, der den Blick für die absolute Wahrheit versperrte, für immer verschwunden. Dann ist die höchste Ebene, auf die ein Mensch gelangen kann, erreicht. Es gibt nichts Vergleichbares. Hier ist absolute Gewissheit, die über das Verstehen von Verstand und Sinnen weit hinausgeht. Alles, was vorher dunkel war, ist jetzt klar und erleuchtet. Die Sehnsucht ist gestillt.

Im Zen spricht man vom *»Ursprünglichen Gesicht«*, vom *»wahren Selbst, das schon immer da war. Es ist makellos, von Natur aus vollkommen.«* Erleuchtung ist wie die Rückkehr ins Paradies, aus dem wir vertrieben wurden. Wir hatten diese Wahrheit über uns selbst vergessen und wussten nicht mehr, wer wir sind. Aber das, was wir wirklich sind, ist unvergänglich, ewig. Wir haben immer noch unser *»ursprüngliches Gesicht«*.

In einen Kurs wurde mir diese Erfahrung berichtet: *»Der Ton des Seins ist Gott. Das sind nicht nur Gefühle oder Gedanken von jemandem, der schaut. Es ist mehr! Es ist das staunende Überwältigt-Werden davon, dass man ist, dass man das Eine ist: Gott. Nicht das Meer, der Sand, die Landschaft, die Natur ist es, was mich so anrührt, sondern die Unendlichkeit des Ganzen: Gott. Tief ergriffen schmecke ich die unbeschreibliche Größe des Seins, die uns umhüllende, umarmende Einheit in allen Formen: Gott.«*

Die Weisen aller Kulturen und aller Jahrhunderte beschreiben diesen Zustand des Erwachens ähnlich. Was ist geschehen? Nichts Neues! Der Mensch kommt nicht an fremde Ufer. Es hat sich nichts verändert. Aber es ist jetzt alles transparent auf den Hintergrund, auf das was ist. Wenn seine Augen sehend geworden sind, wenn der Schleier wegfällt, dann erfährt er beides gleichzeitig: Leere und Fülle, leer von der Welt, voll von Gott. Beides gehört zusammen und ist das Ganze. So wie zu einer Medaille zwei Seiten gehören.

Bei einem anderen Kurs hörte ich von folgender Erfahrung: *»Es ist Frühling. Beim Aufwachen morgens spüre ich so gewaltig das pulsierende Leben. Sein Leben in mir und das Leben draußen in der Natur. Gleichzeitig ist da eine wahnsinnige, jubelnde Freude! Eine Freude über das Leben. Weil ich bin.«*

Erleuchtet sein ist erkennen und spürbar erfahren, was man wesenhaft schon immer ist. Der Unterschied ist nur, dass die Augen jetzt geöffnet, entschleiert sind, dass sie das wahre Selbst, das göttliche, ewige, zeitlose Sein schauen. So betrachtet gibt es nichts zu suchen. Es geht nur darum, sehend zu werden, das zu erkennen, was ist.

Ein Kursteilnehmer hat das folgendermaßen erfahren: *»Es war wie ein Überflutet-Werden, ein Einsinken in Ihn, ein Durchdrungen-Werden, ein durch und durch Erfüllt-Sein von göttlicher Gegenwart. Gleichzeitig schaute und verstand ich, mein Leben, seine Bedeutung! Ich bin angekommen, daheim. Nichts fehlt. Da ist nur noch Lachen, aber nicht ein Lachen über etwas. Es ist einfach Lachen. Reines Glück, aber kein Glücklichsein über etwas. Grenzenlose Liebe! Ich bin heil!«*

Die Wahrheit ist einfach. Wenn sie dem Menschen erscheint, ist sie so selbstverständlich, so offensichtlich. Er kommt aus dem Staunen nicht heraus, dass er sie bis jetzt nicht gesehen hat, da sie doch immer da war. Um dahin zu gelangen, darf man sich nicht krampfhaft bemühen. Es ist eher ein Geschehenlassen. Es geschieht einfach. Es widerfährt einem dann, wenn man es am wenigsten erwartet. Man kann lediglich den Weg dahin bereiten. Die Erleuchtung schenkt sich dann, wenn die Zeit gekommen ist. Der Geist weht wann und wo er will.

Jemand schreibt über seine Erfahrung: *»Es ist das Allernatürlichste, was man sich nur vorstellen kann. Es ist so, als wenn ein Kind zum ersten Mal das Antlitz seiner eigenen Mutter sieht. Da ist kein Staunen! Nichts gehört so sehr zu mir wie diese Wahrheit! Erst, wenn ich nach einiger Zeit nicht mehr so tief in der Erfahrung bin, dann kommt das Staunen hierüber.«*

Jetzt weiß der Mensch, dass sein Dasein schon immer göttlich und vollkommen war, dass es ewig ist und ungeschaffen. Er erkennt sich als unbedingt, eins mit dem ganzen Kosmos. Tod und Trennung gibt es nicht. Er ist zu seinem Ursprung zurückgekehrt, und ist sich des Lebens bewusst, des Urgrunds, der Quelle.

Erfährt man die Vereinigung mit seinem Urgrund, dann gibt es keine Dualität mehr. Jede Widersprüchlichkeit des Seins, jede Zersplitterung ist aufgehoben.

Der Autor der *Wolke des Nichtwissens* schreibt: *»Du wirst Gott, deine Liebe, erkennen. Geistig eins geworden in der Liebe, wirst du Ihn unverhüllt in der innersten Tiefe deines Geistes erfahren. Völlig entblößt von deinem nackten Sein und einzig in Ihn gehüllt, wirst du Ihn erkennen wie Er ist, ohne Trübung durch Glücksempfindungen, wären es auch die Beglückendsten und Höchsten, die auf Erden möglich sind. In der klaren Lauterkeit deines ungeteilten Herzens wirst du spüren und erkennen, fern jeder Täuschung, dass es Gott selber ist, so, wie er wirklich ist.«*

Und an anderer Stelle: *»Wenn der Mensch, die Seele, der Geist, Gott schaut, so weiß und erkennt er sich auch als erkennend. Das heißt: er erkennt, dass er Gott schaut und erkennt.«*

Erleuchtungserfahrungen

Sie sind selten. Aber es kann geschehen, dass man in einer Nacht erwacht, und einem Alles geschenkt worden ist: *»Es ist da: Das Absolute, Letzte, die Wahrheit, Alles, das Ganze, der tiefe Abgrund Gottes, mir fehlen die Worte … Ich sehe es wie in einem Bild. Und doch ist es absolut bildlos und formlos. Das war Alles, das Ganze. Ich rieche, schmecke, spüre, schaue Es. Wie gut kenne ich diese ›Qualität‹! Hier bin ich zu Hause! Ich selbst bin das ja! Die Erfahrung ist nüchtern und glasklar. In keiner Weise könnte ich sie adäquat beschreiben. In diesem Zustand des Schauens kann ich beliebig lange verweilen. Nichts zieht mich weg.«*

Eine andere Erfahrung: *»So urplötzlich ist es da, als würdest du wie vom Blitz getroffen. Und dann weißt du mit letzter Sicherheit:*

Das ist Es! Jederzeit, überall ist das möglich: beim Hören von Musik, beim Anschauen einer Blume, beim Erleben des Sonnenuntergangs, beim Schlag der Glocke, oder dem Gesang der Amsel.«

Oder: *»Ich bin im Messias von Händel. Das Konzert packt mich so gewaltig, dass ich sozusagen den Himmel offen sehe! Noch nie hat mich Musik so angerührt, so regelrecht überwältigt! Ich bin nicht mehr dieselbe, bin tief in mir, wie noch nie! In meiner Wahrheit geborgen, unendlich frei und leicht! So sehr, dass ich am Schluss auf den Dirigenten losstürme, um ihm zu danken und mitzuteilen, was das Konzert in mir ausgelöst hat. Ich staune, als er mir antwortet: Als Händel den Messias vollendet hatte, sagte auch er: Dabei sah ich den Himmel offen.«*

Auch eine gewaltige seelische Erschütterung oder ein schwerer Schicksalsschlag kann Anlass zum »Sprung aus dem eigenen Gefängnis« sein: Graf Moltke wurde am Ende des Zweiten Weltkriegs, am 8. Januar 1945 vom Volksgerichtshof zum Tode verurteilt, weil er an einer Verschwörung gegen Hitler teilgenommen hatte. Am 11. Januar, kurz vor der Vollstreckung des Todesurteils, schreibt er seiner Frau einen letzten Brief, in dem er ganz unmissverständlich und klar von jener großen Erfahrung berichtet, wie sie Mystikern aller Religionen widerfahren ist, nämlich die der letzten und vollständigen Einheit mit Gott, die alle Todesangst übersteigt. Er bezeugt hier die Vollendung, die *unio mystica*, die jeden Schrecken, sogar den des Todes überwindet: *»Der ganze Gerichtssaal hätte mich anschreien können, so wie Herr Freisler, als er das Urteil sprach, und alle Wände hätten wackeln können. Es hätte mir nichts ausgemacht, so ungeheuer gewaltig war die Erfahrung von Gottes Gegenwart im Augenblick der Todesurteilsverkündung. Seitdem ist es so geblieben. Ich bin ununterbrochen in Freude und gehobener Stimmung. Das kann mir auch nicht durch die Nähe der Vollstreckung geraubt werden.*

Ich kann nur hoffen und glauben, dass dieser Glückszustand auch auf dich übergeht: dieses Gefühl absoluter Geborgenheit in Gott. Wenn du das geschenkt bekommst, was mir ohne diese dunklen Stunden und diesen bitteren Abschluss sicher nicht zuteil geworden wäre, dann hast du den größten Schatz erhalten, neben dem der Verlust meines Lebens nichts mehr bedeutet.«

Das Sich-in-Gott-Erkennen ist ein ganzheitliches, unmittelbares Erwachen. Wenn man die Seinsfülle erfährt, geht das immer einher mit tiefstem Ergriffensein. Auch Menschen, die nie etwas mit Spirituellem oder Religiösem zu tun hatten, können von solchen Erfahrungen heimgesucht werden: »*Ich fahre im* PKW *auf der Autobahn zu meiner Arbeitstelle und freue mich an der Landschaft, ohne etwas Besonderes zu denken. Plötzlich überfällt mich etwas Unbeschreibliches, nie Erlebtes, nie vorher Geahntes: Ich sehe, erkenne, weiß: Das ist Es! Das ist Gott! Das ist alles was ist! Das bin ich! Mein Herz ist weit, voll, trunken. Mit letzter Mühe erreiche ich den Randstreifen. Ich bin überwältigt und heule und heule. Bin total erschüttert – und so erfüllt! Alles ist klar und durchsichtig!«*

Alle, denen es geschenkt wurde, können nicht viel darüber aussagen. Aber sie wissen: Hier ist *letzte Wirklichkeit*! Man muss die mystische Erfahrung selber »geschmeckt« haben, um sie zu verstehen. Wer »durchbricht« in die »andere Ebene«, erkennt nicht Einzelnes, sondern alles gleichzeitig: das Selbst, das Leben, die Schöpfung, Gott. Verbunden mit der letzten tiefen Erfahrung sind immer auch geistige Erkenntnisse, tiefe Weisheit. Es ist dies die Weisheit, von der Salomon spricht, wenn er sagt: *»Weisheit ist besser als Gold und Silber«*

Um zu diesem Durchbruch in ein *Neues Bewusstsein* zu gelangen, muss der Mensch zur Leere in seinem Innern finden, selbst zu einem lauteren Nichts werden. Durch das Zunichte-Werden, das Ent-Werden, wie Meister Eckhart das nennt, wird die Seele eins mit dem Alles. Sich-Sterben ist Sich-wahrhaft-

Finden als das, was man in Wahrheit ist, nämlich eines Wesens mit Gott. Der Durst ist gestillt. Da ist kein Mangel mehr!

Ken Wilber rät, zuerst das Viele loszulassen, weil man nur dann das Eine finden kann. Wenn man Es aber gefunden hat, dann umarmt man das Viele als das Eine, weil man erkennt: Die ganze Welt ist ein durchscheinendes Aufglänzen des Göttlichen, des Seins, in ursprünglicher Reinheit. Es gibt nur Einheit. Außerhalb dieser gibt es nichts. Das zu erkennen, ist nach Ken Wilber die »neue Geburt« des Menschen.

Der Durchbruch ist oft die Frucht des kontemplativen Weges, aber er kann auch völlig unvorbereitet geschehen.

Jemand, dem dies widerfuhr, berichtete mir folgende Erfahrung: *»Als man mir mitteilte, dass in dieser Nacht ein naher Freund verstorben sei, da, im selben Moment, öffnete, weitete sich mein Bewusstsein. Alles war transparent. In allem sah ich das Göttliche, das Sein, in Belebtem und Unbelebtem, im Menschen, in meiner Katze, im Blumenstrauß. Und auch der Tisch, der Bleistift, die Tasse war Es. Es gab überhaupt nichts, was Es nicht war. Nie hatte ich Ähnliches gehört oder gelesen, und ich verstand nicht, was geschehen war. Dennoch war ich ganz sicher, dass das stimmte, was ich erfuhr, und dass ich nicht den Verstand verloren hatte. Man konnte es gar nicht anzweifeln. Dieser Zustand hielt viele Monate an. Er war gleichzeitig mit unbeschreiblicher Freude verbunden. Als ich das Telefonat mit der traurigen Kunde erhielt, fiel mein Blick auf das Kalenderblatt des Tages an der Wand, und ich las den Spruch des Jesaia: ›Alsdann wirst du schauen und strahlend werden. Erschauern wird und sich weiten dein Herz.‹«*

Wer erwacht ist, kann tief im Innern aller Formen das Sein erfassen als deren innerstes Wesen. Er erkennt das Göttliche in der Vielfalt der Welt. Alles ist Ausdruck Gottes. Es gibt nichts wo Es nicht ist. Alles hat den gleichen Urgrund. Für den Schauenden ist das deutlich, klar und evident. Und zwar sieht er zuerst und vor allem das Wesen, das Sein, und erst danach die Form.

In einem Kontemplationskurs erzählt mir jemand: *»Meine Augen sind erwacht. Ich gehe durch den Garten und sehe. Das göttliche Sein, das Wesen der Blumen, Pflanzen und Gräser erscheint. Es ist so offensichtlich, so wirklich! Früher sah ich das nicht. Hängt das damit zusammen, dass ich hier so viele Stunden, so viele Tage in meinem eigenen Sein ruhe?«*

Die ganze Welt ist durchdrungen von der ewigen Gegenwart, vom Göttlichen. Ohne das würde sie nicht existieren. Hinter all unseren Verwicklungen verbirgt sich der eine Urgrund.

Alfred Delp, ein Jesuit, der auch von den Nazis hingerichtet wurde, schrieb: *»Das eine ist mir jetzt so klar und spürbar wie selten, die Welt ist Gottes so voll. Aus allen Poren der Dinge quillt uns das gleichsam entgegen. Wir aber sind meistens so blind.«*

Das Erwachen ist eine große Kehrtwende im Leben, der Beginn einer tiefen Verwandlung. Seinem Wesen nach ist der Erleuchtungsweg revolutionär. Man kann danach nicht mehr so leben wie vorher, als das Bewusstsein noch eng und getrübt war. Jetzt wird das Leben dem entsprechen, was man ist und erkannt hat. Man integriert die Erfahrung in seinen Alltag. Auch das ist nicht einfach. Es verlangt sehr viel Achtsamkeit und Hingabe. Befreit aus dem Gefängnis, dem Kokon, ist man neu verliebt in das Leben, ständig verliebt, in alle Einzelheiten des Lebens. Und man ist eingebettet in dieses Leben, umhüllt, umsorgt, geliebt. Hier, an diesem Ort, jetzt.

Man fühlt sich getragen, ist im Einklang mit dem Ganzen, und genau an seinem Platz. Alles ist gut so wie es ist. Man ist eine Masche im göttlichen Netz des Universums. Auf einer Ebene jenseits der körperlichen Erscheinungen und getrennten Formen ist man eins mit allem was ist. Man erfährt die Wahrheit, fühlt sich sicher und frei. Die Welt ist wunderbar. Auch wenn wir vordergründig den Wirrwar und das Leiden dieser Welt erleben und als Menschen auch immer wieder verletzt und traurig werden können. Denn Menschen mit all unseren Gefühlen und Beschränkungen bleiben wir ja auch weiterhin. Wesensgemäß leben heißt: ganz und gar lebendig sein und wach. Frei von zwanghaftem Festhalten an mitgebrachten Vorstellungen, Konzepten und Bildern. Der Angekommene führt ein normales Leben, aber mit einem anderen Bewusstsein. Er lebt jetzt aus der Tiefe des Seins heraus, gemäß seines Wesens, das er ist und das er erkannt hat. Sein Herz ist erfüllt von Erkenntnis, Weisheit, Wohlwollen, Heiterkeit und Liebe. Der Alttag wird jetzt nicht mehr als letztgültige Wirklichkeit erlebt, sondern als das Instrument einer viel umfassenderen Wirklichkeit

Ein Beweis für die Echtheit der mystischen Gottesbegegnung ist nicht nur die Tiefe der Erfahrung, sondern vor allem auch die liebende Ausstrahlung des Mystikers, die Art und Weise seiner Beziehung zu allem und jedem, und wie er im Leben steht, wie er seine Arbeit verrichtet.

Früchte der Kontemplation

Wenn ich hier über die Früchte der Kontemplation spreche, so darf man das nicht so verstehen, als ob jeder erwachte Mystiker genau diesem Bild entspräche. Jeder ist an einem anderen Punkt seiner Entwicklung. Aber bei allen geht es in diese Richtung. Kontemplation hat eine verwandelnde Kraft, die aber erst dann erfahren wird, wenn das eigene Leben vom kontemplativen Geist erfüllt ist. Der Kontemplative widersteht in vielem dem Trend unserer Zeit, unserer Gesellschaft. Er schwimmt sozusagen gegen den Strom. Er kann nicht mehr so leben wie vorher. Spontan ist er und freut sich am Augenblick. Reichtum, Erfolg, Prestige verführen ihn nicht. Sie ziehen ihn nicht mehr magnetisch an wie früher, denn den *eigentlichen Sinn* des Lebens sieht er woanders. Gelassen geht er seinen Weg, unbekümmert und ohne große Sorgen. Er freut sich über die Freiheit, die ihm geschenkt wurde. Sie ist Frucht des inneren Weges, des tiefen Schweigens in der Versenkung, des sich Überlassens an das Leben. Göttliche Fülle erfährt er. Ein Beweis für die Echtheit seiner Gotteserfahrung ist die Herzensqualität des liebenden Mitgefühls und der Warmherzigkeit, die er nun ausstrahlt. Er bleibt dabei authentisch und einfach, ohne Allüren, denn er weiß: Alles was ich erhalten habe, alle Weisheit, ist Geschenk und nicht mein Verdienst. Man erkennt ihn auch an der behutsamen und bewussten Art, mit der er Dinge anfasst und an der Achtsamkeit, die er bei seiner Arbeit walten lässt.

Jahrelang hat er Absichtslosigkeit geübt. Nichts wollte er erreichen oder haben. Nur sitzen, einfach *sein.* Das war alles. Kontemplation ist nicht Mittel zu einem Zweck. Kontemplatives Tun geschieht um seiner selbst willen. Es ist lauter und rein, ist sich selbst genug. Es muss nichts dabei herauskommen. Der Kontemplative lebt frei und losgelöst von schmückenden Gewändern, die das Eigentliche verhüllen. Wenn er durchgebrochen ist, braucht er sie nicht mehr. In liebendem Tun, in Hingabe verrichtet er alles und schenkt jedem Ding, mit dem er sich abgibt, seine Würde. Wie ein Kind, versunken in sein Spiel, so geht er in seiner Beschäftigung auf. Sicherlich ist er nicht ununterbrochen in letzter Klarheit und einem erleuchteten Zustand. Manchmal verdecken Wolken den lichten Himmel. Und seine *menschlichen Schwächen* sind auch nicht restlos für immer verschwunden. Sie zu überwinden bleibt seine Aufgabe. War er von Natur aus schüchtern oder ängstlich, so kann das in besonderen Situationen wieder hervorbrechen. Hat er eine zornige Veranlagung, wird hier immer noch sein Stolperstein sein. Er bleibt Mensch bis zu seinem Lebensende.

Und doch, er ist ein Verwandelter. Schnell findet er wieder aus der Dunkelheit heraus, wenn sie ihn einmal überkommen hat. Er weiß den Weg, der ihn zurück führt. Für den kontemplativen Menschen ist das im Moment erfahrbare Leben das Leben, das Eigentliche. Nur das *Jetzt* zählt, der Augenblick. Das Später ist für ihn nicht so wichtig. Gelassen lebt er in seiner Mitte, in innerem Frieden. Den Himmel erfährt er in der Welt, in der Einheit mit allem, was ihn umgibt. Er erfährt ihn im Tun selber, welches gerade anfällt, oder in der Situation, die ihm widerfährt. Der Angekommene braucht sonst nichts. Er wartet auf nichts. Erfüllt vom kontemplativen Geist lebt er in heiligem Gleichmut und dem sicheren Wissen, dass er schon alles hat, dass ihm nichts wirklich fehlt. Er hat die Gegenwart entdeckt, das Leben im ewigen Nun, die Fülle der Zeit im Jetzt. Das nur ist für ihn Wirklichkeit. Das von der Zeit Getrieben- und Geschleudert-Werden unserer Gesellschaft erreichen ihn nicht.

Der Kontemplative interessiert sich nicht für das, was in der Zukunft liegt. Wenn er aber Pläne machen muss, – zum Beispiel nachdenken und organisieren für die nächsten Ferien mit der Familie, seine Gelder richtig anlegen, dass sie ordentlich Zinsen bringen, die adäquate Schule für die Kinder finden, den richtigen Arzt ausfindig machen, wenn es nötig wird, so tut er auch das ganz und gar und ernsthaft aus dem Jetzt heraus.

Der Sinn des Lebens liegt für den Kontemplativen nicht in dem, was er erreichen kann. Jeder Augenblick ist *Leben in seiner Ganzheit* und für ihn entscheidend. Kein Moment ist zu kurz. Jeder ist einzigartig. Jeder Moment *ist.* Und darüber hinaus gibt es nichts. Jedes Nun ist neue Schöpfung. Das Leben wird in jedem Moment neu geboren. Und es ist vollkommen erfüllt. Was braucht man mehr? Und so ist jeder Tag schon alles, das ganze Leben, und genug in sich selbst. Jeder Moment ist das einzigartige Geschenk Gottes. Das kontemplative Auge hat einen Blick für die heilige Ausstrahlung eines jeden Augenblicks. Weil der Mystiker ohne Erwartung an das Morgen ist, lebt er in glücklicher Zufriedenheit, ganz gelassen, aus der

Mitte. Der spanische Mystiker Ramon Llull, der im 13. Jahrhundert lebte, schreibt: *»Weil der Mensch ist, muss er einfach glücklich sein.«* Der visionäre Schumacher Jakob Böhme nennt die Welt *»das Freudenspiel der ewigen Gebärung«*.

Der Mystiker wird mit seiner leichten, unbekümmerten, heiteren Haltung von der Gesellschaft nicht verstanden, aber das scheint seine Freude nicht zu trüben. Meistens jedoch fällt er nicht weiter auf. Er ist fröhlich, heiter, einfach, natürlich und echt, in gelöster Gelassenheit. Er trägt keine Maske und spielt keine Rolle, wie nachfolgende Erfahrung zeigt: *»Früher war es meine größte Sorge, einen guten Eindruck zu machen. Kam ein Besuch, schrubbte ich noch schnell vorher das ganze Haus. Was ziehe ich nur an? Ich probierte stundenlang vor dem Spiegel. Und was setze ich den Leuten vor? Werde ich mich mit dem Essen nicht blamieren? Diese ängstlichen Vorbereitungen schafften mich dermaßen, dass ich dann, wenn der Besuch kam, ganz erledigt war. Das alles hat sich um 180 Grad geändert, seitdem ich das Wesentliche in tieferen Werten entdeckt habe.«*

Wenn er sich auf weltliche Dinge einlässt, so tut er das voll und ganz, aber er verliert dabei nicht seine Unbekümmertheit und Freiheit. Er lässt sich nicht hiervon versklaven, geht darin nicht unter. Die Freuden dieser Welt und der eigenen Natur beglücken ihn. Er genießt das Leben in vollen Zügen, wie nie zuvor, mit reingewaschenen Sinnen. Aber er versucht immer mit Scharfblick, die Welt der Erscheinungen zu durchdringen, um in deren Innerstem das Göttliche durchscheinen zu sehen. Hierzu muss er sich nicht bemühen. Dieses Hindurchsehen ist ihm gegeben. Es widerfährt ihm, ohne es eigentlich zu suchen oder haben zu wollen. Der Mystiker genießt das Leben. Es ist für ihn Freude. Er nimmt in allem Schönheit wahr. Auch wo andere nur Dunkelheit und gar nichts Besonderes sehen, entdeckt er Wunderbares und ist begeistert, weil er mit seinen erwachten Sinnen *mehr* schaut.

Alles ist transparent auf das Letzte hin. Er sieht nicht nur die Oberfläche. Er sieht das Wesentliche, das Sein, den Grund, der alles in Einheit verbindet. Er erfährt im Allergewöhnlichsten, in den alltäglichen Dingen das Durchscheinen des Heiligen. Alles ist dem kontemplativen Menschen heilig. Heilige Dinge behandelt er wie Profanes. Und alles Profane ist für ihn göttlich. Nicht weil er das suchte, sondern weil er das so erfährt. Er liebt alle Kreatur, Menschen, Tiere, alles Geschaffene und hat tiefen Respekt vor allem was lebt. In diesem Sinne heißt es bei dem großen Sufi-Mystiker, Ibu Alabi: *»Wer diese tiefe Wahrheit entdeckt, dass das Wesen von allem, was ist, göttlich ist, der hat das Geheimnis des spirituellen Weges begriffen.«*

Kontemplation gibt es niemals ohne Liebe. Sie ist ihr letzter Grund. Liebe ist beim Mystiker zur zweiten Natur geworden. Sie kostet ihn keine Mühe. Sie ist bei ihm ein Überfließen der Kraft, von der er sich erfüllt weiß, wenn er in wahrer *Selbstvergessenheit* lebt. Das wirkt sich unmittelbar auch auf sein Handeln aus. Es wäre ihm unmöglich, gegen die Liebe zu verstoßen, denn wenn er dem anderen weh tut, verletzt er sich selbst.

Darum geben kontemplative Menschen der Welt Anlass zur Verblüffung. Man kann sie mit weltlichen Kategorien schwer festlegen oder einordnen. Sie sind oft ganz anders, Verwandelte. Sie lassen sich vom Geist führen, nicht vom Denken, oder vom Verstand. Es ist der Geist der Freiheit. Für diese kontemplative Haltung, die Haltung der Indifferenz und Unbekümmertheit des Mystikers, gibt es immer wieder Beispiele bei berühmten Persönlichkeiten der Weltgeschichte: als *Martin Luther* gefragt wurde, was er tun würde, wenn er wüsste, dass er morgen sterben müsste, antwortete er: *»Ein Apfelbäumchen pflanzen.«*

Sokrates übte eifrig eine neue Melodie auf seiner Flöte ein, obwohl er wusste, dass dies seine letzte Nacht war, bevor er sterben würde.

Es gibt eine Textstelle bei Meister Eckhart, wo er von einem Bild spricht, einem Kunstwerk, als das der Mensch angelegt ist. »*Wenn ein Meister ein Bild macht aus einem Stück Holz oder einem Stein, so trägt er das Bild nicht in das Holz hinein, vielmehr schneidet er die Späne ab, die das Bild verborgen und verdeckt hatten. Er gibt dem Holz nichts, sondern er nimmt und gräbt ihm die Decke ab, und nimmt den Rost weg, und dann erglänzt was darunter verborgen lag.*«[40] Das Bild ist verborgen. Und die Aufgabe des Menschen ist es, dieses Bild, dieses Kunstwerk zum Vorschein kommen zu lassen in seinem Leben. Er selbst ist sein eigener Künstler. Eine Meditationsschülerin sah das ganz deutlich und klar in einem Traum: »*Vor vielen Jahren, als ich an einem sechstägigen Kontemplationskurs in Würzburg teilnahm, hatte ich folgenden Traum: Ich bin Studentin an der Uni, und man hat mich aufgefordert, alle Steinstatuen, die zu beiden Seiten des Treppenaufgangs stehen, freizulegen. Sie waren durch viele Schmutzschichten, die sich im Lauf von einigen Jahrhunderten angesammelt hatten, unkenntlich geworden. Mit Hammer und Meißel, Schabern und Kratzer mache ich mich an die Arbeit. Im Schweiße meines Angesichts mühe ich mich, eine Schicht nach der anderen abzutragen, um die wertvollen Büsten herauszuschälen. Als ich fertig war, wurden die Kunstwerke bewundert. Niemand hätte unter diesen dicken Schmutzmassen eine solche Schönheit vermutet.*«

Auf dem spirituellen Weg geht es um diese Reinigung, damit man an das Eigentliche, an das was darunter liegt, herankommt. Und zwar geht es nicht darum, besondere Dinge zu vollbringen. Es geht einzig darum, ganz wach und gegenwärtig im Augenblick zu sein. Wer den Augenblick in voller Wachheit und Präsenz lebt, dessen Leben wird das Kunstwerk, das in ihm angelegt ist. Es braucht dazu nicht mehr und nicht weniger als seine volle Achtsamkeit. Dann entsteht es. Wer sich bemüht und sich darin übt, ganz wach jeden Moment in seiner Fülle, seinem Glanz und seiner Heiligkeit zu erfassen, zu durchkosten, sowohl beim Essen als auch beim Gehen, beim Reparieren des Autos, beim Umgraben des Gartens, beim Telefonieren, bei was auch immer, bei jeder banalsten Angelegenheit, die das Leben so mit sich bringt, – wer in dieser Achtsamkeit lebt, legt das Bild in sich frei.

Wer auf dem »Berg der Erleuchtung« angekommen ist, der darf sich dort nicht eine Hütte bauen, sich niedersetzen und ausruhen. Er muss vom Berg der Verklärung wieder hinuntersteigen. Es ist der harte Alltag, mit all seinen Problemen und Leiden, in dem sich seine Erfahrung zu bewähren hat. Auch bei den Heiligen, die wir verehren, ist es ihr *ganz gewöhnliches* Leben, in dem das Göttliche stärker durchgebrochen ist und sichtbarer wurde als bei anderen Menschen. Es sind nicht heldenhafte Taten, die sie für uns zu Heiligen machten. Das *bewusst* gelebte Leben verwandelt den Menschen. Er muss immer wieder versuchen, konzentriert, diszipliniert und ernsthaft, in einem offenen Gewahrsein den Augenblick zu leben, ja, ihn zu *erleben.* Das ist nicht leicht, aber es ist möglich.

Eine Kontemplationsschülerin, die diese Übung absolut ernst genommen hat, ist dabei voll erwacht. *»Das Leben in beständiger Achtsamkeit, in einem offenen Gewahrsein, war für mich von Anfang an wichtig. Ich nahm es ernst, obwohl es mir damals fast unmöglich schien. Zuerst kontrollierte ich mich fast stündlich. Ich legte mir dafür sogar eine besondere Uhr zu, die mich durch einen Ton immer daran erinnerte. Später tat ich es jeden Mittag und Abend, um zu wissen, ob ich wirklich in jedem Moment ganz dabei war. Natürlich klappte das längst nicht immer. Aber nach und nach ist es mir in Fleisch und Blut übergegangen. Diese jahrelange disziplinierte Kontrolle hat dazu geführt, dass das Leben in Achtsamkeit Teil meiner selbst geworden ist. Ich brauche nicht mehr extra daran zu denken oder mich zu bemühen. Und ich bin ganz sicher, dass ich dieser* *ununterbrochenen Achtsamkeit meine Transformation und vor allem meinen Durchbruch verdanke.«* Ein chinesisches Wort lautet: *»Tu immer nur eine Sache, tu sie intensiv, bewusst und ganz, und du wirst Erleuchtung erlangen.«*

Diese verwandelnde Kraft überträgt sich auch auf andere, sie strahlt aus auf alle, mit denen man in Berührung kommt. Wenn man das *geworden* ist, als was man *gedacht* ist, dann verändert das die gesamte Umwelt. Wer wesensgemäß lebt, verwandelt durch sein bloßes Leben aus der Wahrheit, durch seine Ausstrahlung, die Menschen, die mit ihm in Berührung kommen. Er steckt sie an mit seiner Offenheit, unbefangenen Heiterkeit und Echtheit. Wo er sich bewegt, entsteht Begegnung. Nicht nur mit dem Menschen, der vor ihm steht, sondern auch mit jedem Objekt, womit er zu tun hat, und auf das er sein Bewusstsein richtet. Die Quelle seines Seins trifft auf den göttlichen Grund des Gegenüber. Beide sind nie getrennt gewesen. Aber hier wird es fühlbar, erfahrbar, in der besonderen Qualität der echten Begegnung.

Bei einem *erwachten* Menschen ist das innere Bild freigelegt. Er lebt in fröhlicher Ungebundenheit, befreit vom Zwang, immer mehr *haben* zu müssen. Er hat die innere Welt und ihre Reichtümer gefunden. Und deshalb lebt er in der Fülle und ruht in seiner Mitte. Das wirkt ansteckend. Er hat das Gefühl, dass er wahrhaftig *lebt*, und aus Gefangenschaft zur Freiheit gefunden hat. In geistiger Klarheit erfasst er jetzt die Wirklichkeit und die grundlegenden Fragen von Leben und Tod. Leichtigkeit, Gelassenheit und universale Liebe erfüllen ihn. Furcht und Schrecken sind vorbei.

Ein Kursteilnehmer schrieb mir: *»Wie schön ist es zu leben! Aber zu leben aus der Wahrheit! Ich möchte mir wünschen, dass es 1000 Jahre so bliebe. Denn das ist der Himmel.«*

Es ist nicht so, dass der Erwachte das Leben in dieser Welt hier beschneidet, unterdrückt oder gar verdrängt oder abtötet.

Er ist nicht blutleer, nicht weltfeindlich. Im Gegenteil, er lebt es mit einer ganz neuen Weltliebe und genießt es wie nie zuvor, mit reingewaschenen Sinnen, mit vollen Segeln und sprühender Energie. Überflüssigen Ballast hat er abgetragen, und vom verkrampften Festhalten ist er zu einer entspannten Distanz den äußeren Dingen gegenüber gelangt. Sie sind ihm nicht unwichtig geworden. Aber sein Leben ist heitere Gelöstheit und einfache Freude am Dasein. Er ist vom Haben zum Sein gelangt.

Der römische Philosoph Seneca sagte zu Demetrius: *»Ich habe alles, aber es ist mir gleichgültig.«* Und Demetrius, der in Armut lebte, antwortet: *»Ich habe nichts, aber es ist mir gleichgültig.«* Beide haben den inneren Reichtum gefunden. Deshalb ist alles andere unwichtig. Wer sein Leben in ein Kunstwerk verwandelt hat, lebt das Leben unbekümmert, wie ein fröhliches Spiel. Jeder Tag ist die Feier des Lebens, und die hat den Duft von Liebe, Freude und Stille. Nicht mehr sein eigener Wille ist alles, sondern jetzt öffnet er sich dem Ganz-Anderen, dem Leben und schenkt sich ihm.

Von dem römischen Philosophen Epiktet ist der Satz überliefert: *»Verlange nicht, dass alles so geschieht, wie du es willst, sondern wolle, dass alles so geschieht, wie es geschieht, und dann wirst du im Frieden leben.«*[41]

Die Kunst des Lebens besteht darin, das Ursprüngliche in uns wieder sichtbar werden zu lassen und es im Leben zu verwirklichen. Dazu noch einmal Meister Eckhart: *»Gottes Bild ist in der Seele Grund wie ein lebendiger Brunnen. Wenn aber jemand Erde darauf wirft, so hält es ihn zurück und verdeckt ihn, so dass man ihn nicht erkennt noch gewahr wird. Dennoch bleibt er in sich lebendig. Und wenn man die Erde, die von außen darauf geworfen ist weg nimmt, so kommt der lebendige Brunnen wieder zum Vorschein, und man wird seiner gewahr.«*[42]

8 Integration in den Alltag

Die Erleuchtung ist der Anfang eines Weges

Karlfried Graf Dürckheim sagt: *»Eine Erleuchtung macht noch keinen Erleuchteten.«* Das bedeutet, dass es weiter geht. Der nächste Schritt auf dem Weg, die nächste Stufe nach dem Durchbruch ist, aus dieser Wahrheit, aus dieser Erfahrung, dieser Freiheit, zu leben. Wer das Wesen geschaut hat, dessen Hauptaufgabe ist es, wesensgemäß zu leben. Das Geschaute will in den Alltag integriert werden. Man muss es hinein bringen in das tägliche Geschehen. Das Leben muss dem entsprechen, was man erfahren und erkannt hat. *»Ein spiritueller Weg«*, sagt Willigis Jäger, *»der nicht in den Alltag führt, ist ein Irrweg.«* *»Eine Erfahrung«*, lesen wir bei Shri Aurobindo, *»hat ihren Nutzen, um das Wesen zu öffnen und vorzubereiten. Aber erst, wenn die Verwirklichung im Wachzustand permanent geworden ist, hat man sie wirklich inne.«* [43]

Die Meister des »inneren Lebens« betonen, dass das wahre Leben, das Leben des Mystikers, dieses mühsame, geschäftige Leben des Alltags ist. Jeder Augenblick, wie auch immer er aussehen mag, ist Leben Gottes. Letztes Ziel der Mystik ist, dass beides eins ist: Leben in reinem, gegenwärtigen Geisteszustand, und gleichzeitig fest verankert im Alltag, mit seinen Mühen und seinen Freuden. Darin müssen wir uns üben.

Meister Eckhart deutet die biblische Geschichte von Martha und Maria so: Nicht Maria, die in Verzückung zu Jesu Füßen sitzt, ist das Vorbild für uns, sondern Martha, die sich abrackert und Jesus bedient. Sie ist auf dem spirituellen Weg schon weiter als Maria. Denn sie kennt die tiefe mystische Erfahrung und lässt ihren Alltag davon durchdringen. Maria muss durch ihre Erleuchtungserfahrung noch hindurchgehen, um wieder in den Alltag zu kommen. Gott will nicht außerhalb der Welt verehrt werden. Er will gelebt werden, durch mich. Der Mensch selber ist das Leben Gottes. Erfahrungen wie Freiheit, Liebe, Freude, die uns geschenkt werden, müssen Leben werden, damit sie uns dauerhaft verwandeln.

Jede tiefe Erfahrung führt zurück in den Alltag. Zum Aufstieg gehört der Abstieg, das heißt in die Konkretheit und Kompliziertheit des Lebens zurückzukehren. Hier ist unsere Aufgabe! Die Transzendenz darf sich nicht abgehoben von dieser Welt zeigen, in einer Weltflucht. Erst wenn die Erfahrung ins Leben integriert wird, bringt sie Früchte. Unser spiritueller Weg ist erdgebunden. Es geht darum, die Wirklichkeit zu leben!

In der bekannten Zengeschichte von den Ochsenbildern zieht sich der Erwachte nicht aus der Welt zurück, sondern er geht zu den Menschen auf den Marktplatz, um genauso wie alle anderen, als einfacher Bauer, ohne sich äußerlich im geringsten von ihnen zu unterscheiden, seine Ware zu verkaufen. Er ist heiter und fröhlich und gar nichts Besonderes. Mystik ist ein Freiwerden von allen früheren Konditionierungen, ist Rückkehr in die Welt. Wobei die Welt auf ganz neue Weise erfahren wird.

Willigis Jäger erzählt hierzu eine kleine Geschichte: *»Ein Mann hackte Holz am Rande eines Waldes und verdiente sich damit seinen Lebensunterhalt. Als ein Einsiedler daher kam, fragte er ihn nach einem Wort für das Leben. Der Einsiedler sagte: ›Geh tiefer in den Wald!‹ Da nahm der Mann seine Axt und ging tiefer in den Wald. Er fand schöne Bäume, fällte und verkaufte sie für gutes Geld. So wurde er wohlhabend. Eines Tages erinnerte er sich an die*

Worte des Einsiedlers ›Geh tiefer in den Wald‹. Er ging, und fand eine Silbergrube. Er baute sie aus und wurde sehr reich. Nach Jahren aber fielen ihm erneut die Worte des Einsiedlers ein: ›Geh tiefer in den Wald.‹ Er ging und fand wunderbare Edelsteine, ein Symbol für die Erleuchtung. Er erfreute sich sehr daran. Aber dann kamen ihm erneut die Worte des Einsiedlers in den Sinn: ›Geh tiefer in den Wald.‹ Und also machte er sich nochmals auf und ging tiefer in den Wald. So kam es, dass er sich eines Morgens wieder genau an dem Waldrand fand, an dem er vor langen Jahren beim Holzschlagen den Einsiedler getroffen hatte.«[44]

Das bedeutet: Wer einen Erfahrungsweg bis zum Ende geht, kehrt als ein anderer Mensch zurück in den Alltag. Äußerlich hat sich nichts verändert. Aber jetzt lebt er sein alltägliches Leben aus dem göttlichen Wesen. Er ist ein Gewandelter, wie ein Kursteilnehmer einmal erzählte: *»Es ist mir nicht mehr möglich, mein Leben zu leben, ohne hindurchzuschauen auf das Dahinter. Ich durchlebe meinen Alltag wie immer: Angenehmes, Schweres, Trauriges, Freudiges. Alles lebe ich mit Intensität, ganz. Aber nicht mehr in der oberflächlichen Weise wie früher. Dankbar bin ich für das Geschenk der Tiefe und Weite, die mir offenbar wurden. Ich kenne auch Einsamkeit, Trockenheit, durch die ich manchmal hindurch muss. Aber im Vergleich zur Fülle des Absoluten ist das nichts. Die Einsamkeit gehört wohl dazu. Vielleicht müssen wir erst sterben, um alle existenziellen Begrenzungen verlassen zu können, und dann in ewiger Fülle zu bleiben, im Frieden, in der Liebe, befreit von Leiden und Angst, von jeglichem Mangel.«*

Nicht mehr das Ego ist das Zentrum

Das Zentrum, in dem alles verankert ist, die Achse, um die sich alles dreht, ist nicht mehr das reflektierende, planende Ich des Menschen, sondern das *Ganz-Andere*, das göttliche Sein. Der,

der *geschaut* hat, nimmt die Erfahrung ernst. Sie durchwebt ihn. Er weiß sich geborgen, durchformt, getragen und umarmt vom Unaussprechlichen. Das bringt die Transformation, die Umkehr. Sie geschieht ohne sein Zutun.

Der beschenkte Mensch ist beglückt und fühlt in sich den Ruf, die Welt von diesem Sein her zu gestalten. Die Wandlung, die der Durchbruch bewirkt, ist der Anfang eines neuen Lebens. Die Welt ist neu. Der Mensch lebt aus dem Wesen. Er lebt weiterhin in der Welt und liebt sie, mehr denn je, aber er lebt bewusst aus dem Einen. Er klammert nicht mehr an ihr. Sie ist ihm Manifestation des Eigentlichen, das für das sehend gewordene Auge überall durchschimmert. Das Sein zu erfahren, ist erst der Anfang der Verwandlung. Und doch ist diese schon sehr deutlich spürbar. Man ist unendlich dankbar und froh darüber. Leiden und menschliches Versagen bedrängen einen zwar immer weniger, aber lebenslang. Doch schlägt das nicht mehr alle Sicherungen durch, so dass man halbtot am Boden liegen bleibt, und nicht mehr aufstehen kann. Es gibt einem im Annehmen des Geschehens die Chance, immer von neuem, und jedes Mal tiefer, das beglückende Einssein in Gott zu erfahren. Man erkennt klarer denn je, dass man hell und wach weiter an sich arbeiten, sein eigener Wächter sein muss. Man sieht klar das Ziel, auf das hin man sich ausstreckt. Der erwachte Mensch hat zurück zu seinem Ursprung gefunden. Aus der Erfahrung der Einheit resultiert sein Verhalten. Denken und Tun sind geprägt von seinen Erfahrungen. Er empfindet Verständnis, Mitgefühl und Barmherzigkeit für das Leid und die Probleme der Menschen, viel mehr als früher. Deshalb wirkt er selbstlos in bedingungsloser Liebe. Mit warmer Nähe und tiefem Wohlwollen ist er anwesend. Er möchte, dass alle die Wahrheit erkennen, so wie sie ihm geschenkt wurde. Er weiß, dass durch diese Einsicht ihr Leiden gelindert werden könnte. Sein Handeln ist von Liebe getragen. Der Mystiker fühlt in sich den Drang, die Wahrheit, die er schauen durfte, der Welt weiterzureichen, damit alle heimfinden. Das geschieht nicht durch sein Wollen. Das wäre sogar Hindernis. Je mehr er sich selbst zurücknimmt, je weniger das Ich mitspielt, umso mehr kann geschehen. Es teilt sich mit, wenn man absichtslos und selbstlos geschehen lässt, dass Es sich offenbare. Als Teil des Ganzen wirkt er aus der Fülle des Seins, ohne zu tun. Seine Aufgabe ist, Manifestation Gottes zu sein, und dem nicht hindernd im Wege zu stehen. Es fordert von ihm, dass er transparent wird. Es muss durch ihn hindurch scheinen, erstrahlen, so dass die Welt es spürt, schmeckt, erkennt, dass sie angesteckt, angerührt wird, von der göttlichen Qualität. Er selbst ist Ausdruck des Göttlichen. Und wer ihm begegnet, sollte sagen können: »Jetzt weiß ich, Gott existiert.«

Die Gabe, die ihm zuteil wurde, ist zugleich seine Aufgabe, nämlich, sie weiterzuschenken, Zeuge zu sein für die Wahrheit, die sich ihm gegeben hat, aber weniger durch Worte, als durch Sein. Ganz authentisch sein was er ist! Man kann nur die Wahrheit bezeugen, von der man selbst ergriffen ist. Und man muss Es geschehen lassen. Sobald man es machen will, oder etwas erreichen will, ist es vorbei. Das alles aber betrifft nicht nur den erwachten Menschen, sondern jeden, der auf dem kontemplativen, dem mystischen Weg ist. Dem Wesen, das er erfahren hat, zu entsprechen, bedeutet, dass er ganz und gar lebendig ist und wach, dass er frei ist vom zwanghaften Festhalten an mitgebrachten Vorstellungen, Konzepten, Bildern, ja, dass er diese mit großer Entschiedenheit abweist. Wo auch immer er ist, ist er ungeteilt da, ohne Vorbehalt.

Es bedeutet auch, dass er sich nirgends wie in einer beständigen Heimat wohlig einrichte und anklammere, sondern immer bereit ist, aus dem Nest geworfen zu werden. Jeden Augenblick lebt er neu, frisch und bewusst, intensiv und ganz frei. Wesensgemäß leben, das ist leben aus der Wahrheit. Es bedeutet die

Bereitschaft, immer wieder aufs Neue sein Ja zu sagen, auch sein Ja zum Sterben.

Die Gotteserfahrung oder Seinserfahrung führt auch zu ethischem Handeln. Es ist die Einheitserfahrung mit allem Sein, dem einen gemeinsamen göttlichen Grund, aus der dem Menschen eine tiefe Weltverantwortung erwächst. Der Mensch lebt nun in der großen Umarmung des einen Seins, nicht mehr in seinem eigenen Gefängnis, und er weiß, was Freiheit bedeutet. Er ist ein Liebender geworden und erkennt in jedem sich selbst. Eigentlich ist die Angst überwunden, auch die Angst vor dem Tod, denn er weiß jetzt in der Tiefe, dass er unsterblich ist.

Der Mystiker lebt buchstäblich als »neuer Mensch«, er ist ein Verwandelter und bringt Licht, Liebe und Heiterkeit unter die Menschen, denen er begegnet, am Arbeitsplatz, in der Familie, in der Gesellschaft, wo auch immer er sich bewegt. Wenn er wesensgemäß lebt, strahlt er Es auch aus. Das geschieht einfach, ohne sein Zutun, ohne dass es ihm bewusst ist. Es wirkt ansteckend und überträgt sich auf seine Umwelt.

Der Mystiker kann, nachdem er erwacht ist, nicht mehr so leben wie vorher. Es drängt von innen heraus, Es fließen zu lassen unter die Menschen. Die Liebe, die Freiheit, die tiefe Freude, der göttliche Glanz wollen strömen, sich verströmen. Im Alltag versucht er die Handlungen bewusster zu verrichten, in hoher Präsenz, als Ausdruck der Wesensnatur. Jeder Augenblick ist dann Kommunion mit dem Einen. Es ist ganz gleich, was er tut, ob er die Straße pflastert, Hilfsarbeiter ist oder Minister. Er versucht Es zu sein, durch und durch, und Es aufrichtig zu leben. Das ist kontemplativ leben, wesensgemäß. Der heilige Benedikt sagt, wir sollten alle Dinge so behandeln, als seien sie heilig. Aus dieser absoluten göttlichen Freiheit und Liebe, die sich mir geoffenbart hat, immerfort zu leben, das verlangt weiteres Üben. Üben, bis Es zu einem bleibenden Zustand wird, zur zweiten Natur, zu einem erwachten Leben aus der Wahrheit. Freilich kenne ich keinen so idealen Mystiker, wie ich ihn hier beschrieben habe, mich eingeschlossen. Jeder Mensch, auch der größte Heilige, hat immer, bis zum Lebensende, noch seine kleinen Beschränkungen und schwachen Seiten. Jeder ist bis zuletzt auf dem Weg, am Werden.

Das Leben selbst ist die Übung

Der Mensch auf dem mystischen Weg arbeitet ständig an sich. Es empfiehlt sich, während des Tages immer mal wieder alles in sich und um sich herum verstummen zu lassen und in die Stille zu lauschen, durch die Dinge hindurch, um das Sein, die Basis zu schmecken! Dies gilt auch in trüben Momenten, wenn Dunkles, Schweres kommt und man nicht mehr klar sieht. Jetzt ist blinder Glaube gefragt, ein Glaube, der weiß: Auch der Schmerz, das Dunkle und das Böse sind nichts anderes als das Göttliche. Es ist nur eine andere Form. Sei es, dass man sich in heftigen Diskussionen befindet, oder in hektischen Geschäften steckt, sei es dass man entsetzt ist über den Betrug, auf den man hereingefallen ist: All das hindert einen nicht, im Schweigen seines Seins verankert zu bleiben, jeden Moment. Aus dieser Quelle schöpft man alle Kraft, alle Lebendigkeit, Freude und Leichtigkeit. Wer aus der Wahrheit lebt, lebt gleichzeitig auf beiden Ebenen, auf der Ebene des Alltags mit seinen vielen Problemen und Prüfungen und auf der Ebene des Ewigen.

Das Leben selbst ist die Übung, die eigentliche religiöse Aufgabe. Immer, in jeder Aktivität des Lebens, kann die Wahrheit gefunden werden. Jede Handlung, die man vollzieht, und sei sie noch so gering, kann einen dem Wesen, Gott, näher bringen. Vorausgesetzt, man vollzieht sie in der richtigen Haltung, aus dem Ganzen heraus. Graf Dürckheim drückt das so aus: »*Vorausgesetzt, du tust es in der Durchlässigkeit für das in unserem*

Wesen anwesende Sein.« »Jede Handlung«, sagt Graf Dürckheim weiter, *»hat einen äußeren und einen inneren Sinn. Einmal geht es um das Resultat, das man erzielen will, und zum andern um das wie, in dem die Handlung vollzogen wird.«*[45] Darum ist die Übung der Achtsamkeit so wichtig: voll und ganz dabei zu sein. Loslassen, geschehen lassen, was durch einen hindurch geschieht. Mit seiner Mitte verbunden bleiben.

Für alle, die auf dem mystischen Weg etwas Großes erfahren wollen, ist es nicht immer leicht zu verstehen, dass Weisheit und Größe darin liegt, schlicht das zu tun was man tut, in Achtsamkeit und ganz, und dass das Heilige das Geschehen im Jetzt ist, dass es allein darauf ankommt, alles, was man berührt, mit großer Sorgfalt und Würde zu tun. So kann jedes Ding, sei es auch das Geringste, jede Bewegung und Handlung, die man ausführt, zum göttlichen Grund führen, weil alles göttlich ist, und nicht nur das Erhabene, Gewaltige: Den Garten umgraben, Blumen sähen, Nähen, Gemüse putzen und Staub wischen. All das Tun im Alltag kann zur Übung werden.

Bei Meister Eckhart heißt es: *»Wenn du glaubst, Gott mehr zu haben, wenn du in der Kirche bist, als wenn du auf dem Acker arbeitest, dann hast du ihn noch gar nicht gefunden.«* Weiter sagt er: *»Der Mensch lerne seinen Gott in allen Dingen zu haben. Dann ist es recht mit den Leuten, wenn sie Gott in allen Dingen gleich ergreifen und ihn in allen Dingen gleich viel finden. Wer Gott in Wahrheit hat, der hat ihn an allen Stätten, auf er Straße als auch bei den Leuten. Alle Dinge sind ihm lauter Gott. Und Gottes Bild wird ihm aus allem sichtbar. Der Mensch muss lernen, die Dinge zu durchbrechen und seinen Gott darin zu ergreifen, um ihn kraftvoll in einer wesenhaften Weise in sich hineinzubilden.«*[46] Voraussetzung ist, dass der Mensch durch viel Üben gelernt hat, in die Stille zu lauschen, nach Innen zu gehen, in dieses tiefe Schweigen. Dann kann ihm die Basis von allem aufgehen. In Gestalt von Millionen Dingen tritt es in Erscheinung.

Alles ist dem Kontemplativen auf dem spirituellen Weg Gott geworden. Dann, wenn der Mensch erwacht und transparent geworden ist, wenn er die letzte Wirklichkeit in allem und jedem und zu jeder Zeit erfährt, muss er sich nicht mehr in die Stille zurückziehen, um Gott zu erfahren. Alles ist ihm dann Gottesdienst, Lob Gottes. Das Heilige, das Göttliche ist mitten unter den Menschen, nicht draußen in der Wüste, oder in einer Höhle. Es ist auf dem Fußballplatz, im Jazzkonzert, auf dem Schlachtfeld, auf dem Bahnhof, in der Kirche. Alltag und Spiritualität durchdringen sich. Es gibt nichts, was nicht eine Ausdrucksform des Göttlichen wäre.

Der Mensch muss ein Organ entwickeln, ein sehr feines Organ, womit er dieses Es in allem und jedem jederzeit erfahren kann. Ohne unser Mitwirken wird das nicht geschehen. Es bedarf der ständigen Achtsamkeit und des Schweigens, nicht nur im Sitzen auf dem Meditationskissen, sondern auch mitten am Tag, bei der Arbeit, oder bei einem Bummel in der Stadt. Der Kontemplative sucht immer wieder Momente, wo er in die Stille geht, und Verstand und Gedanken ruhen lässt. Gott manifestiert sich im Alltag. Dort in den einfachen Dingen gilt es, die göttliche Wirklichkeit zu erfahren, zu leben.

Ken Wilber schreibt, dass der *»die höchste Stufe der Mystik erreicht habe, der das Göttliche, das Wesen, in allem und jedem, ja in der ganzen Schöpfung, und in jedem Augenblick, mit absoluter Klarheit, schaut.«* Und das Thomasevangelium lässt Jesus sagen: *»Spaltet ein Stück Holz und ich bin da, hebt einen Stein, und Ihr findet mich dort.«*

Religiös leben ist nicht etwas Besonderes, Außergewöhnliches, es ist vielmehr einfach das Leben selbst leben, so wie es ist, ohne Zutat. Gott ist das Jetzt, der Augenblick, der Alltag. Gott ist der Ton des Instruments, das Zwitschern der Amsel auf dem

Baum, das Plätschern des Baches vor meinem Haus, das Ticken der Uhr, das Miauen der Katze. Er ist das Leben selbst.

Diese Erfahrung machte auch eine Kursteilnehmerin: *»Unmöglich, das Gewaltige, das ich erlebe, die große Freude, die ich fühle, seitdem ich aus der ›Kraft der Tiefe‹ lebe, zu beschreiben! Ich bin ständig verbunden mit der Quelle. Ich überlass mich ihr, halte still, und alles ist schon getan. Alles ist Ewigkeit. Auch wenn ich rausrutsche, gefangen und besetzt bin von den seichten, weltlichen Dingen – so lange ich Mensch bin, wird das immer wieder geschehen –, finde ich jetzt, nachdem ich weiß, was das Wahre ist, wieder zurück. Mein Leben hat eine andere Perspektive. Im Moment ist mir das Wichtigste, in diesem kontemplativen Geist das Leben des Alltags zu leben. Es bewegt mich tief, auch hier in allem das Göttliche, das Heilige zu finden. Wenn das Ego abnimmt, wenn ich zunichte geworden bin, dann offenbart es sich mir. In allem erfahre ich dann Freiheit, Liebe, Einheit. Hier ist der Sinn des Lebens. Ich sehe so viel Schönheit in allem und erfahre so viel Freude, dass ich nur weinen kann und mich frage: ›Wie nur ist es möglich, dass ich all das vorher nicht spürte, nicht sah. Es ist das einzig ›Wirkliche‹ und so gewaltig, dass es unmöglich scheint, es nicht wahrzunehmen. Und es war immer da, das, was alles umhüllt, umarmt und ständig neu gebiert. Wo hatte ich nur früher meine Augen?«*

Im Einklang leben

Für den, der erwacht ist, hat der Alltag eine andere Qualität. Und er versteht jetzt den Satz Jesu: »Ihr sollt das Leben haben, und es in Fülle haben.« Er erfährt – vielleicht zum ersten Mal – die Schönheit des Lebens. Alles Tun wird freudig und leicht auf dieser neuen Dimension. Einer sagte: *»Ich schmecke das Göttliche, das Wesen, in der Blume, im Stein, im Gänseblümchen. Und ich sehe dasselbe Sein in mir, dieselbe Wahrheit. Das ist so einfach, so heiter, so* *wunderbar. Ich bin wie diese kleine Blume. Das ist alles. Das ist heute meine Meditation.«*

Der erwachte Mensch erlebt sich losgelöst von Fesseln, sorglos, unbekümmert und frei, in Gleichmut, denn er braucht nichts mehr, er hat alles. Er erfährt ein neues Erkennen und Lieben, denn er selbst ist ja Teil von all dem. Von allem Geschaffenen ist er Teil. Alles ist ein Fest! Ob er schwimmt, ob er wandert, ob der wohlriechende Duft der Wiesenblumen ihn verzaubert, jeder Augenblick ist das Fest des Lebens, ist großartig, heilig, ist ein Sakrament. Das Heulen des Hundes, das Klingen der Schelle, das Husten des Kranken, alles ist das Leben, das Eine.

Das Leben, der Fluss des Lebens, ist ein ungebrochenes Ganzes, in das wir eingebettet sind, von dem wir ein Teil sind. Und so gibt es keine Probleme, so lange wir selbst uns nicht von diesem Einklang mit dem Leben trennen. Das Leben selbst ist kein Problem. Wenn der Mensch im Leben aufgeht, sich tragen lässt, ist alles gut. Dann ist er in der Wahrheit. Im Fluss des Lebens gibt es kein ich und du, nur Einssein. Leben heißt, das was jetzt gerade ist, zu leben, zu er-leben. Wenn der Mensch sich aber von dem Fluss des Lebens trennt, weil nämlich etwas geschieht, was nicht seinen Vorstellungen und Wünschen entspricht – zum Leben gehören auch Leid und Schmerz, Krankheit und Enttäuschung – wenn er das nicht annehmen will und eigenwillige Gedanken hat, dann ist er sich der Einheit mit dem Leben nicht mehr bewusst. Durch die Losgelöstheit vom Leben ist dann der Blick getrübt. Er ist aus dem Gleichgewicht gefallen und leidet. Dann kommen Gedanken wie: »Das Leben ist furchtbar, ich muss es ändern, ich muss es in den Griff bekommen.« So ist er aus der Einheit mit dem Leben herausgefallen. Er hat sich von ihm getrennt, ist in der Dualität. Eingebettet ins Leben aber gibt es kein ich und du, weil es keine Spaltung gibt.

Hierin liegt das Problem: Wir identifizieren uns mit Äußerlichkeiten, Vergänglichkeiten, die keinen Bestand haben, und lassen uns davon besetzen, mit Gedanken, Empfindungen und Sorgen, Problemen und Ängsten. Der Geübte bemerkt das bald und kehrt zurück in den Einklang mit dem Leben, indem er die Identifizierung mit diesen Gedanken und Gefühlen wieder aufgibt. Dann wird ihm wieder klar: Er hat diese Gedanken und Gefühle, aber er ist etwas anderes als sie. Er kann sie anschauen, sie spüren, erleben, durchleiden, vor allem aber sie durchschauen. Er erkennt die Unwirklichkeit dieser Gedanken und Gefühle, und lässt sie dann los. Nur wenn wir uns ganz dem Fluss des Lebens anheim geben, wenn wir geschehen lassen, wenn wir den »Willen Gottes annehmen«, dann finden wir zu innerem Frieden.

Den Augenblick leben

Einmal fragte ich meinen Meditationslehrer: *»Wie schaffst du es nur, pausenlos so viele Schüler ins Einzelgespräch zu nehmen?« »Das ist gar nicht schlimm«*, meinte er. *»Da ist doch jedes Mal nur einer bei mir, dann kommt der nächste, danach wieder der nächste. Ich führe immer nur das Gespräch, das jetzt gerade dran ist und weiß nichts von dem vergangenen oder von dem, was danach folgt.«*

Das erinnert auch an eine Szene in dem Buch *»Momo«* von Michael Ende: Als Momo, den Straßenkehrer Beppo fragte, wie er das nur leiste, jeden Tag so viele Kilometer Straße zu fegen, war seine Antwort: *»Es ist so: Manchmal hat man eine sehr lange Straße vor sich. Man denkt, die ist so schrecklich lang; das kann man niemals schaffen. Und man fängt an, sich zu eilen. Und man eilt sich immer mehr. Jedes Mal, wenn man aufblickt, sieht man, dass es gar nicht weniger wird, was vor einem liegt. Und man strengt sich noch mehr an, man kriegt es mit der Angst zu tun, und zum Schluss ist* *man außer Puste und kann nicht mehr. Und die Straße liegt immer noch vor einem. So darf man es nicht machen. Man darf nie die ganze Straße auf einmal denken, verstehst du? Man muss nur an den nächsten Schritt denken, an den nächsten Atemzug, an den nächsten Besenstrich. Und immer wieder nur an den nächsten. Dann macht es Freude; das ist wichtig, dann macht man seine Sache gut. Und so soll es sein. Auf einmal merkt man, dass man Schritt für Schritt die ganze Straße gemacht hat. Man hat gar nicht gemerkt wie, und man ist nicht außer Puste. Das ist wichtig.«*

Unser Geist will immer entweichen aus dem Jetzt. Wir aber holen ihn sanft und geduldig zurück in die Gegenwart, immer wieder, noch einmal und noch einmal und noch einmal. Darin besteht unsere Übung. Immer das tun, was gerade getan werden muss. Nur in der Gegenwart, im Hier und Jetzt ist das Leben zu finden, nicht in der Vergangenheit oder in der Zukunft. Die spirituellen Meister aller Traditionen sahen im Leben des gegenwärtigen Augenblicks den Schlüssel für die geistigen Dimensionen. Der gegenwärtige Augenblick liegt außerhalb der Zeit. Das Jetzt ist kostbar. Es ist das Einzige, das Wertvollste, was es gibt. In der ewigen Gegenwart spielt sich das gesamte Leben ab. Leben ist jetzt. Der Mensch, der nicht im Jetzt lebt, lebt nirgendwo. Im Jetzt aber ist er gehalten, ganz da zu sein. De Caussade spricht vom »Sakrament des Augenblicks«, das bedeutet, wach in allem zu sein, was man tut. Aufmerksamkeit bringt uns ins Leben, hilft uns jede Minute des Lebens voll zu leben und auszuschöpfen. Man lebt nur im Augenblick. Er ist das Ewige, ist Gott selber. Je mehr man sich auf die Zeit konzentriert, auf Vergangenheit oder Zukunft, desto mehr verpasst man das Jetzt, verliert man das Leben. Der kontemplative Mensch denkt an nichts anderes, an nichts, was vorher war und an nichts was sein wird. Er ist immer im Jetzt mit seinen Gedanken, dann kann er sogar durch diese beständige Gegenwärtigkeit »erwachen«. Er tut alles so, als ob er es nur ein einziges Mal täte, mit äußerster Konzentration auf dieses Tun, in eben diesem jetzigen Moment. Das ist aktives Meditieren mitten im Alltag.

Praktisch geht das so, dass er immer wieder eine Unterbrechung im Strom seiner Gedanken herstellt, indem er seine Aufmerksamkeit vollkommen auf das Jetzt richtet. Er macht sich einfach ganz intensiv den gegenwärtigen Moment bewusst. Auf diese Weise schafft er eine Lücke, in der er höchst wachsam und aufmerksam ist, aber nichts denkt. Das ist meditativ leben, dasein im Hier und jetzt.

Das lässt sich zu Hause im täglichen Leben, in jeder Routinehandlung üben, mit jedem Handgriff, der sonst nur Mittel zum Zweck ist. Man gibt jeder Handlung, jeder Bewegung seine volle Aufmerksamkeit, so dass sie zum Zweck selber wird. Zum Beispiel: Wenn man die Hände wäscht, spürt man sie bewusst, ist mit Aufmerksamkeit bei dem Geräusch des Wassers, bei dem Duft der Seife. Man tut alles so als sei es das erste Mal im Leben. Keine reine Automatik! Alle Wahrnehmungen, Gefühle, Gedanken, und auch die ganze Energie konzentrieren sich auf das gegenwärtige Tun. Man wird gewissermaßen, was man tut. Der Übende wird eins mit seinem Tun und ist dabei ganz in seiner Mitte und in unmittelbarem Kontakt mit seiner eigenen Quelle. Er wird sich immer wieder eines Gefühls von *Gegenwärtigkeit* bewusst. Das ist eine wundervolle Übung. Diese Übung wird ihm mehr und mehr Frieden und Freude im Leben schenken, weil er lernt, intensiver, bewusster und wesentlicher zu leben. Er kommt der Wahrheit näher. Und wenn er am Abend oder am Morgen meditiert, kommt er dann wieder schneller und leichter ins Schweigen, in die notwendige Stille.

Ein Praktizierender erzählte mir: *»Manchmal bin ich wirklich da, in mir, hellwach und klar. Jeder Moment, jede meiner Handlungen, alles ist dasselbe, eins im EINEN. Über allem liegt ein besonderer*

Glanz. Ich bin eins mit mir und eins mit dem, was ich tue. Alles ist erfüllt, zum Platzen voll von Leben, von göttlicher Energie und Heiterkeit. Ungebunden, frei und voll bewusst bin ich im Augenblick. Da ist Freude und gleichzeitig stehende Ruhe!«

Tun als täte man nicht! Sich im Sein verankern! Es ist Freude, Strahlen, Licht, Energie, Kraft. Es ist Leben! Nur darum geht es. Lässt man den Anker los, ist man verlorenes Treibholz im Meer. Bleibt man aber fest verbunden, dann vibriert das Tun vor Leben. Es kommt nicht darauf an, ob man etwas Großes oder etwas Unbedeutendes tut. Immer geht es nur um Sein, um dieses Leben. Leben und Tun: Eines durchdringt das andere, so dass es eins ist, eine göttliche Einheit, Leben in Fülle. Ein großer Feind ist die Eile, die Hetze! Der Kontemplative arbeitet nur in seinem Rhythmus, ständig in voller Bewusstheit des Augenblicks. Manchmal ist der gegenwärtige Augenblick schrecklich und leidvoll. Auch dann gibt der kontemplative Mensch seine Zustimmung, ohne sich dagegen zu stemmen, gibt sich dem Strom des Lebens hin. Christlich ausgedrückt: Er ist bereit für den Willen Gottes, er lässt seine Widerstandsmuster los. Dann wird er so etwas wie Unabhängigkeit von äußeren Bedingungen schmecken. Er wird erahnen, was innerer Friede ist. Was immer der gegenwärtige Moment enthält, er nimmt es an, so als hätte er selber es so gewählt.

Dieses Tun in Achtsamkeit ist Gebet. Dann nämlich, wenn Tun zum Sein wird, wenn der Übende ganz und gar eins wird mit dem Tun. So kann man die biblische Aufforderung *»betet ohne Unterlass«* verwirklichen. Dann ist Stehen Gebet, Essen Gebet, Laufen Gebet, Musizieren Gebet und auch das Arbeiten im Schweiße seines Angesichtes.

Eine Kontemplationsschülerin erzählte mir einmal: *»Manchmal, dann, wenn ich so arbeite, dass ich selbst diese Arbeit bin, spüre ich dabei eine Gegenwart, und das bleibt dann auch, egal was ich tue. Ich bin so ›voll‹, wie trunken, oder wie verliebt.«*

Fülle des Lebens, wirkliches Glücklichsein findet man nur im Jetzt. Aufmerksamkeit und offenes Gewahrsein, das ist das Geheimnis des Lebens, das Geheimnis unserer Übung. Nur wer aufmerksam ist, kann den Augenblick, kann das Leben erfassen.

Die Achtsamkeit ist der Schlüssel zum Ziel. Bruder Lorenz, ein Karmelit, spricht von *»Wandeln in Gottes Gegenwart«*. Seine ununterbrochene Übung war Präsenz in jedem Augenblick. In der Mystik kommt es immer auf den Alltag an, nur da wird Gott erfahrbar. Aber das Herz muss leer werden von allem, was nicht Gott ist, sagt Bruder Lorenz, damit Er wirken kann. Das Ziel des kontemplativen Betens ist nicht, ekstatische Erfahrungen zu haben, sondern von Gottes Gegenwart angerührt zu werden, in allem was ist.

Zur puren Achtsamkeit gehört auch: nicht werten, nicht verurteilen, absichtslos da sein, ohne sich besetzen zu lassen. Und wenn der Nachbar Technomusik macht, die einem auf die Nerven geht, auch dann ganz bewusst in seinem Gestörtsein leben.

Es ist unerheblich, welches der Inhalt des Augenblicks ist. Jeder Augenblick ist das Ganze, ist absolut in sich selbst. Etwas anderes gibt es in dem Moment nicht. Aus vielen unscheinbaren Dingen besteht unser Leben, von Augenblick zu Augenblick. Aber es ist keine Frage der Wichtigkeit, die der Moment hat. Es ist nur eine Frage des Gewahrseins. Wenn man vollständig aufmerksam sein könnte, würde man keine Probleme und Sorgen haben, weil man in jedem Nun das Ziel erreicht hat. Es gibt nicht mehr. Das beste Lebenskonzept heißt: Einfach tun was man tut. Dann kann die allerwichtigste Aufgabe sein: Die Steuererklärung machen, den Flur kehren, oder dem Enkelkind die Windeln zu erneuern. Es gibt nichts, was einen glücklicher macht. Das was gerade vor einem liegt, das allein ist Es. Ist einem etwas hingefallen, so bückt man sich und hebt es auf.

Wenn man friert, zieht man eine Jacke an. Juckt es einen, dann kratzt man sich. Es ist alles ganz einfach.

Ein Weiser saß in einer eiskalten Winternacht im Freien, zusammen mit seinen Schülern. *»Bei so einer Kälte, was ist da unsere Aufgabe zu tun?« »Uns zu erwärmen und vor der Käte zu schützen.«* War die Antwort. *»Gut«*, sagte der Weise, *»und wenn wir keine Möglichkeit haben, uns gegen diese Kälte zu schützen, was ist dann unsere Aufgabe?«* Er selbst gab die Antwort: *»Zu frieren ist dann das Gebot der Stunde, zu frieren!«* Also, immer was gerade anfällt, ist das Wichtigste, das Einzige.

Der kontemplative Mensch geht mit allem achtsam um und betrachtet nichts als notwendiges Übel. Wenn er merkt, dass er nicht mehr mit dem Seinsgrund, dem gegenwärtigen Augenblick verbunden ist, versucht er umso stärker, selbst der Augenblick zu sein, mit ganzer Aufmerksamkeit, im jetzigen Geschehen! Gott selbst ist der Augenblick. Wo er ist und was er tut, ist nicht so wichtig. Wichtig ist aber, dass er mit ganzem Herzen bei allem ist, dass er da ist und nicht in einer imaginären Zukunft. Das Wesentliche liegt direkt vor ihm. Nur dieser kleine Augenblick allein ist wirklich. *»Das Äußerste geben. Immer mit dem Herzen arbeiten, und zwar mit ganzem Herzen, ob es sich darum handelt, ein Raumschiff zu den Sternen zu führen oder einen einfachen Punkt mit dem Bleistift zu zeichnen.«* (Dom Helder Camara)

Der Kontemplative ist vollkommen versunken und absorbiert von dem, was er gerade tut, und wenn möglich, mit einer Prise Heiterkeit dabei. Wenn wir wirklich Tag für Tag, Stunde um Stunde nicht nachlassen, diese Aufmerksamkeit im Jetzt zu üben, dann finden wir allmählich einen Weg aus dem Chaos des Lebens, aus allen Problemen, die es uns bereitet.

Wenn ich die Glasscheibe des Kaminofens reinigen muss, die wieder mal ganz verrußt ist, und dabei denke: »So eine schmutzige und lästige Arbeit! So ein Umstand jedes mal, nachdem man das flackernde Kaminfeuer genossen hat!« Dann hat der Ärger mit dem Putzen des Ofens nichts zu tun. Wenn ich geübt bin in der Aufmerksamkeit, dann wird mir sehr bald aufgehen, dass ich mich von Gedanken habe abschleppen lassen. Ich lasse sie los und wende mich der konkreten Aufgabe zu, um mich einzig und allein mit dem zu beschäftigen, was jetzt dran ist. Und dann macht auch das Reinigen eines Ofens Spaß. Die ständige wache Achtsamkeit auf das, was gerade ist, darin besteht die Übung.

Achtsamkeit kann man mit jedem Schritt üben, mit seinem ganzen Sein erleben. Man spürt den Boden, den Fuß, wie er abrollt. Man erfährt, ob der Boden hart, weich oder steinig ist. Ob das Geröll auf dem Weg sandig oder dick ist, rund oder kantig. Man darf dabei nicht Schritt denken, sondern muss ganz Schritt sein. Dann kann einem irgendwann der Schritt wie ein großes Wunder aufgehen. Denn dann erfährt man in ihm das Göttliche, berührt seine Wirklichkeit.

Leben ohne Warum, in Hingabe an das Leben. Wenn man alles, was anfällt, was gerade an der Zeit ist, annimmt und aus der Kraft des Grundes heraus tut, in heiterem Gleichmut, ohne Bewertung, einfach so, dann ist man nicht mehr Knecht, sondern ein Mensch in vollkommener Freiheit. Wer den einzelnen Moment in ungeteilter Achtsamkeit des Herzens lebt, dessen Leben ist ein Kunstwerk. Wer aber den Augenblick verpasst, dem fehlt ein Teilchen. Es ist wie bei einem Puzzle: Wenn ein Teilchen fehlt, ist das Ganze nicht vollständig.

»Eines Tages ging mir die tiefe Bedeutung des Augenblicks auf: Ich erfuhr die unermessliche Kraft, die unaussprechliche Freude, die jeder Augenblick birgt. Meine Seele jubelte und dachte: Jeder Augenblick ist so kostbar! Und blieben mir auch nur noch wenige, die ich aufmerksam und bewusst leben darf, das wäre Fülle genug! Vorher hatte ich Sorgen wegen unseren Finanzen gehabt. Jetzt aber, wo ich das All-Eine im Augenblick berühren durfte, sehe ich klar, dass Geld,

beim Anblick und Erkennen dieser kostbaren Fülle des Augenblicks, die Bedeutung verliert, und dass dann alle Angst nichtig ist.«

Wenn der Mensch die Achtsamkeit des Herzens übt, wird ihm das Sichtbare zum Ausdruck des Unsichtbaren, zur Gottesbegegnung. Er berührt, schmeckt in den Dingen Gott, der für unsere leiblichen Augen unsichtbar ist. Vielleicht wird ihm dann auch das Geschenk zuteil, dass er das Wunder in der Blume, im Rauschen des Windes, in den Augen des Bettlers und im Lachen des Kindes, ja sogar im Blick seines Hundes entdeckt. Wir leben umgeben von Wundern. Jeder Augenblick ist Es.

Wie aber soll jemand den Augenblick leben, Achtsamkeit üben, wenn er tief in der Arbeit steckt? Vielleicht muss er gerade Pläne schmieden für seine Altersvorsorge, oder wichtigste Entscheidungen treffen: Kündige ich meine Arbeit, die mich so anwidert? Sollen wir in einem halben Jahr schon ins Altersheim gehen? Verkaufen wir unser Haus oder nicht? Wenn man mit all seinen Kräften, in voller Bewusstheit und Wachheit bei der einen Sache ist, die man tut – und das wäre in diesem Fall das Kalkulieren, Abwägen und scharfes Nachdenken –, dann lebt man das Jetzt, die Gegenwart, auch wenn es sich auf Zukünftiges bezieht. Auch in diesen Situationen führt der Weg zur Erleuchtung über die Achtsamkeit.

Den Mystiker erkennt man an seinem konkreten Tun, an der wachen Bewusstheit und Behutsamkeit, mit der er alles berührt. Es genügt nicht, täglich eine Halbe- oder Dreiviertelstunde in die Stille zu gehen. Unser ganzes Leben wird zur Übung, wenn man seine normale Zerstreutheit und Flüchtigkeit loslässt. Man ist in hohem Grade voll gegenwärtig, ohne auf einen nächsten Augenblick zu warten. Das kann man üben, bis es zur zweiten Natur wird. Genauso wie man immer wieder stundenlang, jahrelang üben muss, bis man ein Meister im Spielen eines Instrumentes ist, bis man es völlig beherrschst.

Als uns vor Jahren unser Freund Raimon Panikkar besuchte – er hat ein spirituelles Zentrum in Spanien –, fragte ich ihn, wie viel Zeit er täglich meditiere. Lachend gab er zur Antwort: 24 Stunden. Zur Erklärung fügte er hinzu: »*Jede meiner Bewegungen am Tage gehört dazu, ist Meditation: Bereite ich eine Tasse Kaffee, so tue ich das behutsam, sorgfältig und langsam. Jede Einzelheit nehme ich bewusst wahr. Ich spüre den Löffel, mit dem ich das Kaffeepulver nehme, fühle den Henkel der Kanne und setze vorsichtig die Tasse auf den Tisch. Ich spüle später das Geschirr ab, ohne jede Hast, in voller Ruhe. Das alles, jede Einzelheit für sich, ist für mich immer das Wichtigste von der Welt.*«

Mit der Zeit, nach so viel Üben, muss man sich kaum mehr bemühen. Es ist zur Natur geworden. Und jede Handlung ist ein tiefreligiöser Akt, ist Gebet. Man lebt das Leben Gottes, das sich in eben diesem Moment durch einen manifestiert. Der meditative Mensch legt immer sein Herz in diesen einzigen Augenblick, der jetzt da ist. Er lässt sich ganz auf die Gegenwart ein. Erledigt nicht einfach das, was zu tun ist, damit es weggeschafft ist, und er es abhaken kann, sondern er tut alles mit Hingabe. Verkostet, erlebt, genießt es. Wo sein Herz ist, da ist seine Aufmerksamkeit.

9 Das Leid

Das Leid, die Folge unserer Blindheit

Der Mensch begegnet immer wieder dem Leid, dem Schmerz. Wenn wir das aus spiritueller Sicht betrachten, relativiert sich das aber. Spirituell betrachtet sind Schmerz und Leid das Ergebnis unserer Identifizierung mit den äußeren Dingen und Ereignissen. Wenn der Zusammenhang, die Verbindung mit dem Großen und Ganzen verloren ist, dann kann der Mensch Leid empfinden. Er ist dann mit seinem Ich und allem, was diesem widerfährt, zu sehr eins, statt sich mit allem zu verbinden, mit dem Sein. In Verbindung mit dem Sein gibt es das Leid nicht. Das wirkliche spirituelle Leben, Leben in der Wahrheit, ist Freude. Und Leid ist die Folge dieser Identifizierung mit vergänglichen Erscheinungen und Ereignissen. Die Wahrheit aber ist größer als ein momentanes Ereignis. Die Wahrheit ist das Ganze; nur der Mensch in der Vereinzelung leidet. Die Vereinzelung, die den Menschen leiden lässt, ist wie eine Täuschung, wie eine Fata Morgana.

Natürlich ist Leiden etwas durch und durch Menschliches; alle Menschen leiden; aber es ist eine Hilfe, gerade im Leid, sich des größeren Zusammenhangs und der Vergänglichkeit der momentanen Ereignisse immer wieder bewusst zu werden. Dann kommt man wieder vom Vielen und Vergänglichen weg zum einen göttlichen Urgrund, der alles bestimmt und trägt, und aus dem wir leben, und wo alles heil ist.

Der Mensch, der leidet, hat eine spürbare Verbindung zu seinen göttlichen Wurzeln verloren. Er definiert sich über das, was er von außen darstellt, als Lehrer, Bauer, oder Ingenieur, Angestellter, oder Freiberufler, mit besonderen Eigenschaften, aus einer bestimmten Familie usw. Wenn er sich mit all dem identifiziert, geht ihm die Erfahrung verloren, nicht dies, sondern Teil des Großen zu sein. Er ist das, was *dahinter* liegt, das, was man nicht berechnen, messen, wiegen greifen und begreifen kann. Das Leid und alle Umstände, die dazu geführt haben, werden einst vergehen. Der Mensch aber ist Teil des ewigen, göttlichen Seins. Wenn er im Einklang mit der großen kosmischen Ordnung ist, schwindet auch das Leid.

Das Leid ist Folge des Festhaltens an den äußeren, den erworbenen Dingen. Es ist die Angst, das Erreichte und Erworbene zu verlieren, die den Leidenden zermürbt. Vor allem die Angst vor dem Tod, der ihm ja alles nimmt, und den er nicht einordnen kann ins Leben. Alle Angst hier auf Erden ist im Letzten Todesangst. Deshalb versucht der Mensch, diesen Gedanken zu verdrängen.

Wenn ihm aber aufgeht, dass alles *leer* ist, *Schein*, nur eine *relative Wahrheit*, und dass nur das göttliche Sein Bestand hat, wenn er zu diesem Wissen und dieser Erfahrung gelangt ist, dann hat er die Befreiung von Schatten und Leiden des Lebens und des Todes erreicht. Dann sieht er, wie ein göttlicher Glanz, ein Glanz von stiller Freude, über allem liegt. Es ist nicht zu fassen! Aber man kann es erfahren. Nur der, der das *geschmeckt*, *gespürt*, *erfahren hat*, wird es glauben. Für andere klingt es abgehoben. Eine wichtige innere Haltung auf dem inneren Weg ist die *Gelassenheit.* Das bedeutet lassen, das Leben geschehen lassen, uns ihm anheim geben, unsere innere Tür weit öffnen und das Leben einladen. Sich dieser unsichtbaren, geheimnisvollen Kraft schenken, sich ihr hingeben, ihr ausliefern.

Natürlich schreit da das Ich und stöhnt und jammert und hat Angst. Das ist verständlich, doch dann kommt es darauf an, nicht wieder kleinmütig und ängstlich zu werden, egal unter welcher Form uns das Leben erscheint. Ja sagen, voll bewusst, wach und präsent, nicht ächzend, klagend gebeugt, sondern erhobenen Hauptes. Ja, noch mehr: Mit dem Leben *tanzen*. Darin liegt das Glück und das Wachsen des Menschen: Über sich selbst hinauswachsen! Dann wird der Mensch sich finden und Gott begegnen.

Woher aber nimmt er die Kraft zum *Lassen*? Es ist die Ahnung, die brennende Sehnsucht nach dem Eigentlichen, dem *Wesen*. Und diese Sehnsucht, die den Menschen zieht, ist Gott selber. Leben ist Veränderung, ein unablässiges Sich-Verwandeln und Werden alles Seienden. In der Hingabe fließen wir mit dem *göttlichen Strom* und nehmen an, was er uns bietet.

Dass eine größere Kraft am Werk ist, macht allein schon jede Geburt deutlich: Der Mensch wird geboren, ohne dass man ihn gefragt hat, ob er das überhaupt will. Dann kommen die Kindheit und Jugend, die mittleren Jahre und das Alter. Und bald schon ist man ein Greis. Immer ist da ein *Loslassen*, Platz machen, damit Neues entstehen kann. Wie schön war es als Kind, und wie gerne wäre man immer jung geblieben! Aber dann merkt man auf einmal, dass man alt und gebrechlich geworden ist. Da macht es keinen Sinn, sich dagegen aufzubäumen. Alles ist Werden und Vergehen. Alles ist unbeständig und macht neuem Werden Platz. Wir können uns dem *Ruf* zum Abschied nehmen vom Alten, Liebgewordenem, nur vertrauensvoll überlassen, uns einfach tragen lassen, geschehen lassen. Widersetzen wir uns, schafft das Leid. Es bleibt uns keine andere Wahl als mit zu schwimmen in diesem Strom des Lebens. *»Es muss das Herz bei jeder Lebensrufe bereit zum Abschied sein und Neubeginne, um sich in Tapferkeit und ohne Trauern in andere neue Bindungen zu geben.«* (Hermann Hesse, »Stufen«)

Von lieben Freunden aus der Studienzeit muss man sich trennen. Die Eltern sterben, der Tanzkreis, zu dem man lange

Jahre gehörte, löst sich auf. Irgendwann interessiert einen das Hobby, in dem man völlig aufgegangen war, nicht mehr so recht. Man hat sich verändert. Sport kann man nicht mehr treiben, irgendwann auch nicht mehr wandern oder Skifahren. Die Knochen sind lädiert. Und wie gerne hat man immer gesungen! Jetzt ist Schluss damit. Die Stimmbänder streiken. Je älter man wird, desto ernster ist es mit dem Abschied nehmen. Vielleicht ist man gezwungen, sein Haus, in dem man jahrelang glücklich war, zu verlassen, die Möbel und alles Liebgewordene und Vertraute herzugeben, um mit wenigen Quadratmetern eines Altersheims vorlieb zu nehmen. Vertrauen und Hingabe ist das einzige, was wirklich hilft: *»Es wird vielleicht auch noch die Todesstunde uns neuen Räumen jung entgegen senden. Des Lebens Ruf an uns wird niemals enden. Wohlan denn, Herz, nimm Abschied und gesunde!«* (Hermann Hesse)

Auch bei all diesen schmerzvollen Veränderungen gibt es nur das eine, was helfen kann: Die uneingeschränkte Hingabe an den jetzigen Augenblick: Auf die Bewegungen achten, seine Gestimmtheit, beim Gehen, wenn man bewusst einen Fuß vor den andern setzt. Beim Atmen, einen Atemzug nach dem andern machen, voll bewusst, in Vertrauen und tiefer Gelassenheit. Man weiß, man wird beschützt und geliebt.

Über das Leid hinauswachsen

Die spirituelle Entwicklung ist ein prozesshaftes Geschehen. Wer schon tief auf dem Weg des inneren Gebets fortgeschritten ist, dessen Glaube wird zum Schauen, zur Gewissheit, zur Erfahrung. Dann ist alles anders. Die Gegenwart Gottes hat den Menschen berührt. Er ist beschenkt mit dem Erkennen, dass es nur diese allgegenwärtige, eine Wirklichkeit gibt, die wir Gott nennen, die alles durchpulst, alles durchwebt, durchwirkt, durchdringt, trägt und liebt. Einer, der dies erfahren hatte, drückte dies so aus: *»Tiefe, warme Zuversicht! Sie umhüllt mich, gibt Ruhe, stille Freude. So als wenn Etwas mich liebevoll, mütterlich, in seinen Armen hält, mein Leben beschützt. Sorglos vertrauend, gebe ich mich hin. Und lasse mich tragen.«*

In einem Augenblick reinen Seins geht dem Menschen auf, wer er ist, wer er schon vor seiner Geburt war, dass er in seinem wahren Selbst nicht geboren ist und auch nicht sterben wird, und dass Gottes Leben sein Leben ist. Man könnte auch so sagen: Christus ist in seinem Herzen erwacht. Sein Leben ist das Leben Christi und alles, was existiert, ist eins in diesem göttlichen, liebenden Urgrund. Wo ist da noch Angst vor dem Tod? Man muss nur seine Hände ausstrecken; dann kann man die Erfahrung machen: da ist einer, dem man die Hände reichen kann, in Hingabe. Er wird einen führen. Das alles klingt so übermenschlich. Gibt es das überhaupt? Ist es wirklich möglich, das Leid zu übersteigen, die Schmerzen und Nöte, die jeden überfallen? Ja, das ist sogar die einzige Lösung, die Rettung, die Umkehrung der Dunkelheit ins Licht.

Eine Freundin, die ein weit fortgeschrittenes Krebsleiden hat, und deren Tage gezählt sind, lud uns und ihre Nächsten zu einer Abschiedsfeier ein. Seit langem ist sie auf dem Weg der Kontemplation. *»Ihr braucht nicht zu meiner Beerdigung kommen. Aber wir wollen miteinander den Abschied feiern«*, sagte sie. Für sie ist der Tod ein genauso wichtiges Ereignis wie das Geborenwerden, deshalb wollte sie dieses Fest des Übergangs mit uns feiern. Es schließt sich kein Tor, wenn sie geht, sondern es öffnet sich ein Tor zum Neuen hin, das vor ihr liegt. Für sie war es das Spiel Gottes, das sie mit ihrem Leben verwirklichen durfte, nicht ihr Spiel. Gott lebte durch sie in diesem ihrem Aufenthalt hier auf Erden, um sich durch sie zu offenbaren. Das alles sah sie mit großer Klarheit. So wurde das Fest des Abschieds zu einem heiligen Auferstehungsjubel, wirklich zu einem Freudenfest.

Alles war gut. Tod, Trennung und Schmerz waren hier überschritten. Der Unterschied von Leben und Tod war aufgehoben. Ob das Leben jetzt endet oder später war unwichtig. Denn es endet ja sowieso nie. Das hier und das dort, das Jenseits, gab es nicht, war Illusion. Alles war eins, im ewigen Jetzt. Es wurde zu einem Fest tiefer Freude. Sie war über Leid und Tod hinausgewachsen. Heute, zwei Jahre später, lebt sie immer noch. Ja, ich wage zu sagen: Mit dieser inneren Haltung konnte sie die Krankheit und den Tod übersteigen und vielleicht sogar bezwingen. Gibt es so etwas?

Dieses Beispiel macht auch sehr gut deutlich, was damit gemeint ist, wenn vom »egozentrischen Weltbild« des normalen Menschen die Rede ist. Diese Frau verstand und erfuhr sich als »Spiel Gottes«, dessen Ausdruck sie verwirklichte. Das Ich hatte seine Rolle abgegeben. Sie hatte ihre wahre Mitte gefunden. Das, was normalerweise für die eigentliche, einzige Wirklichkeit gehalten wird, war an den Rand getreten, hatte sich aufgelöst.

Sogyal Rinpoche drückt das in einem Bild aus, wenn er sagt: *»Wir sollten uns immer zu erinnern versuchen, dass die Wolken nicht der Himmel sind. Wolken sind am Himmel aber nicht der Himmel.* Das bedeutet: Ich *habe* Ängste, aber ich *bin* sie nicht. Und alles Leiden hört auf, wen wir das Spiel Gottes fraglos mitspielen, uns ihm hingeben.

Ein Gebet aus den Upanishaden lautet:
»Vom Unwirklichen führe mich zur Wirklichkeit.
Aus der Dunkelheit führe mich zum Licht.
Aus dem Tode führe mich zur Unsterblichkeit.«

Erst wenn wir erwachen und *sehen* was *ist*, sind wir befreit und beginnen wahrhaftig zu leben. Dann, wenn wir erkennen, dass wir die Ängste zwar haben, dass wir aber was anderes sind als sie:

da sind die Ängste und hier bin ich. In dem Moment, wenn wir uns nicht mehr mit ihnen identifizieren, bedrohen sie uns nicht mehr. Wir laufen nicht mehr vor ihnen weg, sondern können sie anschauen, so gelassen, wie ich den ziehenden Wolken nachschaue. Genauso gehen wir mit seelischen Nöten, Sorgen und Leiden um. Wir desidentifizieren uns und werden uns dabei bewusst: Wir haben sie, spüren sie, aber sie können uns, unserem wahren Selbst, nichts anhaben. Wir kämpfen nicht mehr gegen sie. Das ist auch nicht nötig, weil ich erkenne, dass sie mich nicht verletzen können. Wenn wir unser wahres Selbst, den Raum in uns, entdeckt haben, wo wir schon immer ganz und heil sind, wo alles gut ist und unantastbar, dann können wir die Identifikation mit belastenden und zermürbenden Emotionen fallenlassen. Dann erfahren wir einen tiefen inneren Frieden, erlösende Leichtigkeit.

Das ist vergleichbar mit dem »Auge des Zyklons«: der zerstörerische Wirbelsturm hat im Zentrum einen Raum, in dem es ganz still und bewegungslos ist. Der Wirbelsturm mag noch so heftig über Länder und Meere rasen: in seinem Innern, dem Auge, im »Nullpunkt« ist absolute Ruhe. Auf unseren Weg bezogen heißt das: In seinem wahren Innern, in seinem Selbst ist man sicher geborgen. Hier ist der Halt, den man nicht verlassen darf, damit die Wirbel am Rand einen nicht mitreißen.

Wenn der Mensch erkannt hat, dass er Ausdruck des göttlichen Spiels ist und Gott der Spieler, und dass alles Geschaffene den gleichen göttlichen Urgrund hat, dann kommt er frei aus seinen inneren Turbulenzen, findet zur wahren Befreiung und in einen tiefen Frieden. Dann ist er befreit vom Leiden, sogar von der Angst vor dem Tod. Die Erfahrung des Göttlichen erlöst ihn von den Schatten.

Der Mensch klammert sich an nichts mehr, nicht einmal an sein Leben. Auch der Tod hat seine Macht und den Schrecken verloren. Alles, was das Leben schickt, ist göttlich. Es offenbart sich im Fluss des Lebens, in jedem Geschehen, wie auch immer es aussehen mag. Dieses tiefe Wissen befreit den Menschen von zermürbendem Schmerz und von allertiefster Verzweiflung, die ihn befällt, wenn er etwas ihm sehr lieb Gewordenes und Wichtiges verliert: seine Gesundheit, die nächsten Angehörigen, oder sein Leben. Es erlöst ihn auch vom ängstlichen Wunsch, alles, was ist, festzuhalten, zu etwas Bleibendem zu machen. Es befreit von der Gier nach Ansehen und Macht.

Wenn wir im *Strom des Lebens* Fuß gefasst haben, vermag der Schmerz uns nicht mehr zu zerbrechen. Für den haben die Schatten ihre Macht verloren. Lebt man in diesem Einheitsbewusstsein, dann erkennt man in jedem Geschehen Gott, der sich hier offenbaren will. In diesem neuen Bewusstsein sieht der Mensch alles von einer anderen Warte. Er steht anders in der Welt. Für ihn gelten andere Regeln als die üblichen. Das Bewusstsein der göttlichen Einheit lässt ihn nicht mehr so leben wie früher. Jetzt lebt er »wesensgemäß«. Und das ist wirklich leben.

Das heißt aber nicht, dass es keinen Schmerz mehr gibt. Er begegnet ihm ständig in vielen Situationen. Das Leid hat viele Gesichter. Es kann körperlich und auch seelisch sein. So lange er lebt, ist das Leid sein Begleiter. Aber er erschrickt nur am Anfang. Er durchschaut es bald, und weiß dann damit umzugehen.

Die Freundin, die ihn versetzt hat oder ihn hat sitzen lassen, die schmerzhafte Verleumdung, eine unheilbare Krankheit. Das alles sind Ereignisse, die unbeschreibliches Leid erzeugen. Hier gibt es kein Entrinnen. Und niemand bleibt davon verschont. *»Man hat mir meine langjährige Arbeitsstelle gekündigt. Ich bin entsetzt, wütend, hoffnungslos. Mit 59 Jahren finde ich nur schwerlich was Neues. Verzweifelt lege ich mich schlafen und wälze mich lange, von Ängsten geplagt, herum. Am Morgen – o Wunder – wache ich frisch und befreit, in freudiger Stimmung auf. Ich habe* *geträumt von einem Baum. Schwere Stürme haben ihm die Krone gebrochen, seine Zweige gekürzt und zerzaust. Kahl und verkrüppelt steht er da. Im selben Zug, wie ihm die äußere Pracht genommen wird, wachsen seine Wurzeln. Sie wachsen in die Tiefe, werden breit, üppig, dicht, wie ein tragendes Fundament. ›Der Baum wird nicht sterben‹, denke ich. ›Bei so viel Lebenskraft wird er jetzt, wo sich – Dank des Sturms – seine Wurzeln so gewaltig entwickelt haben, gesunden und schöner werden denn je.‹ Der Baum, das bin ich. Ich habe verstanden. Mir geht es wieder besser.«*

Der »Erwachte« nimmt das an, durchlebt es ganz bewusst, aus dem tiefen Vertrauen heraus, dass es ihm hilft, immer mehr zum Eigentlichen hin zu wachsen. Er weiß, dass es notwendig ist, um immer »wesentlicher« zu werden. »Notwendig« im buchstäblichen Sinne: Es wendet die Not, die Not des getrübten Geistes, der die Wahrheit nicht erkennt. Und aus diesem Wissen heraus schluckt er die bittere Pille, die jede Krise mit sich bringt.

Eine Frau kam zum ersten Mal in einen Kontemplationskurs. Sie wusste nicht einmal, was Kontemplation ist und verriet mir gleich im ersten Gespräch, dass sie nur zum Kurs kommt, weil heute, vor einem Jahr, hier in diesem Haus, ihr an Aids erkrankter Sohn gestorben war. Sie wollte durch Teilnahme an diesem Kurs die Gelegenheit haben, an dem Ort zu sein, wo er die letzten Leidensstunden durchlebt hatte. Ich machte sie darauf aufmerksam, dass viel Trauer hochkommen würde und viele Tränen, wenn sie in die Stille geht in die tiefen Schichten ihrer Seele. Am letzten Tag sprach ich wieder mit ihr, und sie berichtete: *»Ich bin in eine Tiefe gekommen, wo es keine Trauer und keine Tränen mehr gibt. Auf dieser Ebene ist alles Leid überschritten. Da gibt es nur strahlende Freude. Da ist keine Trennung von meinem Sohn. Wir sind eins in diesem Grund. Und noch etwas: Ich habe mich zum ersten Mal in meinem Leben wirklich gefunden.«* Seitdem sind viele Jahre vergangen. Sie ist tief in den Weg eingestiegen.

Und noch eine andere Erfahrung: Eine langjährige Kontemplationsschülerin teilte mir mit, dass ihr Mann verstorben sei, nach 48-jähriger, glücklicher Ehe. Wir fuhren zu ihr und fanden eine untröstliche Frau vor, die fast erstarrt wirkte in ihrer Trauer. Auch die Wohnung war nackt, kalt und leer. Im Laufe des Gesprächs erhellte sich jedoch ihr Gesicht. Sie sprach von erstaunlichen Dingen: *»In all den vergangenen Jahren, in denen ich auf dem Weg bin, wurde mir die Erfahrung des wahren Selbst, des Göttlichen als meine Mitte, nicht geschenkt. Jetzt aber, wenn ich in die Tiefe gehe, finde ich meinen Kern, Gott, der mein Innerstes ist. Hier begegne ich auch meinem Mann. Da ist nur Einheit. Der Schmerz ist überstiegen. Ich komme nach Hause, dahin, wo es nichts Dunkles gibt, nur Freude, Licht, Wärme und Geborgenheit. Das geht über alles menschliche Begreifen hinaus. Mit Worten kann man es nicht erklären. Später, in meinem Alltag werden voraussichtlich noch viele Tränen fließen, die vielleicht auch nötig sind! Denn die Trauer ist noch da. Doch ganz in der Tiefe bin ich getröstet, getragen und so dankbar, dass sich mir das All-Eine geoffenbart hat. Ich weiß, ich bin nicht einsam und alleine.«*

Durch Schmerz und Leiden zum Erwachen

Wenn der Mensch nicht mehr gegen das Leid ankämpft, wenn er schließlich einwilligt und keinen Widerstand mehr leistet, dann kann es sein, dass ihm plötzlich das klare Wissen geschenkt wird, dass auf dem Grund seiner selbst auch der tiefste Schmerz getragen und aufgehoben ist, ja, dass er sich sogar auflöst. Wenn Leid wirklich akzeptiert wird, dann hört es auf, Leid im üblichen Sinne zu sein. Diese Erkenntnis ist tief befreiend. Vielleicht wird man dann sogar auch im Schmerz das *Leben feiern können*, wie es bei Rilke in einem Gedicht heißt. Unsere bisherigen Konzepte und Maßstäbe wandeln sich dabei, und wir finden zu neuen Ebenen. Willigis Jäger drückt das so aus: *»Krisen sind Stationen im spirituellen Wachstumsprozess. Das Leid ist ein Mysterium. Wer reifen will, kann ihm offensichtlich nicht entgehen.«*

Wenn das Ego zurücktritt, kann das Transpersonale, die Erfahrung, die im Innern verborgen ist, in Erscheinung treten. Besonders in Übergangsphasen des Lebens, in Krisenzeiten, besteht eine große Offenheit für das Göttliche, zum Beispiel bei Schicksalsschlägen, Verlusterlebnissen, Nahtodsituationen, schweren Krankheiten, Trennungen, und manchmal auch bei der Geburt eines Kindes. Da kann es geschehen, dass sich plötzlich, ganz spontan, das Bewusstsein öffnet, und wir zu Schauenden werden. In diesen Augenblicken, wo wir ganz eins geworden sind mit der Situation, die uns tief erschüttert, ist das Ego zurückgetreten. Es hat seine Kraft verloren. Und so kann es geschehen, dass die Erfahrung durchbricht. Dann sind wir frei von uns selbst, total geöffnet, halten nichts mehr zurück. Unsere ursprüngliche Sicherheit, die Schranke zwischen uns und den anderen ist untergegangen. Es ist ein Augenblick von höchster und dichtester Unmittelbarkeit. Wir sind ungehemmt uns selbst und dürfen uns sein lassen, wie wir sind. Rumi sagt: *»Wenn die Nussschale nicht zerbrochen wird, kann man an den Kern mit dem wertvollen Nussöl nicht herankommen.«* Und an anderer Stelle sagt er: *»Die Muschel muss geöffnet werden, sonst kann man nicht an die Perle gelangen.«*

Liegt hierin der Sinn des Leidens? Jemand hat es so genannt: Leiden ist das schnellste Pferd zur Vollendung.

Ein schwerkranker Mann, der an ALS leidet, einer irreversiblen Muskellähmung des ganzen Körpers, teilte mir seine tiefen Erfahrungen mit. Er diktierte sie seiner Schwester, da er selbst die Finger nicht mehr bewegen kann: *»In den vielen Monaten meiner Krankheit, wo ich total ans Bett gefesselt bin, hat sich mein inneres Auge geöffnet. Mir ist aufgegangen, dass ich eins bin mit allem, was mich umgibt, ja mehr noch, dass ich eins bin mit* *dem ganzen Universum, dem Zeitlosen und Ewigen, und dass nur das existiert. Außer dem gibt es nichts. Schauend ahne ich das Göttliche, das große Geheimnis, und weiß, dass es alles rationale Erkennen weit übersteigt. Noch etwas ist mir aufgegangen in dieser jetzigen Situation, wo ich absolut nichts mehr machen kann: Im Ja-Sagen zu dieser totalen Einschränkung wurde mir in letzter Klarheit bewusst, dass ich bin. Voller Staunen stellte ich fest, dass diese Unfähigkeit, etwas zu machen, mein Lebendigsein, mein Leben, mein Sein, auch nicht um ein Jota geschmälert hat. Normalerweise verwechseln wir immer Machen mit Sein. Wir glauben Leben sei Machen. Da ist etwas in meiner Tiefe, was das Machen transzendiert: mein Wahres Selbst. Das nur bin ich. Und indem ich das mit großer Klarheit erfahren durfte, wurde mir letzte Wirklichkeit offenbar.*

Die Schwäche des Körpers schreitet fort und lässt mich befürchten, dass sie mich zuletzt so sehr übermannen wird, dass auch mein Bewusstsein, welches ›weiß, ohne zu wissen‹ (Johannes v. Kreuz!) seine Kraft und Klarheit verliert. Ich hoffe, dass das nicht so geschieht, und dass ich, wenn der Moment des Abschiednehmens eintritt, voll bewusst den Akt der Übergabe meines Lebens vollziehen kann. Das wäre für mich das größte Geschenk, sozusagen der Höhepunkt all dessen, was ich empfangen durfte. Ob mir das wohl gewährt wird?«

In der Begegnung mit Gott sind alle Schleusen geöffnet, so dass alles, was uns bewegt, zu Gott strömen kann. Wir kommen in Berührung mit unserem *Grund*, weil wir in tiefe seelische Erschütterung geraten sind und auf uns selbst zurückgeworfen wurden. In diesem Augenblick können wir eine unmittelbare Begegnung mit Gott erleben. Nichts zählt mehr als nur das absolut Eine. Wir sind überwältigt und ergriffen von der Nähe Gottes. Und wir ahnen etwas von Ihm, ja, wir erkennen Ihn im Sinne von Erspüren, Erfühlen, Schmecken, Verkosten. Wir erfahren ein tiefes Umfangen – und Geliebt werden. In einem solchen Moment ist der Mensch offen und durchlässig. Es ist der Augenblick, in dem er am lebendigsten ist, er sich am meisten spürt. Es ist ein Moment, in dem er am fühlbarsten mit dem Leben in Berührung ist.

Durch die seelische Erschütterung in dieser leidvollen Situation ist seine Mauer, die wie ein Panzer um ihn herum lag, eingestürzt. Alle Sperren sind aufgehoben. Es ist wie eine Offenbarung der Freiheit. Solche *Gipfelerfahrungen* können dem Menschen jederzeit geschenkt werden, nicht nur in außergewöhnlichen Situationen von tiefen Lebenskrisen. Sie sind immer ein unerwartetes Geschenk! – Der Geist weht wo und wann er will!

Man kann den Freiraum dafür schaffen, in einer tiefen Kontemplation. Das ist unser Teil. Aber letztlich ist es Gnade.

Heimsuchung

Zum Erwachen gehört nicht nur das überklare Licht, sondern auch das Geheimnis des tiefen Abgrunds. Selbst das strahlendste Licht ist an die Dunkelheit gebunden, an die Schatten. Beides zusammen ist das Göttliche, das Ganze. So kann die heilige Mechthild von Magdeburg, eine große Mystikerin, sagen: *»Der hat den höchsten Grad der Heiligkeit erreicht, der zur* unio mystica *gelangt ist, gleichzeitig aber auch die tiefsten Tiefen der Dunkelheit durchschritten hat.«*

Schatten und Licht sind zwei Pole derselben Wirklichkeit. In den dunkelsten Stunden leuchtet das Licht mit all seiner Kraft, auch wenn wir es meistens in dem Moment noch nicht erkennen. Die unendliche Einsamkeit des Leidens trägt dann ihre Früchte, wenn man selbst einen Schritt zurücktritt und sich dadurch von dem Schmerz innerlich löst, das heißt, sich nicht von ihm verschlingen lässt. Man sieht das Leid vor sich, erkennt, dass man es hat, aber es nicht ist. Wenn man dann Ja sagt und somit darüber hinauswächst, dann kann es zum Segen werden.

Ich habe eine spanische Freundin, die seit 50 Jahren ans Bett gefesselt ist, unfähig, ein einziges Glied zu bewegen. Die Muskeln sind erschlafft und einige Knochen gebrochen. Und doch ist sie der fröhlichste Mensch, den ich kenne. Das Leiden hat sie reif werden lassen und ihr tiefe Weisheit geschenkt. Sie weiß, wer sie ist und was die Krankheit ist. Seit vielen Jahren schon ist sie über ihren Schmerz hinausgewachsen. Viele Menschen besuchen sie, wenn sie in Nöten sind, um durch ihre Weisheit wieder aufgerichtet zu werden. Sie hat die Gabe zu helfen. Manchmal sagt sie: *»Ich bin völlig gesund. Ich habe zwar diese Krankheit, aber ich selbst bin heil und werde es immer bleiben. Mein Ich ist unversehrbar.«*

Schön, wenn dem leidenden Menschen irgendwann aufgeht: »Ich leide ja nicht, weil ich krank bin, sondern weil etwas aus mir heraus geboren werden will.« So betrachtet, geht es darum, die Geburt nicht zu stoppen, nicht die kostbare Frucht abzutreiben. Es gilt, das Leid bewusst zu durchleben, damit man ganz wird. Man muss in den Abgrund hinuntersteigen, um auf den Gipfel seiner selbst zu kommen. Wir sind hier auf Erden, um das Leben, das wir sind, zu erkennen, auszustrahlen, sichtbar werden zu lassen. Das Leben will heraustreten. Es ist gut, wenn wir es nicht unterdrücken. Durch dieses Unterdrücken entsteht oft das Leid, der Schmerz, vielleicht in Form einer Depression, einer Lebenskrise oder eines Schicksalsschlags. Es ist der Schrei des Lebens, der den Menschen aufwecken will aus seinem Tiefschlaf. »Heimsuchung« nennen es die Christen. Heimsuchung, damit wir nach Hause zurückfinden, damit wir endlich die Wahrheit finden. Oft ziehen solche Krisen ein totales Erwachen nach sich oder tiefe Seinserfahrungen, wo man aus seinem Traum, aus seinem Tiefschlaf gerissen wird. Und dann ist alles neu, alles anders. Die Augen sind geöffnet. Man hat die Freiheit gefunden, und jetzt beginnt man zu leben, wahrhaftig zu leben. Hilde Domin hat dieser Erfahrung einen wunderbaren poetischen Ausdruck verliehen[47]:

Wir werden eingetaucht
und mit dem Wasser der Sintflut gewaschen,
wir werden durchnäßt
bis auf die Herzhaut.

Der Wunsch nach Landschaft
diesseits der Tränengrenze
taugt nicht,
der Wunsch, den Blütenfrühling zu halten,
der Wunsch, verschont zu bleiben,
taugt nicht.

Es taugt die Bitte,
daß bei Sonnenuntergang die Taube
den Zweig vom Ölbaum bringe.
Daß die Frucht so bunt wie die Blüte sei,
daß noch die Blätter der Rose am Boden
eine leuchtende Krone bilden.

Und dass wir aus der Flut,
daß wir aus der Löwengrube und dem feurigen Ofen
immer unversehrter und immer heiler
stets von neuem
zu uns selbst
entlassen werden.

Von sich aus läuft der Mensch oft in die falsche Richtung, wenn er die Wahrheit, das Glück sucht. Das Leben aber stülpt ihn um, um 180 Grad, und führt ihn dahin, wohin er selbst nicht wollte. Aus Liebe geschieht das, um ihn dahin zu führen, wohin seine Sehnsucht ihn ruft, ohne dass er es ausdrücklich weiß.

In der Parabel vom verlorenen Sohn sehen wir: Der Mensch in der Gottferne, im Gefängnis seines Egos, in der Heimatlosigkeit, leidet. Ego bringt immer Leiden, denn ihm fehlt die Hingabe an das Größere. Darum kann es nicht anders sein. Leiden ist das Zeichen für Eingeschlossensein im Ego, dem die Verbindung abhanden gekommen ist. Das ist der Verlust der Heimat. Doch im Leiden, in tiefer Not, kommt der Mensch zum Nachdenken, zur Besinnung. Denn: *»Auf dem Mist des Leidens wächst die Frucht der Gnade.«* Der verlorene Sohn erinnert sich an sein zu Hause, an die Heimat, die er verloren hat, wo es ihm gut gegangen ist. Durch das Elend und die Verlassenheit, in der er sein Leben fristet, zuletzt als Schweinehirt, gehen ihm die Augen auf für den Ort, an den er eigentlich hingehört. Und er kehrt um. Auch wir kehren zurück aus der Zerrissenheit, der Gottferne und Selbstentfremdung, wenn wir einen spirituellen Weg gehen, um uns selber wieder zu finden, die Quelle, den Ursprung, die eigene Mitte. Wir kehren zurück aus der Fremde, aus der Entfernung in der Dualität, zurück zum Vater, der uns Vollendung, Befreiung, Glückseligkeit, Liebe und Einssein mit sich selbst schenkt.

Kürzlich wurde in einem ergreifenden Fernsehbericht ein Seemann vorgestellt, der in der Ägäis mit seinem kleinen Schiff in Seenot geraten war, aus der er nur wie durch ein Wunder lebend herauskam. Die Situation schien aussichtslos, das Boot drohte von wütenden Wellen gegen einen hohen Felsen geschleudert zu werden. Er hatte mit dem Leben abgeschlossen: *»Da war nichts mehr zu machen. Der Tod war mir sicher! Und dann geschah etwas Unerhörtes, Unbeschreibliches, das Gewaltigste in meinem Leben! In tiefer Todesnot fiel der Schleier von meinen Augen und ich erkannte, was Leben ist.«* Hier stockte er, erstickt vom Schluchzen, und konnte nicht weitersprechen, das Weinen übermannte ihn. Der Kommentator berichtete, dass der Seemann gerettet wurde, dass er als neuer, gewandelter Mensch aus diesem tödlichen Schrecken hervorging. Seitdem lebt er anders. Ein radikal neues Leben hat er begonnen, ein Leben, das ihm im Augenblick des Grauens aufgegangen war. Ab da engagierte er sich sozial und widmet sich den Menschen, die man an den Rand der Gesellschaft geschoben hat.

Noch ein anderes Beispiel: Ich weiß von einer jungen Frau, dass ihr in der schrecklichen Nacht nach einer Krebsoperation die Gnade des Schauens geschenkt wurde, wo sie dem Eigentlichen begegnen durfte. Seitdem geht sie den Weg der Kontemplation. Auch sie erwachte am tiefsten Punkt ihres Lebens zu neuem Leben.

Ein großes und schmerzvolles Hindernis auf dem Weg zur Wahrheit sind unsere Abhängigkeiten, die uns besetzen, fesseln, binden, die unser Gefängnis sind und uns nicht in Freiheit leben lassen, in der Freiheit, zu der wir geschaffen sind. Es gibt Abhängigkeiten sozialer Art, aber auch in religiöser Hinsicht, oder solche, die das Materielle betreffen. Man ist abhängig von der Meinung der Menschen, von der Rolle, die man spielt, von den eingefleischten Gewohnheiten, von denen man nicht mehr loskommt, von den Regeln der Gesellschaft. Man ist auch abhängig von der Religion, in die man hineingeboren ist. Und wie viele sind abhängig und gefesselt durch Leidenschaften und Süchte. Ferner werden wir beherrscht durch unsere Ängste: Angst vor der Bedrohung der Einsamkeit, Angst vor dem Tod, der uns allen ja sicher ist. Auch diese Ängste werden geheilt, wenn die innere Verbindung zum Ganzen wieder gefunden ist. Dann sind wir in der Einheit und frei. Das Selbst ist frei.

Das Ego muss dem Ganzen geopfert werden. Darum hat unser spiritueller Weg mit Sterben zu tun. *»Meditation ist Sterben auf dem Kissen«*, sagt man im Zen. Oder: *»Stirb, bevor du* *stirbst, dann tu, was immer du willst, es ist gut.«* Das ist ein weises Wort eines Zenmeisters. Das meint auch Jesus, wenn er sagt: *»Wer sein Leben verliert, der wird es gewinnen.«*

Angst zerstört und blockiert. Paradoxerweise aber ist es so – und dafür haben wir viele persönliche Zeugnisse – wenn man der Angst ins Auge blickt, wenn man sich dem Tod stellt, wird das Absolute als gegenwärtige Kraft erfahren. Man wird dem Göttlichen wirklich begegnen, dann, wenn man den Mut hat, das Entsetzliche, das Grauen, anzublicken und anzunehmen. Man ist dann über sich selbst hinausgewachsen. Dann erkennt man das wahre Gesicht der Dunkelheit und des Todes. Alles löst sich auf in göttliche, tragende Kraft und Liebe. Jetzt beginnt man neu, anders, erst eigentlich zu leben, in einer beständigen Freude, einer Freude ohne »warum.«

In diesem Zusammenhang möchte ich den Erfahrungsbericht eines Meditationsschülers erwähnen: *»Bei meiner einzigen Tochter – sie war 21 Jahre alt – wurde ein bösartiger, weit fortgeschrittener Tumor diagnostiziert. Was diese tödliche Schreckensnachricht in mir auslöste, ist nicht zu beschreiben. Viel lieber wäre ich selber gestorben. In den schlaflosen Nächten lag ich wach und kämpfte mit dem dunklen Schicksal. Doch in dem Moment, als ich das Unannehmbare angenommen, als ich mein ›Ja‹ gesagt hatte, als ich mich diesem unerträglichen Schmerz gestellt, mich ihm ausgeliefert hatte, genau in diesem gnadenvollen Augenblick wurde mir ein unerklärliches Geschenk zuteil. In demselben Augenblick, als ich jeden inneren Widerstand aufgegeben hatte und meine Gedanken zum Stillstand gekommen waren, durchflutete mich eine geheimnisvolle, göttliche Kraft und unbeschreibliche Freude. Es war wie eine unendlich warme Präsenz, die nicht Person war und doch viel persönlicher als Person. Allem Schmerz war ich enthoben. Da war nur noch Einssein, Freude, Kraft, Liebe. Alles war von so tiefer göttlicher Qualität, wie ich sie nie erfahren hatte. Und ich weckte meine Frau, um ihr zu sagen: ›Es ist alles gut, so wie es ist.‹«*

Der Mann ist Universitätsprofessor für Psychologie und klinische Psychologie. Er hat seine Erfahrung nach allen Richtungen hin kritisch untersucht. Auf einer neurologisch-psychiatrischen Ebene war sie nicht zu erklären.

Auch dieser Bericht zeigt: Wenn man vor Angst und Panik nicht flieht, sondern sie anschaut und empfängt, dann wird die Angst zum Grundstein der Wandlung. Es ist wie ein Wunder, dass dann, wenn eigene Kraft und Stärke zusammenbrechen, eine *ganz andere* Kraft, ein *ganz anderer* Grund sich auftut. Dann, wenn man das, was man begreifen und fassen kann, loslässt, entfaltet sich das Unbegreifbare, dasjenige, dem man keinen Namen mehr zu geben vermag. Dies wird dann die Basis. Dabei erfüllen den Menschen Wärme, Ruhe, Heiligkeit, die nicht von dieser Welt sind. Er ist getragen und geborgen in der göttlichen Einheit des Seins. Nur wenn der Mensch loslässt, wenn er handelt, als handelte er nicht und sieht als sähe er nicht, dann kann das geschehen, dann öffnet sich das innere Auge.

Immer dann, wenn wir in eine tiefe Grundnot oder Verzweiflung kommen, besteht die Chance für das Aufbrechen des *Ganz-Anderen*. Dann, wenn man sein *Ja* sagt zu dem, was einem geschickt wird, kann das Wunder aufblühen: Das Aufklingen einer Kraft, Sicherheit und Geborgenheit aus der Tiefe. Das geschieht dann, wenn der Mensch sich selbst und seinen inneren Halt loslässt, sich fallen lässt und ganz anheimgibt. Danach ist man durchdrungen von einer solchen Energie, dass man meint, zu allem fähig zu sein und auf keinen Fall unterzugehen, und von einer Lebensfülle, die zu dem leidvollen Geschehen im Widerspruch steht. Unerklärliches Vertrauen ist da und ein Wissen, dass alles gut ist.

Und doch ist der Mensch nach dieser tiefen Erfahrung und Einsfühlung mit dem Göttlichen keineswegs endgültig für alle Zeiten vom Leiden befreit. So lange der Mensch Mensch ist, kommen auch Nöte und Schrecken über ihn. Der im Sein verankerte Mensch ist sogar leidensfähiger als andere Menschen, viel sensibler, empfindsamer. Er öffnet sich dem Schmerz und verdrängt nichts. Er ist mehr Mensch geworden, nicht weniger! Der Unterschied aber ist, dass der, der das Eigentliche noch nicht gefunden hat, verbittert, verzweifelt, in tiefste Dunkelheit gerät, während der Erwachte immer mehr dem Eigentlichen entgegenreift. Jetzt ist er auch erlöst von allen vorher genannten Abhängigkeiten, die ihm den Weg zur Wahrheit blockierten. Er sieht ihren wahren Stellenwert und sie können ihm nichts mehr antun, ihn nicht mehr besetzen.

Leid auf dem spirituellen Weg

Der Weg der Kontemplation ist ein Weg voll Licht und Beglückung, aber gleichzeitig ist er auch ein Wüstenweg. Wüste ist ein Bild für »Da wo nichts mehr ist, nur Leere, Stille, Schweigen.« Carlo Caretto, der zu den Brüdern von Charles de Foucauld gehörte, sagte: *»Willst du den Weg der Kontemplation gehen, so musst du dich von Zeit zu Zeit in deine innere Wüste zurückziehen.«* Wüste bedeutet Eintönigkeit, auch auf unserem inneren Weg. Das Viele ist weg. Wir begegnen endloser leerer Weite und dem Nichts. Da ist kein Weg mehr. Nur noch Aussichtslosigkeit und Steckenbleiben. Es geht nicht mehr weiter. Die Spur ist verschwunden. Wir glauben, wir haben uns verirrt. Wir treten auf der Stelle.

Eine Meditationsschülerin sagte mir bei einem Kurs: *»Was mache ich hier überhaupt? Ist das sinnvoll, dieses Nur-Sitzen und nichts tun? Ich habe wahrhaftig andere, dringende Dinge, die ich erledigen müsste! Was würden meine Freunde sagen, wenn sie mich so sähen? Die Sehnsucht, die Liebe, der innere Ruf, der mich auf diesen Weg führte, sind nicht mehr spürbar. Alles ist dunkel. Wo ist das* *ahnungsvolle Wissen um die Quelle?«* In diesem Zustand fühlt der Mensch sich verunsichert und verloren. In der Welt der seichten Oberflächlichkeit ist er nicht mehr daheim. Er hat erkannt, dass das Wasser dieser Welt seinen Durst nicht löscht und Abstand genommen von ihr, um die Wahrheit zu finden. Aber in der anderen Welt, im Transzendenten, ist er auch noch nicht zu Hause. Er hängt dazwischen. Das sind die Bedrängnisse auf unserem Weg, die Durststrecken. Fremdheit überkommt ihn, Ermüdung und die Unfähigkeit, weiter zu gehen. Er versteht nicht mehr, was das Ganze soll und ist verunsichert durch diese Dunkelheit. Johannes vom Kreuz spricht von der *dunklen Nacht*, die aber zu unserem Weg gehört. Die Mystik spricht auch vom *weglosen Weg*. Diesen Grenzerfahrungen begegnen manche, die den Weg der Kontemplation gehen. Tiefenerfahrungen der Ausweglosigkeit gehören zum Wüstenweg, bei dem einen mehr, bei dem anderen weniger. Man kann diese dunklen Wüstenstrecken nicht umgehen. Man muss hindurch, wenn man weiterkommen will. Es geht auf dem kontemplativen Weg um das ganzheitliche Erwachen zum Licht. Dorthin kommen wir nicht, wenn das Ego nicht stirbt. Es geht auf dem Weg hauptsächlich um die Entbindung aus der egoistischen Egostruktur. Die *Nacht* ist die Zeit, in der die wesentlichen Grundhaltungen des spirituellen Lebens erfahren und eingeübt werden: Durchstehen, Loslassen, Sich-Selbst-Hinhalten, Durststrecken annehmen, Ausgesetztsein, Einfachheit und Demut. Es sind Sterbehaltungen des Egos, die in der *Wüste* erfahren werden. Die Nacht hat einen Sinn auf dem spirituellen Weg, eine wichtige Funktion. Nur wenn das kleine Ich gestorben ist, kann sich die Vereinigung mit dem Göttlichen vollziehen. Sich kampflos und wehrlos der göttlichen Liebe anheimgeben, das ist die Haltung und der Weg. In Liebe zum *Schweigen des Herzens* zurückkehren. Annehmen, was ist und den Rest Gott überlassen. Gott selbst wird es lösen, wenn wir standhaft weiter üben.

Aus der Aussichtslosigkeit kann Aussicht werden, Schauen, wieder freier Blick, Klarheit, dann, wenn wir beharrlich in Treue weitergehen, aller Bedrängnis und Not zum Trotz, wenn wir immer wieder aufstehen nach dem Fall, in blindem Glauben. Selbst wenn einem absolut nicht mehr danach ist, ins Schweigen zu gehen, bleibt man auf dem Weg und sagt: Trotzdem! Das kontemplative Üben wird trotz aller leidvollen Schatten und Knoten zur tiefen, jubelnden Glückseligkeit in Gott führen.

»Es ist Karfreitagnacht. Ich liege im Bett und erfahre eine nicht mehr zu beschreibende tödliche Einsamkeit, Alleinsein, ein Dahinsiechen, verlassen in einem Eispalast. Keine Menschen, keine Freunde, Grabesstille, gähnende Leere. Grauen des Todes. Sterben und doch nicht sterben können. Das alles erlebe ich in mystischer Qualität, Tiefe, Zeitlosigkeit.

Langsam, ganz langsam, ohne mein Zutun, verwandelt sich das Erleben in etwas anderes: Ich schaue, erfahre, erkenne: Dieses Sterben in Verlassenheit ist nur eine relative Wahrheit, die ich bei getrübtem Bewusstsein, mit Augen, die nicht sehen, erlebe und durchleide. Die eigentliche, absolute, wesenhafte Ebene ist das nicht. Die Schau verwandelt sich immer mehr in das Ganz-Andere, Unsagbare, All-Eine. Ich erkenne mit dem »inneren Auge«, dass es keine Verlassenheit gibt. Sie ist Täuschung. So lange da noch ein einziger Mensch ist, kann ich mit ihm das Fest der Auferstehung feiern, das Fest der Einheit in göttlicher Liebe, das ›Fest der unio mystica. *Mit jedem Menschen! Und wäre es ein Obdachloser auf einer Bank im Park. Nie, nie, nie wird es diese furchtbare Einsamkeit geben! Auf der Ebene der Wahrheit existiert sie nicht. Jeder Mensch ist ein göttlicher Mensch, mit dem ich in die Begegnung der* unio mystica *treten soll, mit dem ich das Fest der Liebe, das Osterfest, das Jubelfest der Freude feiern soll. Dafür bin ich hier, um die Feier dieser Liebe zu begehen, mit jedem. Wo ich es nicht zu dieser bewussten Begegnung kommen lasse, weil ich mich nicht öffne, habe ich eine kostbare Gelegenheit verpasst. Auf dieser Ebene ist jeder liebenswert, ist jeder ich selbst. Ich erfahre die*

Qualität dieses Liebesfestes, diesen Osterjubel, in mystischer Dichte. Es ist genauso überwältigend, wie vorher die dunkle Nacht, die ich durchleiden musste. Als ich wieder auf die Alltagsebene komme – es ist 2 Uhr nachts – erinnere ich mich: Gerade hat Karfreitag begonnen. Was ich erlebt habe, war Gethsemane und Auferstehung, die Verlassenheit Christi am Ölberg und die Verwandlung des Geschehens in den Jubel österlicher Vollendung.«

Auch während der dunklen Nacht trifft uns immer wieder die Sonne, das göttliche Licht, sonst würden wir nicht die Kraft haben, weiterzugehen. Gott rührt uns an mit seinem strahlenden Licht und seiner Wärme. Manchmal allerdings spüren wir seine Nähe nicht mehr und die Wüste ist einsam, kalt und trocken. Wir suchen immer nach Sicherheit und festem Grund. Dann aber, wenn wir ihn nicht mehr spüren, ist Mut gefragt. Vor allem aber Glauben und Vertrauen auf eine größere Kraft, die uns trägt, dann, wenn wir einen Schritt in die Leere des Nicht-Mehr-Verstehens machen, wenn mir nichts mehr übrig bleibt als »über das Wasser zu schreiten«, obwohl ich weiß, aus eigener Kraft ist das unmöglich.

Wir kennen die Geschichte von Petrus auf dem stürmischen See Genezareth. In tiefem Vertrauen auf den Herrn wagt er das Unmögliche, und es geht, das Wasser trägt. In dem Moment aber, wo die Angst ihn überkommt, und er auf sein menschliches Unvermögen schaut, geht er unter. Es kommt darauf an, seinen Blick fest auf das Ganz-Andere zu richten. Dann, wenn man sich darauf besinnt, wenn sich rückhaltlose Hingabe breit macht und frageloses, tiefes Vertrauen, erscheint auch plötzlich der verloren geglaubte Weg wieder. Alles ist wieder hell, und man sieht die Spur.

Die Zeit der *Dunklen Nacht* ist eine sehr schmerzvolle Zeit, die bei manchem, nicht bei jedem, zum Prozess des Weges gehört. Bei einem ist sie nur kurz, beim anderen kann sie Jahre dauern. Es ist die Zeit *nachdem* man das universelle Sein geschmeckt hat, und schon von der eigentlichen Quelle gekostet hat. Aber noch ist man hier nicht zu Hause. Man glaubte, man sei schon angekommen, aber nein, jetzt ist das persönliche Ich wieder da. Man muss nun Schritt für Schritt den steilen Hang erklimmen, um die Gipfel *endgültig* zu erobern. Wenn der Mensch alles unternommen hat, um alle Hindernisse zu beseitigen, die dem *Wirken des Geistes* im Wege stehen, das heißt, wenn er mit aller Ernsthaftigkeit auf dem Weg voranschreitet, indem er übt und übt und immer wieder übt, dann bleibt ihm weiter nichts anderes übrig, als in Geduld und Vertrauen darauf zu warten, dass sich das *Wirken des Geistes* in ihm *vollzieht*.

Die dunkle Nacht ist eine Zeit zwischen Licht und Dunkelheit, Freude und Leid. Es ist eine Zeit der Verwandlung. Man hat seinen alten Zustand schon verlassen, fühlt sich darin nicht mehr wohl, hat aber den neuen noch nicht erreicht. Es ist ein Zwischenstadium: der Prozess der Raupe im Kokon, die zum Schmetterling heranreift, vergleichbar einem Schmelztiegel, wo alles, was nicht dahin gehört, weggeschmolzen wird. Diese Zeit kann sehr trocken sein – man ist vielleicht dem Weg gegenüber gleichgültig geworden –, und so schmerzhaft, dass sie mit einer Depression vergleichbar ist. Aber am Ende dieses mystischen Todes wird man auferstehen und verwandelt sein. Dann ist man wirklich heil geworden. Und doch, so lange man als Mensch in der Welt lebt, kommen hier und da innere Kämpfe. Irgendetwas in uns widersetzt sich. Es will sich nicht verlieren in dem Einen, obwohl es ja nie von ihm getrennt ist.

10 Nur sein

Nichts als Sein

Wir alle haben die Freiheit, einfach nur zu sein, und nicht ständig etwas zu tun. Das müssen wir nur entdecken, uns klar machen. Wir sind wahrhaftig frei. Statt immer nur gejagt zu werden von einer Sache in die andere, könnten wir das Leben spielerisch intensiv gestalten, und es zu einem Fest machen. Dann hätte die Qualität unseres Seins den Duft von Liebe, Leben, Lachen und Stille! Es ist nicht auszudenken, wie schön das wäre! Einfach unvorstellbar! Für viele wäre es die Rettung!

Schon beim Aufwachen überlegt man normalerweise: Was ist heute zu tun? Was mache ich zuerst, was dann? Was danach? Kaum sind die Augen auf, springt man aus dem Bett, genießt nicht die erfrischende Dusche, sondern ist in Gedanken schon bei seinem Chef, dem man heute »die Meinung sagen wird«. Automatisch zieht man sich an, steckt sich schnell einige Bissen in den Mund, kippt den Kaffee runter und rennt los, um den Bus zu erreichen. Eigentlich ein würdeloses Leben! Aber doch: Unser Leben ist zuallererst Leben und nicht Machen!

Von Kindesbeinen an treibt man uns, etwas Vernünftiges zu verrichten. Etwas, das ein Ergebnis bringt. Es muss nützlich sein, wettbewerbs- und konsumorientiert. Es muss was dabei herausspringen, möglichst eine gute Leistung. Und es muss schnell gearbeitet werden, immer noch schneller, immer noch mehr, und effizient. Der Tag hat nur 24 Stunden. Es ist also immer Eile geboten, um in kurzer Zeit möglichst viel in den Griff zu bekommen. »Ich habe keine Zeit.« Das ist ein sehr begehrter und angesehener Satz! Keine Zeit zu haben erhöht den Status.

Unser materialistisches Denken macht uns zu Sklaven. Wir werden gelebt statt zu leben. So verlieren wir das Leben und die Freiheit, weil wir ständig rennen, die Peitsche im Nacken. Längst haben wir vergessen, dass das Wichtigste einfach leben ist. Doch manchmal wird es einem geschenkt, dahinter zu blicken. Das drückt sich in folgender Erfahrung aus: *»Ich fahre mit dem Auto in der Ravennaschlucht. Da sehe ich mein Leben vor mir: Alles ist schon getan, vollendet. Ich muss Es nur geschehen lassen. Nicht selber tun. Vertrauen, dass alles geschieht, ein Anderer macht es. Störe den Fluss des Lebens nicht mit deinem Hineinfunken, mit deinem Wollen! Unbewegt nur sein! Dein Tun sei Nicht-Tun.«*

Sein, was man tut! Das ist ein mystisches Erkennen der Ganzheit. Mit Aufmerksamkeit und letzter Intensität in dem sein, was man anpackt. Sich selbstvergessen in dieses Tun versenken. In den seltenen Momenten, wo das gelingt, sind Sein und Handeln eins. Dann ist man Atmen, Gehen, Kauen. Da ist nicht mehr einer der tut und etwas, das getan wird. Da ist nur noch eines.

Beim Meditieren bedeutet das: Nicht mehr den Atem beobachten, sondern Atem sein. Da ist nur noch: der eine Atemzug. In dieser Sammlung all seiner Kräfte ist man ganz Ohr, wenn man zuhört. Ungeteilt ist man dabei, mit Leib und Seele. Wenn man so eins ist mit dem, was man tut, wahrnimmt oder erlebt macht das froh. Man ist verbunden mit dem Sein. Es ist ganz egal was man tut. Die Grunderfahrung dieses Einsseins mit dem Augenblick ist Glück und Zufriedenheit. Man lebt wirklich.

Dies kommt sehr schön in folgender Erfahrung zum Ausdruck: *»Ich meditiere. Da wird mir ein Bild geschenkt, mein Lebensbild, das mich seitdem nie mehr verlässt. Es gibt mir die Richtung:*

Das bist du, höre ich. Ich sehe einen schönen rotbraunen Felsen, von der warmen Abendsonne umflutet. Der Fels ist. Fels, das Symbol für Ewigkeit, unbewegt, immer gleich, unveränderlich, unzerstörbar. Er ist Symbol für das wahre Selbst. Nur Sein. Das ist der Sinn deines Lebens! Sei einfach, und sonst nichts. Das ist Lobpreis Gottes. Und das ist alles! Bis jetzt hatte der Begriff Lobpreis mir nie etwas bedeutet und gehörte nicht in mein Vokabular. Diese Erfahrung hat mich vollständig überwältigt und ins Herz getroffen. Heute weiß ich, dass sie wirklich ausschlaggebend für mein Leben ist.«

Im Allgemeinen brauchen wir dieses oder jenes, und wir bemühen uns, nur nichts zu verlieren. Immer leben wir in Spannung, unter Druck. Nie haben wir genug, immer ist irgendein Mangel da. Wir brauchen mehr Liebe, mehr Ansehen, mehr Geld, mehr Macht, ein größeres Auto, bessere Freunde, eine stabilere Gesundheit, einfach immer mehr, endlos mehr! So ist es häufig. Für den jedoch, der im Sein lebt, im Jetzt, wird alles wie ein Spiel. Es macht Spaß. Er ist von nichts abhängig. Denn er hat ja nichts mehr nötig. Obwohl es wie ein Spiel ist, tut er alles mit ganz großer Sorgfalt und Aufmerksamkeit. Und seine Arbeit ist eine gute, denn er ist mit all seinen Kräften ganz bei dem, was er gerade tut. So ist er vielleicht ein guter Lehrer, ein begehrter Handwerker, ein wunderbarer Architekt, ein genialer Frisör, eine beliebte Kindergärtnerin, ein gewissenhafter Arzt, eine hingebungsvolle, liebende Mutter. Je größer die Gegenwärtigkeit, umso größer ist die Qualität dessen, was man verrichtet. Das Tun ist nicht mehr Mittel zum Zweck, es hat ganz und gar seinen eigenen Wert. Das spiegelt sich in der Qualität des Tuns wider. Die Arbeit ist gut, denn man verrichtet sie mit ungeteilter Energie, ohne durch etwas anderes zersplittert zu sein. Man tut um des Tuns willen, nicht um ein gutes Ergebnis zu erzielen. Mit großer Aufmerksamkeit und Sorgfalt verrichtet man alles, fühlt sich dabei wohl. Der Augenblick bietet einem schon alles. Das ist Fülle des Lebens. Eine wunderbare

Befreiung! Und auch andere fühlen sich in der Nähe eines solchen Menschen wohl und frei. Sie machen keinen Druck mehr auf andere. Sie sind sie selbst in wacher Gegenwärtigkeit. Man nimmt sich, sein Sein wahr. Wer im Sein angekommen ist, bleibt immer gleich, unverändert, das ganze Leben hindurch. Immer hat er dasselbe Daseinsgefühl. Schon als Kind hatte man ein Seinsgefühl von sich. Dieses Sein ist unwandelbar. Auch wenn man 90 ist. In Hinblick auf sein Sein wird man nicht älter. Man erlebt es lediglich mit größerer Bewusstheit, je reifer man wird.

Man muss nur eine Katze anschauen, um zu sehen, wie das geht, wie sie völlig gelassen in hellwacher Gegenwärtigkeit ihr Fell putzt, oder mit einem Bällchen spielt, friedlich und entspannt. Wie oft hat mir meine Katze Mischa geholfen, den Stress loszulassen, einen Moment innezuhalten und völlig still zu werden, mich zu versenken und in tiefer Geduld nur da zu sein.

Auch von Kindern kann man lernen. Das Kind geht beim Spielen ganz im Augenblick auf. Es hat den Kopf noch ohne Probleme, feiert in jedem Moment das Leben. Ähnlich wie das Tier hat es noch eine starke Verbundenheit mit dem Ursprung und lebt spontan und frei. Kinder leben noch in der Ganzheit des Ursprungs, in der Fülle der ersten Unschuld. Der Erwachsene hat diesen Urzustand der Einfachheit und Wahrhaftigkeit verloren. Das heißt aber nicht, dass wir »kindisch« werden sollen, sondern, dass wir spontan und lebendig bleiben. Hierin liegt unsere Aufgabe. Erlangen wir sie wieder, dann liegt sie auf einer höheren Bewusstseinsebene als die, auf der das Kind sich befindet.

Eine junge Mutter betrachtet ihren Säugling in der Wiege, wie er da liegt. Ganz zufrieden, zärtlich umhüllt und geborgen in der Liebe seiner Eltern, sorglos und glücklich. Nichts fehlt. *»Ein Kind müsste man wieder sein«*, meint die Mutter, *»dann* *ginge es uns besser, die wir uns abmühen und sorgen von morgens bis abends.«* Sie ist sich nicht bewusst, dass auch wir in der liebenden Umarmung des Einen ruhen. Für alles ist schon gesorgt. Wenn sich uns die Augen öffnen, sehen wir das, spüren und erfahren es. Darum könnte Vertrauen die Grundstimmung unseres Lebens sein, auch wenn das Schicksal uns alle hart anpackt. Niemand bleibt davon verschont. Der Erwachsene hat nicht mehr die ursprüngliche, unmittelbare Begegnung mit den Dingen. Alles hat er etikettiert, benannt, festgelegt. Die Welt verliert dadurch ihre Lebendigkeit und wird zu einer Welt von Konzepten, in der alles eingeordnet ist. Wir sehen die Welt nicht mehr, wie sie ist, sondern so, wie man uns gesagt hat, dass sie sei. Auf dem spirituellen Weg lernen wir es wieder, spontan zu leben und uns von Konzepten zu lösen.

Sich vom Alltagsstress befreien

Der amerikanischen Schriftsteller und Philosoph Henry David Thoreau (1817–1862), der sich im 19. Jahrhundert gegen den kapitalistischen Materialismus auflehnte und für die Sklavenbefreiung kämpfte, folgte mit 27 Jahren einer inneren Eingebung, die er in seinem Werk »Leben in den Wäldern« beschrieben hat. Er wollte nicht nur dahin vegetieren, wie so viele, sondern wahrhaftig leben. So stieg er aus dieser Welt aus, indem er sich eine kleine Blockhütte an einem Waldsee baute. Zwei volle Jahre verbrachte er dort. Tagein, tagaus saß er auf seiner Türschwelle, zwischen duftenden Fichten, Birken und blühendem Farnkraut und genoss Sonnenaufgang und Sonnenuntergang und freute sich an Käfern, Ameisen und Schmetterlingen. Sein Herz war voll Jubel und Leben. Am Abend notierte er in sein Tagebuch: *»Es war Morgen aber siehe, nun ist es Abend geworden, und nichts Berichtenswertes ward getan.«* Thoreau lernte die innere Freiheit kennen. Er war einfach da, lebte zeitlos und voll präsent in der Gegenwart, ohne Uhr. In seinem Tagebuch konnte man später lesen: *»Das Leben ist so kostbar. Ich zog in den Wald, weil ich dem eigentlichen, wirklichen Leben näher treten wollte, damit ich nicht, wenn es zum Sterben ginge, einsehen müsste, dass ich gar nicht gelebt hatte.«* An anderer Stelle schrieb er: *»In solchen Stunden wuchs ich wie das Korn in der Nacht. Sie waren viel besser als irgendwelches Werk meiner Hände gewesen. Es war keine meinem Leben abgezogene, sondern eine um ein vielfaches gewonnene Zeit.«* Heute, im 21. Jahrhundert, leben wir noch mehr in der Gefahr, unser Leben einfach zu verheizen, uns die Zeit, die uns geschenkt ist, stehlen zu lassen.

Eine ähnliche Geschichte erzählte uns eine junge japanische Freundin: Wegen sehr widriger familiärer Umstände war sie gezwungen, sich zu verstecken. Zwei volle Jahre zog sie sich zurück in einen Bambuswald, irgendwo in Japan. Mit der Milch ihrer Ziege und selbstgepflanztem Gemüse und Kräutern konnte sie überleben. *»Hier in dieser totalen Einsamkeit, habe ich gelernt, was Leben bedeutet. Die Insekten haben es mich gelehrt«*, sagte sie in ihrer japanischen lyrischen Art, etwas auszudrücken. Sie war noch nicht 30 Jahre, und schon zur Mystikerin erwacht, die in ihrer Weisheit alles verstand und erkannte. Durch das völlige Alleinsein, in der tiefen Stille des Bambuswaldes, die nur unterbrochen wurde vom ewigen Rascheln der wehenden Bambusblätter, durfte sie die göttliche Einheit des Seins erfahren. Hier entdeckte sie auch ihre künstlerische Begabung. Seitdem arbeitet sie als Künstlerin, mit großem Erfolg. Das Material, das sie bearbeitet, ist der Bambus.

Wenn man loslässt und sich so eine Insel der Ruhe verschafft, ist es immer mal wieder möglich, im Sein zu bleiben, wo immer man auch ist. Ganz praktisch könnte das zum Beispiel so aussehen: *»Ich bin auf dem Flughafen in Nairobi und habe zwei Stunden Zeit, bis mein Flugzeug abfliegt. Ich könnte hier die* *lange Zeit ausfüllen und etwas nützliches, wichtiges machen, etwa ein Buch lesen, einen Brief schreiben, mich mit einem meiner Probleme befassen, oder mir die interessanten kleinen orientalischen Geschäfte anschauen und was Schönes für meine Familie einkaufen. Ich kann aber auch einfach dasitzen und nichts tun, nur bewusst sein, in gelassener Aufmerksamkeit, und wahrnehmen, was jetzt ist, jetzt im Augenblick, ohne etwas Bestimmtes haben oder erleben zu wollen. Ich nehme einfach zur Kenntnis was ist, ohne darüber nachzudenken oder zu urteilen. Mein Blick fällt durchs Fenster auf die Flugzeuge. Eines landet gerade. Die Türen öffnen sich. Menschen strömen die Treppen herunter und steigen in den Flughafenbus, darunter eine afrikanische Mutter in leuchtend buntem Gewand mit vier kleinen Kindern. Es regnet. Die Tropfen prasseln nur so. Bunte Regenschirme werden aufgespannt, Kapuzen über die Haare gezogen. Im Saal, wo ich sitze, ertönt eine Ansage aus der Lautsprecheranlage. Eine Gruppe von Jugendlichen schreit herum und beginnt eine Schlägerei. Der Duft von etwas Angebranntem steigt mir in die Nase. Ich nehme einfach alles wahr, was ist und bin dabei in tiefer zeitloser Ruhe. In mir ist Schweigen. Und das ist mir auch bewusst. Ich bin einfach da. Ich bin. Alles ist stimmig. Alles ist gut. Und ich bin glücklich, ohne warum. Alles ist in Ordnung, so wie es ist. So ein Geschenk! Ein Luxus! Einfach nur sein, ganz achtsam, in der inneren Stille, macht glücklich.«*

Ein anderer nutzt folgende Gelegenheit: *»Oft gehe ich zum Fußball. Manchmal dauert es eine Stunde bis das Spiel beginnt. Dann setze ich mich ins Gras und übe Gegenwärtigkeit. Ich spüre mich, beobachte meinen Körper, meine Gefühle, sehe im Gras den Insekten zu, wie sie fleißig und intelligent ihre Beute hin und her schleppen. Hebe den Blick und beobachte die verschiedenen Typen, die sich voll Spannung oder ganz aufgeregt und verbissen dem Fußballplatz nähern. Ich bin ohne Gedanken, einfach nur da, in der Wahrnehmung.«* Einfach da sein und das Leben schmecken. Wie wunderbar! Ich bin da und schmecke das Leben. Das macht mich froh.

Vor kurzem erzählte mir ein Bekannter, dass er gezwungenermaßen vier Stunden im Hafen von Santorin warten musste. Das Schiff war ihm vor der Nase weggefahren, weil er eine Minute zu spät gekommen war. *»Nachdem der erste Schrecken und Ärger verflogen war, sagte er, habe ich das Vergnügen entdeckt, einfach nur still zu sitzen und dem Treiben im Hafen zuzusehen. Gedankenlos, einfach nur da sein und schauen! Früher war es lange mein Traum gewesen, einmal Seemann zu werden. Wie interessant, ohne Ziel, ohne was Bestimmtes zu erwarten oder zu wollen, ohne jedes Muss einfach mal nur da sein zu dürfen, das lebendige Treiben in der gleißenden Sonne zu beobachten. Salzige Seeluft um die Ohren, emsige Matrosen, die Waren ein und ausladen, große und kleine Schiffe, die ankommen. Andere verlassen schwer beladen den Hafen. Unbekannte Geräusche, Schiffssirenen. Es riecht nach Öl und Meer. Diese Farbenpracht, und das silbrige Glitzern der Wellen! Die Stunden vergingen im Nu! Das war eine neue Entdeckung für mich! Danke für die Verspätung! Sonst hätte ich nicht das großartige Vergnügen gehabt und das Aufspüren ganz neuer Freuden, nämlich einfach nur zu sein. Warum schenke ich mir solche Genüsse nicht öfters, einfach nur zu schauen, und nichts als das?«*

Wenn dem Menschen solche Augenblicke zuteil werden, in denen alles stillsteht, wo man nur spürt, horcht, schaut, kann er das Eigentliche berühren, das Leben, die letzte Wirklichkeit. *»Häufig stehe ich in der Warteschlange, an einer Kasse im Kaufhaus. Jeder ist hektisch und nervös, denn es geht nur stockend vorwärts. Die Atmosphäre ist fast feindlich. Dass sich nur ja keiner vordrängt! Jeder will der erste sein und kennt nur sich. Auch das ist eine gute Gelegenheit, den Augenblick zu leben und zu kosten! Nur sein, und nichts als das! Ich bin hellwach da. Zeit gibt es nicht für mich. Ich sehe gehetzte Gestalten vor mir und beobachte, wie sich die Schlange Schritt für Schritt nach vorn bewegt.«*

Immer geht es darum, die Einheit des leeren Seins überall und in allem zu entdecken, uns Zeit und Ruhe zu nehmen, um das Eine zu schmecken, den Hintergrund, den »einen Geschmack« in allem, was ist. Wenn ich wach da bin, zeitlos, im inneren und äußeren Schweigen, um nur wahrzunehmen, was ist, wenn ich einfach nur im Sein bin, dann habe ich die Bedingung dafür geschaffen, dass Es geschehen kann, dass Es sich mir zeigt, dass ich angerührt werde von dem Ganz-Anderen. Das geht auch im Gespräch, in der echten Begegnung, wenn es aus innerem Schweigen geboren ist, auch in so einer Situation kann das Sein fühlbar werden.

Gott in allem entdecken

In der Kontemplation wollen wir *heimfinden*. Um Es zu entdecken brauchen wir schweigende Aufmerksamkeit, damit wir zu Hörenden werden, die das Unsagbare vernehmen. Evelyn Underhill (1875–1941) gebrauchte folgenden Vergleich: *»Viele Christen sind wie Taube in einem Konzert. Sie studieren sorgfältig das Programm, glauben alles, was darin steht, sprechen ehrfürchtig über die wunderbare Musik, hören aber nur hier und da einen Satz. Sie haben keine Ahnung von der mächtigen Sinfonie, welche das Universum erfüllt, und zu der unser Leben einen ganz kleinen Beitrag zu leisten bestimmt ist.«*

Der Kontemplative lebt achtsam den Augenblick, ohne vorher, ohne nachher! Was alleine für ihn zählt, ist das Jetzt. Der berühmte Zen-Gelehrte D. T. Suzuki sagt: *»Zen offenbart sich im langweiligsten und ereignislosesten Leben des einfachen Mannes auf der Straße, dem aufgeht, dass er inmitten des Lebens, so wie es gerade jetzt gelebt wird, lebt. Zen öffnet die Augen für das größte Geheimnis, wie es sich täglich und stündlich ereignet. Dieser spirituelle Weg lässt uns in der Welt leben, so als schritten wir durch den Garten Eden.«* Was für ihn Zen ist, ist für uns das kontemplative Leben. Der Name spielt keine Rolle.

Graf Dürckheim, mein spiritueller Lehrer in Todtmoos-Rütte, sagte uns immer wieder *»Jede Gelegenheit ist die beste aller Gelegenheiten … Jede Handlung in der Welt kann durch die Haltung, in der sie vollzogen wird, dem Fortschreiten zum wahren Selbst auf dem Weg dienlich sein.«* Die richtige Haltung sei *»die geformte Durchlässigkeit für das in unserem Wesen anwesende Sein.«*

Will ich selber damit etwas erreichen für mich? Arbeite ich selbstlos und lasse einfach geschehen, was durch mich hindurch geschieht? Lasse ich mein Ego los und bin in der Haltung der Hingabe an Gott, an das eine Sein, in Gelassenheit und innerem Gleichmut? Es geht um das Ganz-Andere, das durch mich zum Ausdruck kommen will. Es geht überhaupt nicht um mein kleines Ich. Ich lebe das Leben Gottes, das sich durch mich und in mir manifestiert.

11 Gott unser Urgrund

Die Wirklichkeit ist nicht dual

»Alles Sichtbare ist ein in einen Geheimniszustand versetztes Unsichtbares.« (Novalis) Für den Mystiker ist das eine direkte und unmittelbare Erfahrung, die wohl auch Goethe gemacht hat, wenn er sagt: *»Alles Sichtbare ist nur ein Gleichnis.«* Es ist ein Gleichnis für die eigentliche Wirklichkeit, die dahintersteht, für die göttliche Essenz. Hinter der Oberfläche der Welt verbirgt sich die Tiefendimension des Seins, die es zu entdecken gilt. Die Welt der Formen, das ist die Kontaktstelle mit dem Unsichtbaren, mit Gott. Hinter der Welt der Formen steht das für unsere Sinne nicht Sichtbare, nicht Messbare, nicht Vorstellbare. Hinter der Welt der Formen steht das Unwandelbare, Unvergängliche, Ewige. Die Welt der Formen, von der der Nicht-Erwachte glaubt, dass es nichts anderes als diese Nur-Form gibt, ist die Welt der Vielheit, der separaten Erscheinungen. Sie ist die Welt der Gegensätze. Sie entsteht und sie vergeht. Sie ist endlich, begrenzt, und unterliegt dem Gesetz von Zeit und Raum. Hier erscheint alles in Dualität. Frau – Mann, Geist – Materie, Tag – Nacht, gut – böse, heiß – kalt. Diese Dualität entsteht in unserem Denken. Dualität, das ist die fundamentale Trennung der Welt in mein und dein, in ja und nein, in Subjekt und Objekt.

Alles aber hat Teil am einen Sein, ist damit verbunden und eins. In der ganzen Schöpfung wird dasselbe *Sein* wahrgenommen. In einer tiefen *Erfahrung* schmelzen die Gegensätze. Auf der höchsten Ebene, wenn der Mensch die Wahrheit erfährt, und die Einheit alles Seins mit dem göttlichen Grund erkennt, ist jede Dualität aufgehoben. Im Zustand der *unio mystica* sieht er das Ganze in seiner tiefsten Einheit.

Solange man nur die Form annimmt und wahrnimmt, und nicht den göttlichen Hintergrund, für die sie nur ein Gleichnis ist, solange man nicht erfährt, dass alles Sichtbare nur ein in einen Geheimniszustand versetztes Unsichtbares ist, ist man Gefangener in der Welt der Formen. Man lebt in der Welt des Traums.

Die Mystiker und Weisen aller Zeiten sagen, dass die absolute Wirklichkeit und die relative Welt der Formen nicht Gegensätze sind. »Leere ist Form und Form ist Leere«, sagt man im Zen. Sie sind nondual. So wie ein Spiegel und seine Spiegelungen nicht getrennt sind. Eine Spiegelung gibt es nicht ohne Spiegel. Man kann es mit dem Ozean vergleichen, der eins ist mit seinen vielen verschiedenen Wellen. Die Wellen und der Ozean gehören zusammen. Eines gibt es nicht ohne das andere. Es gibt ja auch keinen Tanz ohne Tänzer. Beide Aspekte der Wirklichkeit müssen mehr und mehr in eins zusammenfallen: Geist und Materie, das Göttliche und das Menschliche. Je tiefer wir erwachen, umso mehr geschieht die Vereinigung der scheinbaren Gegensätze. Das ist die Einheit, von der die Mystik unermüdlich spricht.

Nikolaus von Kues schreibt: *»Ich habe den Ort gefunden, in dem man dich unverhüllt zu finden vermag. Er ist umgeben von dem Zusammenfall der Gegensätze (coincidentia oppositorum). Dies ist die Mauer des Paradieses, in dem du wohnst. Sein Tor bewacht höchster Verstandesgeist. Überwindet man ihn nicht, so öffnet sich nicht der Eingang. Jenseits der Mauer des Zusammenfalls der Gegensätze vermag man dich zu sehen. diesseits aber nicht.«*[48]

Es gibt hierfür ein altes Bild, die Mandorla, die den Standort des Mystikers deutlich ausdrückt. Zwei Kreise überlappen sich und bilden einen mittleren Teil, in dem sie sich überschneiden. Und dort, wo sich die beiden Kreise überschneiden, ist die Stelle, wo beide Aspekte der Wirklichkeit zusammenfallen. Die Mandorla zeigt die Vereinigung der scheinbaren Gegensätze. Unser wahres Selbst erlebt diese Einheit. Beide Kreise der Mandorla kommen mehr und mehr zur Deckung, je tiefer der Mensch aus der Täuschung seines Bewusstseins erwacht. Die Leerheit, der göttliche Urgrund, das wahre Selbst ist eins in jeder beobachteten Form. Schauender und Geschautes sind eins. Die Wirklichkeit selbst ist nicht dual. Der Mensch hat dann keine Erfahrung mehr. Er selbst ist die Erfahrung.

Der Kosmos und das wahre Selbst sind nicht zwei. Ich erfahre dann nicht mehr *mein Sein*, sondern nur *göttliches Sein*, wohin auch immer ich blicke. Mein Ich-Bin ist alles was ist. Ein getrenntes Ich ist nirgendwo aufzufinden. Die ganze Welt ist das durchscheinende Aufglänzen des Göttlichen. Es strahlt durch alles hindurch. Ich selbst bin der Kosmos, bin das Ganze. Zweiheit ist nicht mehr. Es gibt keine Spaltung, nur Einheit. Die ganze Welt ist der *eine Geschmack*. Ich bin dieser *eine Geschmack*.

Folgende Einheitserfahrung erzählte mir eine Kursteilnehmerin: *»Ich bin in einem Kurs, wo die Teilnehmer aufgefordert werden, 20 Minuten zu meditieren mit der Frage: Wer bin ich? Dabei schaue ich, erkenne ich, und es war ganz klar, evident: Ich bin das Ganze. Ich bin Es. Ich bin das Universum, der ganze Kosmos. Nichts, was ich nicht wäre! Alles ist das Gleiche, das Eine. Alles ist das Selbst, ist Gott. Mehr gibt es nicht, als nur Das. Und das bin ich! Mein Selbst ist das Zentrum des Alls.«*

Wenn der Mystiker sagt: *Ich bin Gott*, so darf man das nicht falsch verstehen. Wollte er damit ausdrücken, dass er in eben dieser seiner speziellen Person, zum Beispiel als Anton, Gott sei, dann wäre er krank. Der Mystiker, der schaut, meint jedoch damit: Das Sein in mir, die unmittelbare Erfahrung des Lebens als göttliches Leben in mir, das was nicht geboren ist und nicht stirbt, das ist Gott. Das wahre Selbst, das was ich in der Tiefe bin, das ist Gott. Nicht das individuelle Ego eines Einzelmenschen. Auch in der Natur kann man nicht sagen, diese spezielle Eiche sei Gott. Das wäre eine Form von pantheistischem oder animistischem Denken und hat mit Mystik nichts zu tun.

Pierre Teilhard de Chardin schreibt: *»Einmal erlebte ich eine mystische Erfahrung, die mich in Verzückung brachte. Ich sehe die Materie in einem göttlichen Funken erstrahlen, so, als sei alles im Innersten von Gott erleuchtet und durch Ihn verbunden.«* Als Priester wird ihm die Erde zum Altar. Er meint, dass die Evolution des Geistes weiter geht und zu dem Ziel führt, dass die Menschen das höchstmögliche Bewusstsein erreichen, die Einheit mit dem Göttlichen. Er bezeichnet dieses göttliche Ziel der Evolution als Punkt Omega, als kosmischen Christus. *»Je mehr sich dein Bewusstsein erweitert«*, sagt er *»umso mehr wird auch die Beziehung zum Leben, zum Universum, zu etwas Heiligem.«*[49]

Was kann man über Gott sagen?

Wie sollen wir uns Gott, den Urgrund, vorstellen? Wir sehen ihn nicht, obwohl er uns von allen Seiten umgibt. Er ist in uns, und nichts ist uns näher. In einer alten Klosterhandschrift fand man folgende Erzählung: *»Die Fische eines Flusses sprachen zueinander: Man behauptet, dass unser Leben vom Wasser abhängt, aber wir haben noch niemals Wasser gesehen. Wir wissen nicht, was Wasser ist. Da sagten einige, die klüger waren als die anderen: Wir haben gehört, dass im Meer ein gelehrter Fisch lebt, der alle Dinge kennt. Wir wollen zu ihm gehen und ihn bitten, uns das Wasser zu zeigen. Man fragte den Fisch. Und als er sie angehört hatte, sagte er: Hört* *zu, ihr Fische! Im Wasser lebt und bewegt ihr euch. Aus dem Wasser seid Ihr gekommen. Zum Wasser kehrt ihr wieder zurück. Ihr lebt im Wasser, aber ihr wisst es nicht.«*

So lebt der Mensch in Gott. Gott ist in allen Dingen und alle Dinge sind in Gott. Gott ist ohne Anfang, ungeboren, unzerstörbar, unbedingt. Er hat weder Form noch Aussehen. Er ist das Sein aller Lebewesen. Das ganze Universum ist Er. Er ist der *eine Geschmack* in allem was ist. Neben ihm existiert nichts anderes. Er gehört nicht zu der Kategorie von Dingen, die existieren oder nicht existieren. Man kann nicht in Begriffen über ihn nachdenken oder reden. Gott ist weder zu begreifen noch zu fassen. Er überschreitet alle Grenzen, Maße, Namen, Zeichen, Vergleiche. Und deshalb ist es auch so schwierig, die Gotteserfahrung, die dem Menschen geschenkt wird, zu artikulieren. Denn sie ist ohne Bilder, besonders die apersonale Erfahrung. Und doch ist sie evident und kristallen klar. Gott wird man nicht in Worten finden, aber wenn man in sich ruht, im Schweigen, wird man ihn vernehmen. Gott spricht sich in allen Erscheinungen dieser Welt aus. Ob man das wahrnimmt, erkennt, überall Sein Gesicht erblickt, das liegt an der Durchlässigkeit, der Achtsamkeit jedes Menschen.

Wer voll erwacht ist, erkennt das Eine. Er berührt Es, spürt, schmeckt und ertastet Es. Er ist sein Zeuge. Und es ist letzte Gewissheit! Gott ereignet sich auch im Allergewöhnlichsten, im Durchschnittlichen und Banalen. *»Nach einem Kontemplationskurs stehe ich am Hafen. In einer Ecke des Beckens hat sich im Wasser viel Abfall und Schmutz angesammelt: Essensreste, Stücke von toten Fischen, Papier, Plastikflaschen, Motoröl. Ich bleibe stehen, schaue hinunter und – an nichts denkend –, offenbart sich mir in diesem Unrat eine überwältigende, ganz besondere Qualität, die mich tief fasziniert. Ein Wunder! Ich schaue hindurch, hinter die vordergründige Oberfläche, nehme die Essenz wahr. Das Eigentliche,* *das Göttliche, strahlt mir entgegen, überwältigt mich! Tränen der Freude! Tiefste Ergriffenheit!«*

Doch sobald man über dieses mystische Erkennen spricht, wird einem bewusst, dass man die Erfahrung nicht adäquat ausdrücken kann. Wir können Gott, das Geheimnis des Seins, nur in anthropomorphen Bildern beschreiben, wie sie in unserem Bewusstsein zur Verfügung stehen. Sogar abstrakte Begriffe wurzeln in Vorstellungen und spiegeln menschliche Erkenntnisbedingungen wieder. Aber es bleiben immer nur Vergleiche, die die Wahrheit nicht wirklich treffen.

Er ist die Sonne, wir die Strahlen. Ohne Sonne gäbe es die Sonnenstrahlen nicht. Und ohne die Sonnenstrahlen kann es auch keine Sonne geben. Eins ist das andere und ist es wiederum auch nicht. Meister Eckhart sprach vom *Seelenfünklein*. Teresa von Avila nannte es den *Tropfen des göttlichen Ozeans*. Augustinus drückte sich so aus: *»Gott wird in mir fruchtbar.«* Und Johannes vom Kreuz sprach von der *Flamme des göttlichen Feuers*.

Bei Teresa von Avila heißt es: *»Das ist so wie in einem Zimmer mit zwei Fenstern, durch die ein starkes Licht einfällt. Dringt es auch getrennt ein, so wird doch alles zu einem Licht.«* Oder: *»Es ist so, wie wenn Wasser vom Himmel in einen Fluss oder in eine Quelle fällt, wo alles nichts als Wasser ist, so dass man weder teilen noch sondern kann, was nun das Wasser des Flusses ist und was das Wasser, das vom Himmel gefallen.«* (»Die innere Burg«)

Wie viele Namen haben Menschen Ihm gegeben: Urprinzip, Grundform alles Seins. Er ist die eine Kraft, die sich in vielen Strukturen ausdrückt. Er ereignet sich als jedes Ding. Gott ist das Kommen und Gehen selber. Er geht in den Kosmen auf und unter. Gott tanzt das Leben. Immer wieder in neuen Formen gebärt er sich. Die Urwirklichkeit Gott steht am Anfang von allem und über allen Begriffen. *»Du kannst den höchsten Gott mit allen Namen nennen, du kannst ihm wiederum nicht einen zuerkennen.«* (A. Silesius, Cherubinischer Wandersmann) *»Du* *weißt erst etwas von Gott, wenn du alles, was du von ihm weißt, vergisst.«* An anderer Stelle sagt er: *»In Bezug auf das Göttliche sind Verneinungen wahr, Bejahungen unzureichend.«* Manche Mystiker versuchten Ihn negativ zu beschreiben, indem sie alles ausschlossen, was Er nicht ist.

Es wird berichtet, wie Augustinus, der bei einem Spaziergang am Meer über das Wesen Gottes nachdachte, einen kleinen Jungen sieht, wie er mit einer kleinen Muschel immer wieder Wasser aus dem Meer nimmt und in eine Grube schüttet. *»Was machst du da?«, fragt Augustinus. »Ich schöpfe das Meer aus«, war die Antwort. Augustinus lächelte. Darauf das Kind: »Es wird mir eher gelingen, mit der Muschel das Meer auszuschöpfen, als dir mit deinem Nachdenken, das Wesen Gottes zu erkennen.«*

Es gibt eine schöne Geschichte von den Blinden und einem Elefanten, die in verschiedenen Varianten in vielen spirituellen Traditionen erzählt wird: »In einer großen Stadt waren alle Leute blind. Eines Tages besuchte ein König dieses Gebiet und lagerte mit seiner Armee in der nahen Ebene. Er besaß einen großen Elefanten, der seinen Leuten diente. Da wollten die Leute diesen riesigen Elefanten sehen, und eine Anzahl der Blinden machte sich auf und jeder eilte hin, um seine Gestalt und Form festzustellen. Sie kamen hin und da sie ja nicht sehen konnten, tasteten sie ihn mit ihren Händen ab. Jeder berührte irgendeinen Teil des Elefanten und gewann so eine Vorstellung von ihm. Als sie in die Stadt zurückkehrten, versammelten sich die Zurückgebliebenen erwartungsvoll um sie und fragten nach der Gestalt des Elefanten. Da berichteten sie von ihren Eindrücken. Einer, dessen Hand das Ohr des Elefanten betastet hatte, sagte: »Er ist ein großes und schreckliches Wesen, breit und rau und flach wie ein Teppich.« Der, dessen Hand den Rüssel betastet hatte, sagte: ›Ich fand, er ist lang und innen hohl, wie ein Rohr; ein furchtbares Wesen und ein Mittel der Vernichtung.‹ Und der, der die dicken, festen Beine des Elefanten betastet hatte, sagte: ›Soweit ich erkennen konnte, ist seine Gestalt aufrecht wie eine Säule.‹ Jeder hatte nur eines der Glieder betastet, und alle lieferten eine unzureichende Beschreibung des Tieres. Keiner erkannte das Ganze. Ebenso kennt der Mensch das Wesen der Gottheit nicht, und auch die Gelehrten können darüber nichts in Erfahrung bringen.«[50]

Augustinus sagt: *»Wenn du denkst, du hast Gott begriffen, dann ist es nicht Gott.«* Und Karl Rahner sagt, dass Gott das undurchdringliche Geheimnis sei, zu dem wir mit keinem Namen und mit keiner Formel zu kommen vermögen. Je tiefer einer Gott erfahren hat, umso weniger kann er über ihn aussagen.

Bei all den legitimen Versuchen, etwas über Gott zu sagen, sollte man sich dessen ganz bewusst sein. Dann weiß man, dass alle Bezeichnungen nur Versuche sind, alle personalen wie apersonalen Bezeichnungen. Nicht personal gefärbte Bezeichnungen für Gott sind: Das Absolute, das All-Eine, der Urgrund, Wesen, Leben, Sein, Letzte Wirklichkeit, das Selbst, Quelle des Lebens, Essenz, die Leere, das Nichts und viele andere mehr. Sie helfen uns, dass wir uns von Gott ein nicht allzu menschliches Bild machen, und ihn uns letztlich nicht doch als Menschen vorstellen. Demgegenüber stehen die personal gefärbten Ausdrucksformen wie guter Vater, Hirte, Geliebter meiner Seele u.a.

Gott, die unbegrenzte Leere

Gott gleicht der unbegrenzten Leere, die weder zu ergründen noch zu bemessen ist. Sucht man ihn nur im Außen, und nicht im eigenen Innern, so verfehlt man ihn. Von einem Meister wird erzählt, dass er auf sein Herz zeigte, und dabei ausdrückte, dass der, der es hier drinnen hat, auch draußen hat, und dass der,

der Gott nicht in seinem eigenen Innern findet, ihn auch nicht außerhalb seiner selbst finden könne. Wer ihn jedoch im Tempel seines Herzens erblicke, der würde ihn auch im Tempel der Welt erkennen.

Wenn man das begriffliche Denken aufgibt, wenn man das Viele lässt, um das Eine zu schauen, wenn man Ja sagt zum Tod seines Ichs, dann kann Es, das große Geheimnis, erscheinen. Aber vorher muss man ganz leer werden, denn *»wir brauchen den Mut zum Nichts als Weg zu Gott«*. (Bernhard Welte)

Das Loslassen des Vielen ist die Voraussetzung für die Erfahrung des All-Einen. In der mystischen Tiefe wird etwas erfahren, was über alle bisher bekannten Maßstäbe hinausgeht. Da ist eine Intensität, die kein Gegenüber mehr kennt, sondern nur noch innige Einheit, *unio mystica*. Ich und Du sind verschwunden. Schauender und Geschautes sind eins. Der Mensch muss sich in die Leere, ins Nichts, ins *»Nada«* (J. v. Kreuz) begeben. Aber diese Leerheit ist nicht leer und das Nichts ist nicht nichts. Hier erfährt er das Alles, absolute Fülle, letzte Wirklichkeit. Nicht das Nichts ist das Ziel, sondern die Fülle!

Johannes Tauler beschreibt das folgendermaßen: *»Suche nichts als ein reines, einfaches Entsinken in das reine, einfache, unbekannte, namenlose, verborgene Gut, das Gott ist, und in alles, was sich in ihm enthüllen mag. Alles soll sich an sein Nichts halten: Nichts wissen, nichts erkennen, nichts wollen, nichts suchen, nichts haben wollen. Suche weder Empfindung noch Erleuchtung! Entsinke in dein Nicht-Wissen und Nicht-Wissen-Wollen! Die Tiefe, die in Gott ist, ist ein solcher Abgrund, dass aller geschaffene Verstand sie nicht zu erreichen noch zu ergründen vermag. Dieser Tiefe soll der Mensch begegnen mit der eigenen Tiefe: das ist, dem grundlosen Abgrund einer unergründlichen Selbstvernichtung. Das heißt: könnte er ganz zu einem lauteren Nichts werden, das hielte er für recht und billig. Das kommt aus der Tiefe und der Erkenntnis seines Nichts.«*[51]

Was sagt Jesus über Gott?

Aus dem Neuen Testament möchte ich zwei Textstellen herausgreifen, die uns veranschaulichen, wie Jesus Gott sieht. Die eine ist die Rede von den Lilien auf dem Feld und den Vögeln des Himmels. Jesus sagt: *»Sorget euch nicht um euer Leben, was ihr essen und was ihr trinken sollt, noch um euren Leib, was ihr anziehen sollt. Ist nicht das Leben mehr als die Speise und der Leib mehr als die Kleidung? Sehet die Vögel des Himmels an! Sie säen nicht und ernten nicht, sie sammeln auch nicht in die Scheunen; und euer himmlischer Vater nährt sie doch. Seid ihr nicht viel mehr wert als sie? Wer aber von euch kann durch sein Sorgen zu seiner Länge eine einzige Elle hinzusetzen? Und warum sorgt ihr euch um die Kleidung? Betrachtet die Lilien des Feldes, wie sie wachsen. Sie arbeiten nicht und spinnen nicht. Ich sage euch aber, dass auch Salomo in aller seiner Herrlichkeit nicht gekleidet gewesen ist wie deren eine.«* (Mt 6,25–29) Mit anderen Worten: Lasst euch voll Vertrauen wie ein Kind in seine Arme fallen. Gebt euch seiner Liebe hin. Wortlos gebt euch in den mütterlichen Schoß Gottes. Und alles geschieht zu eurem Besten.

Und der zweite Text ist die bereits an anderer Stelle erwähnte Geschichte vom verlorenen Sohn. Sie zeigt den Menschen in der Gottferne, in der Selbstentfremdung, in der Heimatlosigkeit, in der Dualität und Einsamkeit, in der Blindheit seines getrübten Bewusstseins. Es ist der Mensch, der die Wahrheit nicht sieht, der eingesperrt ist im Gefängnis seines Egos. In seiner Blindheit hat er nur einen sehnlichen Wunsch, von daheim fort zu gehen. Er sucht das Glück in der Fremde. Er verfällt der Illusion, dem Schein, der Täuschung. Aber irgendwann erkennt er seinen Irrtum. Das Glück, das er sich versprochen hatte, war dort nicht zu finden, soviel er sich auch umschaute.

Auch wir handeln und denken in unserem Egobewusstsein zuerst egoistisch, wir rennen Ersatzbefriedigungen nach, laufen in die falsche Richtung. Wir haben unseren Urgrund verlassen und flüchten in die vermeintliche Freiheit. Diese Unabhängigkeit ist aber eine Illusion. Sie führt in Entfremdung und Einsamkeit und ins Unglück. Der Sohn bringt sein Erbe durch. Alles hatte er durchlebt und ausgekostet. Aber das große Leben, das er gesucht hatte, war es nicht. Der Weg führte nicht in die Erfüllung. Er steigt immer mehr herunter, bis zum Schweinehirt. Mit leeren Händen steht er jetzt da. Ganz verzweifelt, als der Leidensdruck zu groß ist, erinnert er sich an sein zu Hause, an seinen Ursprung. Wie gut war es da! Das ist buchstäblich seine »Heimsuchung«. Der Vater sieht den Sohn von weitem kommen, läuft ihm entgegen, breitet die Arme aus und küsst ihn mit väterlicher Liebe. Er lässt ihm ein neues Gewand bringen und Schuhe und schmückt seinen Finger mit einem kostbaren Ring. All das tut er, ohne ihn auszuschimpfen oder zu verdammen wegen seines Luderlebens in all den Jahren, in denen er sich herumgetrieben hat. Das ist also Gott. So sieht Jesus ihn. Er kommt in großer väterlicher und mütterlicher Liebe, ohne den Sohn, der das ganze Erbe verprasst und verschleudert hat, zurechtzuweisen oder zu verdammen.

Ähnlich sagt es das Bild vom guten Hirten: Er lässt die 99 Schafe stehen und sucht voller Liebe und Besorgnis das eine Schaf, das verloren ging, und nimmt es dann zärtlich in seine Arme. So ist Gott.

So etwas können wir auf dem Weg der Kontemplation erfahren, dann, wenn wir aufwachen. Und das erfüllt den Menschen mit unbeschreiblicher Freude. So konnte der französische Philosoph und Mathematiker Blaise Pascal nach so einer Erfahrung schreiben: *»Gewissheit! Gewissheit! Freude! Freude! Freude! Tränen der Freude!«* (Nach seinem Tod wurde im Saum seiner Weste ein Zettel, das berühmte *Memorial*, mit diesen Worten gefunden.)

Gleichzeitig ist es möglich, dass der Mensch die unendliche Liebe Gottes, die unbeschreibliche göttliche Zärtlichkeit erfährt. Dann weiß er: Gott ist Liebe. Er ist eine Unendlichkeit von Liebe. Ein Kursteilnehmer machte folgende Erfahrung: *»Bei der Gehmeditation im Kontemplationskurs ertönt durch das geöffnete Fenster der Gesang eines Vogels. Das ist die innige Zärtlichkeit Gottes! Es bewegt mich tief. Die Tränen fließen.«*

Im Zen gibt es den Ausspruch: *»Je tiefer die Erfahrung, umso tiefer das Erbarmen.«* Was ist Erbarmen anders als Liebe? Erkenntnis und Liebe: Beides gehört in der mystischen Erfahrung zusammen.

Gott, das Innerste meines Innern

Die Welle ist eins mit dem Ozean. Die Wellen sind wir. Gott ist der Ozean. Wellen und Ozean sind nicht zwei. Beides ist Wasser. *»Wir halten uns für den Strand, der nach dem Meer lechzt. Dabei sind wir das Meer, das mit dem Strand spielt.«* (W. Jäger) Wer sich dem Göttlichen öffnet, dem Ganz-Anderen, macht die Erfahrung, dass Es nicht jenseits, sondern diesseits ist, nicht irgendwann, sondern jetzt. Er wird frei vom Tod und von allem, was ihn hier leiden macht. Er wird vollkommen frei. Er erfährt: Gott ist alles was ist. Er überflutet und durchflutet uns. Dieses Durchfluten sinkt tiefer in unser Innerstes als unser Innerstes. Es ist uns näher als das Nächste.

Der indische Dichter Tagore, der das erlebt, schreibt hierüber: *»Der gleiche Strom des Lebens, der immerfort durch meine Adern fließt, durchpulst in rhythmischem Tanz die Welt. Es ist dasselbe Leben, das freudehüpfend den Staub der Erde durchwebt und Kaskaden von Blumen und Blättern hervorruft. Es ist das gleiche Leben, das sich in der ozeanischen Wiege von Ebbe und Flut, von Werden und Vergehen schaukelt. Im Kontakt mit dem Leben fühle ich* *meinen Leib verklärt und verherrlicht. Der mächtige Herzschlag der Äonen, der mich in diesem Augenblick vibrieren lässt, weckt in mir Stolz und Glückseligkeit.«* Der ganze Kosmos ist die Inkarnation dieser letzten Wirklichkeit, die wir Gott nennen. Alle Dinge haben den einen göttlichen Wesensgrund, die gleiche Wurzel. Angelus Silesius sagt: *»Wenn du vergottet bist, dann isst und trinkst du Gott, und das ist wirklich wahr, in jedem Bissen Brot.«* An anderer Stelle: *»Gott ist mein Geist, mein Blut, mein Fleisch und mein Gebein, wie soll ich dann mit ihm nicht ganz durchgottet sein?«* Und: *»Gott ist das was er ist, ich was ich bin durch ihn. Doch kennst du einen wohl, so kennst du mich und ihn.«* Das große göttliche Geheimnis manifestiert sich in allem Geschaffenen. Es offenbart sich im Strauch *als* Strauch, im Grashalm *als* Grashalm und im Regentropfen *als* Regentropfen. Im Tier erscheint es *als* Tier und im Menschen *als* Mensch.

Antony de Mello beschreibt das mit folgenden Worten: *»Gott teilt sich im Gewöhnlichen mit. Willst du Gott sehen, blicke das Gesicht deines Nachbarn an. Möchtest du ihn hören, lausche auf das Weinen eines Kindes, das laute Gelächter einer Party, auf das Rascheln der Bäume im Wind. Möchtest du Gott berühren, fasse jemanden an der Hand. Oder berühre den Stuhl, auf dem du sitzt, oder das Buch, das du liest. Oder werde einfach nur still. Werde dir deiner Körperempfindungen bewusst. Spüre wie Seine Allmacht in dir am Werk ist. Und er heißt Emanuel – Gott mit uns.«*[52]

Gott ist eine ungeteilte Einheit. Er ist das Eine in dem Vielen. Er ist der Nenner von allem. Wer aus der Blindheit *erwacht* ist *schaut* das göttliche Sein in allen Dingen. Ken Wilber sagt darüber: *»Der hat die höchste Stufe in der Mystik erreicht, der immer und überall, zu jeder Zeit, das Göttliche in allem und jedem schaut.«*

Und Meister Eckhart: *»Wer Gott so hat, der nimmt Gott göttlich, und dem leuchtet er in allen Dingen. Denn alle Dinge schmecken ihm nach Gott. Und Gottes Bild wird ihm aus allen Dingen sichtbar.«*[53]

Alle Dinge schmecken nach Gott. Darum führt echte Mystik zurück in die Welt. Die Welt ist die Ausdrucksform des Göttlichen. Auch in der jüdischen Mystik gibt es vielfältige Zeugnisse dieser Art. So heißt es in der Kabbala, der mystischen Tradition des Judentums: »*Gott sagt: es gibt nur mich. Alles, was ist, ist Ich. Zwar trete ich aus dem Einssein in die Zersplitterung, in die Vielheit hinein, aber ich bleibe doch immer der, der ich bin. In den vielfältigsten Gestalten und Kräften werde ich mich zeigen. Und doch bin ich der, der Ich bin, und bin schon jetzt, der ich sein werde. Ich werde Blitz sein, ich werde Berg sein, Fluss, ich werde der Lauf der Gestirne sein. Mineralien, Pflanzen und Menschen werde ich sein. Und werde doch immer der Eine sein, das Eine, die Einheit des Vielen. Nichts und niemand wird außerhalb meiner sein, nichts und niemand neben mir. Irrtum wäre es, eine meiner vielen Emanationen als Gottheit anzubeten. Zwar bin ich der Blitz, aber der Blitz ist nicht Ich. Zwar bin ich der heilige Berg, aber der Berg ist nicht Ich. Zwar bin ich der Fluss, das Unwetter, die Jahreszeit, aber sie alle sind nur winzige Atome meines unendlichen Leibes.*«

Ist Gott personal? Ist er apersonal?

Ist Gott ein Du? Ein Er? Ist es ein persönlicher Gott? Ist es ein apersonaler Gott? Die Frage ist immer, welche Bedeutung wir diesen Begriffen geben. Da ist die Sprache zur größten Bescheidenheit genötigt. Man darf Gott nicht anthropomorph denken. Wenn wir Begriffe aus dem menschlichen Umfeld auf Gott anwenden, ist es fast unvermeidlich, dass man sich eine Art Mensch vorstellt. Darum müssen wir die Begriffe personal und apersonal transzendieren. Die Begriffe weisen nur in die Richtung. Er ist das unsagbare Geheimnis. Er ist mehr als personal in unserem gebräuchlichen Sinn des Wortes. Er ist überpersonal, transpersonal. Und auch dieses Wort weist nur eine

Richtung. Karl Rahner pflegte zu sagen: *»Die begrifflich personale Gottesvorstellung weicht der Größe und Undurchdringlichkeit des allertiefsten Geheimnisses, das wir Gott nennen.«*

Dass man ihn nicht durch theologisches Nachdenken alleine finden kann, musste auch schon der große mittelalterliche Theologe Thomas von Aquin (1224–1274) erkennen, als er am Ende seines Lebens, nach seiner Erleuchtungserfahrung seinen Weggefährten ins Vertrauen zieht: *»Alles, was ich geschrieben habe, kommt mir wie Stroh vor im Vergleich zu dem, was mir jetzt geoffenbart worden ist.«* [54]

Viele Mystiker beten in der Du-Form, obwohl sie mit vollster Gewissheit erfahren: Gott und ich sind Nicht-Zwei. Das menschliche Ich kann immer auch Du sagen zu seinem wahren Wesen. *»Ich bin der Weinstock, ihr seid die Reben.«* (Joh. 15,5) Das heißt, dass alle Wesen von dem einen göttlichen Rebensaft durchflossen sind. Beides gehört zusammen. Keines kann ohne das andere sein. *»Warum sollte die Rebe nicht den Weinstock ansprechen dürfen? Und wenn sie ihn anspricht, dann sagt sie Du zu ihm.«* (W. Jäger)

Es gibt aber auch viele Mystiker, die auf die Du-Anrede verzichten, die Gott als das Innerste ihres Innern erfahren haben, für die das »Gebet des Schweigens« in der Kontemplation das tiefste Gebet ist. So schreibt Meister Eckhart: *»Abgeschiedene Lauterkeit kann nicht beten, denn wer betet, der begehrt etwas von Gott, das ihm zuteil werden solle, oder aber begehrt, dass ihm Gott etwas abnehme. Nun begehrt das abgeschiedene Herz gar nichts, es hat auch gar nichts, dessen es gerne ledig wäre. Deshalb steht es ledig allen Gebetes, und sein Gebet ist nichts anderes als einförmig zu sein mit Gott. Das macht sein ganzes Gebet aus.«*

Und der Philosoph Sören Kierkegaard spricht über seine Art zu beten: *»Als mein Gebet immer andächtiger und innerlicher wurde, da hatte ich immer weniger zu sagen. Zuletzt wurde ich ganz still. Ich wurde, was womöglich noch ein größerer Gegensatz zum*

Reden ist, ich wurde ein Hörer. Ich meinte erst, Beten sei Reden. Ich lernte aber, dass Beten nicht bloß Schweigen ist, sondern Hören. So ist es: Beten heißt nicht, sich selbst reden hören. Beten heißt schweigen, still werden, bis der Betende Gott hört.«[55]

In der letzten tiefen mystischen Erfahrung gibt es am Ende kein Gegenüber mehr. Trotzdem hatte Teresa von Avila ein »persönliches« Du-Verhältnis zu Gott.

Es ist die Erfahrung, die Jesus machte, als er sagte: *»Ich und der Vater sind eins.«* Aber auch er hat zum Vater gebetet. Dasselbe erfahren auch wir in tiefer Kontemplation: *Der Vater und ich sind Nicht Zwei.* Und dieses Erkennen ist klare Gewissheit. Wir erkennen das unergründliche All-Eine als die eine Wirklichkeit, unsern Urgrund, das wahre Selbst, das alles durchpulst und durchdringt und durchwirkt, als die zeitlose und raumlose ewige Gegenwart, die allgegenwärtig ist. Wir spüren sie, erfahren sie, aber wir fassen sie nicht.

Bekannt ist die außerordentliche Erfahrung des spanischen Philosophen Manuel Garcia Morente. Am 29. April 1937 wurde ihm diese geschenkt in seinem kleinen Zimmer in Paris, wohin er wegen des spanischen Bürgerkriegs geflohen war. Morente war ungläubig. Aber dennoch hatte er Achtung vor dem Christentum. In einem sehr schmerzhaften Moment seines Lebens, als er in seinem dunklen Zimmer in Paris eine philosophische Abhandlung über den Sinn des Lebens schrieb, kam er zu dem Schluss, dass es wohl doch einen Gott geben müsse, der alles in seinen Händen hat und vorausbestimmt. Was ihn aber völlig verzweifeln ließ und zerschmetterte, war der Gedanke an das Böse und das Leid in dieser Welt. Das führte so weit, dass er daran dachte, sich umzubringen, aus Protest gegen einen solchen Gott, der das zuließ. Er hatte das Gefühl, verrückt zu werden, und legte deshalb eine Schallplatte auf, mit der Musik von Berlioz. *»Die Kindheit Jesu.«* Das gab ihm Frieden Und es geschah in ihm eine Bekehrung, so dass er sogar anfing, das

Vaterunser zu beten. Sein Friede wurde immer tiefer. Dabei schlief er ein, bis er ganz plötzlich durch einen unsagbaren Schreck aufwachte. Später schrieb er: *»Ich fühlte irgendetwas Außergewöhnliches. Etwas unsagbar Großes, wird geschehen, und zwar jetzt, sofort. Ich zitterte am ganzen Leib, und öffnete weit das Fenster, weil ich Luft brauchte. Als ich mich wieder nach innen zum Zimmer wandte, blieb ich wie versteinert! Da war Er! Ich sah ihn nicht, roch ihn nicht, berührte ihn nicht. Und doch, Er war da. Ich blieb unbewegt stehen, fiel aber fast auf den Boden vor Ergriffenheit. Ich sah ihn nicht, hörte ihn nicht und fühlte ihn nicht. Da war kein sinnliches Erfahren. Aber ich nahm ihn wahr, seine Gegenwart, mit der gleichen Klarheit mit der ich das Papier, auf dem ich eben geschrieben habe, und die Buchstaben darauf, vor mir sehe. Da war nicht der geringste Zweifel daran, dass Er es ist. Denn ich nahm ihn wahr, ohne Sinne. Wie ist das möglich? Ich weiß es nicht. Mit unerschütterlicher Gewissheit und absoluter Sicherheit wusste ich, das ist Er. Wie lang ich unbewegt in Seiner Gegenwart da stand, weiß ich nicht. Ich wagte es nicht mich zu rühren, und ich hätte mir gewünscht, dass dieser Zustand in alle Ewigkeit nicht mehr enden würde, denn Seine Gegenwart durchflutete mich mit einem solchen Glücksgefühl, dass es wohl auf Erden nichts Vergleichbares gab. Ich spürte mich leicht, wie schwebend, ohne Materie, ohne Körper, so, als wäre ich verwandelt in einen einzigen Atemhauch. Eine unendliche Zartheit und Zärtlichkeit strahlte er aus, die mich einhüllte und mich trug, so wie eine Mutter, die ihr Kind liebevoll in ihren Armen hält, aber ohne, dass ich irgendeine konkrete körperliche Berührung empfunden hätte.«* [56]

Ich bin in dem Maße bei mir selbst, wie ich bei Gott bin. Und ich bin in dem Maße bei Gott, wie ich bei mir bin. Gottfindung und Selbstfindung sind eins. Mein Innigstes ist eins mit Gott. Wenn ich mein Innigstes anspreche, kann ich auch Du sagen. Willigis Jäger hat Gott manchmal mit einer Symphonie verglichen. Er *ist* die Symphonie, und alle Formen und jeder einzelne Mensch sind nur individuelle Noten, einmalig und unverwechselbar. Meine Aufgabe als Mensch ist es zu klingen. Als diese Note kann ich auch die Symphonie Gott ansprechen als Gegenüber, als Du. Obwohl mir immer dabei bewusst ist, dass Gott und ich Nicht Zwei sind. Die letzte Wirklichkeit ist eine Einheit, die die gewöhnliche Erfahrung des Personseins sprengt. Meine Beziehung zu ihm ist wie Weinstock und Rebe. Es geht um eine innergöttliche Beziehung. *In der transpersonalen Wirklichkeit Gott findet der Mensch seine wahre Identität.* Ich bin erst ganz ich selber im Einswerden mit Gott. Von Augustinus gibt es den Satz: *»Erkenne ich mich, dann erkenne ich dich, o mein Gott.«*

Er ist die Quelle, ich der Bach.
Er ist das Meer, ich die Welle.
Er ist der Baum, ich die Blüte.
Er ist der Blumenstengel, ich das Blatt.
Er ist der Stamm, ich die Krone
Er ist die Sonne, wir die Strahlen.

Wenn die Welle sagt: »Ich bin das Meer«, so stimmt das. Aber wichtig ist zu bedenken: Hier spricht der Ozean aus ihr und nicht das Ich der Welle! Der Mystiker erfährt sich als *eins* mit Gott, als eine Inkarnation Gottes. Mystiker machen mit Gott personale und apersonale Erfahrungen. Bekannt ist die mystische Erfahrung von André Frossard (1915–1995), die er in seinem Buch *»Gott existiert, ich bin ihm begegnet«* eindrucksvoll beschrieben hat. Er war überzeugter Kommunist und Atheist. Er schreibt: *»Ich glaubte mit unseren sozialistischen Freunden, dass die Welt eine politische und historische Wirklichkeit ist und die Metaphysik der allerträgerischste Zeitvertreib ... Wenn ich glaubte, dass es eine Wahrheit gäbe, wäre die Kirche der letzte Ort, wo ich sie suchen würde.«* Dann aber geschah es, als er wegen einer Verabredung mit einem Freund im Juli 1935 um 17.10 die Kapelle der Schwestern von der sühnenden Anbetung in der Rue d'Ulm in Paris betrat. Plötzlich brach mit überwältigender Macht eine Welle von Wundern auf ihn herein. Er schreibt: *»Der Himmel öffnete sich, nein, er stürzte auf mich zu ... Wie kann ich mit diesen abgedankten Worten das Große schildern?*

Es ist wie ein unzerstörbarer Kristall, von einer unendlichen Durchsichtigkeit, einer unerträglichen Helle. Ein Grad mehr, und ich würde vernichtet. Das ist die Wirklichkeit! Das ist die Wahrheit! Ich sehe sie vom dunklen Strand aus, wo ich noch festgehalten bin. Es ist eine Ordnung im Universum, und an ihrer Spitze ist die Evidenz Gottes, die Evidenz, die Gegenwart ist, die Evidenz, die Person ist, die Person dessen, den ich vor einigen Sekunden noch geleugnet habe, den die Christen unsern Vater nennen.« Das Ganze war von überwältigender Freude begleitet.

Sehr bald darauf ließ er sich taufen und wurde ein aktiver Christ.

Romano Guardini, (1885–1968), der zu den großen katholischen Religionsphilosophen und Theologen des 20. Jahrhunderts gehört, beschreibt in seinem Werk »Vorschule des Betens«, 1943 eine Gotteserfahrung: *»Plötzlich ist Gott selbst da ... Eine Wand ist durchstoßen, die vorher da war ... Gewöhnlich haben wir Gott vor uns in der Form einer Vorstellung oder eines Gedankens. ... Bei der Erfahrung, von der wir reden, fällt die Schranke des Gedachtseins weg, und eine unmittelbare Innewerdung geschieht ... Sein Innerstes ahnt, ›Das ist Gott!‹ Aus der Ahnung wird bald eine Gewissheit, sogar eine von besonderer Sicherheit. Kein Zweifel ist möglich. Es ist verwirrend für ihn, dass andere Menschen von diesen Dingen nichts wissen. Sein Inneres weiß, worum es sich handelt. Ebenso sicher weiß er aber auch, dass er das, was er klar in Geist und Gemüt hat, nicht aussprechen kann, weil es dafür keinen Ausdruck gibt. Er könnte nur sagen: Es ist heilig, es ist nahe, es ist wichtiger als alles sonst Es lohnt allein, genügt allein. Es ist still, zart, einfach, fast ein Nichts und doch Alles. Es ist eben Er.«*

Eine Frau teilte mir ihre Gotteserfahrung mit, die ihr ganz unerwartet geschenkt wurde: *»Plötzlich kam das Erwachen. Ich fliege im Flugzeug nach Griechenland und schaue, nichts Besonderes denkend, aus dem kleinen Fenster. Plötzlich ›sehe‹ ich. Und ich weiß dann mit untrüglicher Gewissheit: Das ist Es! So einfach, so evident, so klar! Der Schleier ist weg! Keine Fragen mehr: Wer bin ich? Wer ist Gott? Was ist das Leben? Da ist nur noch Gewissheit. Das ist Es! Und Alles ist offenbar.«*

Was wurde gesehen? Über diese allerletzte Erfahrung kann ich nichts aussagen. Sie ist bilderlos, aber beinhaltet das Ganze. Und sie ist evident. Da ist nichts mehr zu beweisen. Was hat sich denn äußerlich verändert? Nichts. Alles ist so wie vorher. Und doch ist alles transparent auf den Hintergrund hin, auf das was ist.

Wer ein persönliches Gottesbild hat, muss es transzendieren, und wer ein apersonales Gottesbild hat, ebenfalls. Denn Gott, der Unfassbare, ist immer noch viel mehr!

Epilog

Das Lesen des Buches hat mich in die Stille geführt, in ein tiefes Schweigen. Seine Botschaft vibriert in uns wie ein Ruf, der uns zum inneren *Spüren, Erkennen, Schauen* drängt, zum Einssein mit der Ersten Wirklichkeit. Gisela Zuniga führt uns unmerklich zu uns selbst zurück, in unsere Tiefe, zum Urgrund. Obwohl es so scheinen mag, spricht sie nicht von sich selbst. Sie referiert auch nicht abstrakt von spirituellen Wegen. Vielmehr geht es ihr um das Leben, um das Göttliche Sein, um die lebendige Gegenwart im Augenblick. Deshalb haben wir in die Stille gefunden, wenn wir das Buch schließen. Nackt und leer sind wir, gleichzeitig aber tief erfüllt, im Einklang mit dem göttlichen Schweigen des Seins. Dieses Buch, genauso wie auch ihre Kurse, die sie seit vielen Jahren gibt, sind Ausdruck des »goldenen Fadens«, der, so wie sie sagt, ihr ganzes Leben bestimmt hat.

Hier haben wir ein lebendiges Zeugnis von jemandem, der aus der Tiefe des Seins lebt. *»Mache aus deinem Leben ein Kunstwerk«*, sagt sie. Das heißt: *»Lebe aus der Kraft des Grundes, des Ursprungs, und das in vollster Freiheit deines eigenen Herzens!«*

Seit vielen Jahren habe ich das große Glück, von ihr begleitet zu sein. Indem wir suchen, forschen, die wesentlichen Dinge von ihrer verdeckenden Hülle lösen, wird uns Freiheit und die unendliche Freude tiefer Seinserfahrung geschenkt. All das erlebe ich jetzt wieder, wenn ich den Text des Buches lese, der so reich, lebendig und zeitlos ist. Eine enorme Fülle von Liebe und Weisheit strahlt uns hier entgegen. Gisela Zuniga ist es gelungen, in ihrer so echten, einfachen und natürlichen Art, uns die Wahrheit sichtbar zu machen. *»Eine Erleuchtung macht noch keinen Erleuchteten«*, sagt sie. *»Unser Leben selbst ist die Übung.«*

Die Autorin versteht es, dank ihrer durchschauenden und klaren Intelligenz, umfassende Kenntnisse mit der Tiefe ihres großen Erfahrungsschatzes zu vereinen. Ihr Buch, wie auch ihre vielen Vorträge zeugen von der Fähigkeit, uns das Unsagbare sichtbar zu machen. Zwischen den Zeilen spürt man eine tiefe spirituelle Sensibilität, die unsere Seelen vibrieren lässt und echte Sehnsucht nach »Leben aus dem Sein« weckt. Gisela Zuniga ist was sie sagt. Wer sie kennt, weiß um ihre Heiterkeit und Freude am Leben. Ich danke der Autorin, dass ich beim Lesen dieser Seiten gemeinsam mit ihr den »Sinn des Lebens, die Erfahrung des Seins, den einen Geschmack in allem was ist« feiern darf. Sie hat mich zum Hören, zum Schauen geführt. Durch sie wurde mir das große Glück zuteil, dass ich mich dem Leben anheim geben kann, der göttlichen Präsenz eines jeden Augenblicks.

Mercedes Sainz

Quellen

1 Aus: Islamische Geisteswelt. Von Mohammed bis zur Gegenwart. Hrsg. von Rudolf Jockel, Holle Verlag, Darmstadt S. 105 f
2 Edith Stein: Endliches und ewiges Sein. Werke II, S. 411
3 Eckhart Tolle: Jetzt. Die Kraft der Gegenwart, Verlag Kamphausen 2000, Seite 15–17
4 Henry Le Saux: Der Weg zum anderen Ufer. Eugen Diederichs Verlag 1981
5 Am Ufer der Stille. Audio CD, Gedichte und Lieder von Rabindranath Tagore
6 Alfred Delp: Wenn Gott ins Leben einbricht. Hrsg. Michael Albus Matthias-Grünewald-Verlag, Mainz 1999
7 Karl Rahner: Schriften zur Theologie, Bd. VII, Einsiedeln 1966, Seite 22.
8 Meister Eckhart: Deutsche Predigten und Traktate, Hg. Von Josef Quint. München 1979, Predigt 28, S. 285
9 Teilhard de Chardin: Christliche Mystik, S. 475
10 Thomas Ohm: Mystik, in: LThK7, Freiburg i. Br. 1986
11 Waaijman, Kees: Amiel, Ionesco, Van der Stap, Proust, S. 39 f
12 Waaijman, Kees: Amiel, Ionesco, Van der Stap, Proust, S. 41
13 »Die Reise des Parmenides«, in: Vorlesung »Philosophie der Religionen« an der Universität Köln WS 2002/2003, Kapitel 6, Schmitz, Kingsley
14 Willigis Jäger: In jedem Jetzt ist Ewigkeit. Kösel Verlag 2003
15 aus: Aromas del ZEN, von Rafael Redondo, 2007 Verlag Desclée de Brouwer
16 ebd.
17 Alois, Haas: Mystik im Kontext, Wilhelm Fink Verlag 2004, S. 43
18 Friedrich Wulf: Mystik. HthG II, München 1963
19 Vielleicht ist irgendwo Tag. Freiburg, Kerle 1981, S. 383/384
20 Teilhard de Chardin: Christliche Mystik, S. 92
21 ebd. 95
22 aus: »Mystische Spiritualität«, Hg. von Willigis Jäger, Seite 59
23 Franz v. Sales: Schriften zum geistigen Leben im Alltag
24 Hermann Hesse: Klein und Wagner
25 Eugen Herrigel: Zen in der Kunst des Bogenschießens. Curt Weller Verlag Konstanz 1948
26 Aus: Tiziano Terzani: Das Ende ist mein Anfang. Ein Vater, ein Sohn und die große Reise des Lebens, München 2007 DVA, S. 9 ff
27 Meister Eckhart: Reden der Unterweisung, Traktat 2
28 Maria Petyt: Leben aus dem Nichts. 10 Schriften zur Kontemplation, Seite 49, Vier Türme Verlag Münsterschwarzach.

29 Ulrich Dobhan, E. Hense, E. Peeters: Die dunkle Nacht, Verlag Herder, Freiburg 1995
30 Aus: Karlfried Graf Dürckheim: Ton der Stille. Festschrift für Pater Lassalle zum 80. Geburtstag. Matthias-Grünewald-Verlag, Mainz
31 Aus: Norbert Freier: Kontemplation und Mystik, Heft 1/2002
32 ebd.
33 Zitiert in Hartlieb 2004, in Dorothee Wienrad-Kranz
34 Aus: Karlfried Graf Dürckheim: Ungegenständliche Meditation. Ton der Stille, Matthias Grünewald-Verlag, Mainz
35 Aus: Henry Le Saux: Das Feuer der Weisheit, O.W. Barth Verlag 1979
36 »Mystik und Eros«, Vier Türme Verlag Münsterschwarzach
37 Martin Buber 1878–1965, in »Gebete der Dichter«, S. 213
38 Graf Dürckheim: Ungegenständliche Meditation, Ton der Stille, Matthias Grünewald Verlag, Mainz, S. 2
39 Ken Wilber: Von dir zur Unendlichkeit in nur drei Seiten
40 Aus: Meister Eckhart: Das Bild vom edlen Menschen. Traktat
41 Epiktet: Handbüchlein der Ethik. Sei dir über das Wesen der Dinge im Klaren
42 Aus: Meister Eckhart: Das Bild vom edlen Menschen
43 Shri Aurobindo: Stufen des Bewusstseins, S. 185
44 Aus: Willigis Jäger: In jedem Jetzt ist Ewigkeit. Worte für alle Tage, Kösel Verlag 2003
45 Aus: Dürckheim: Im Zeichen der großen Erfahrung
46 Aus: P. Ermin Döll: Der Weg der Meister I
47 Aus: Hilde Domin, Gesammelte Gedichte, © S. Fischer Verlag GmbH, Frankfurt am Main 1987, S. 117
48 Nikolaus von Kues, Studienausgabe III, S. 133
49 Pierre Teilhard de Chardin: Das Herz der Materie, Olten 1990
50 Nach Hubertus Halbfas: Die Blinden und der Elefant
51 Johannes Tauler: Der Weg der Meister 2
52 Aus: Anthony de Mello: Eine Minute Weisheit, Verlag Herder 1998
53 Meister Eckhart: Quint, 1963, Traktate, S. 60
54 James Weisheipl, Thomas von Aquin, Graz, Wien, Köln 1980, S. 294
55 Aus: Rainer Gollwitzer, Katechismus 2000, Folge 13: Gebet: Mehr als nur Worte
56 Aus: M. G. Morente: El hecho extraordinario y otros escritos, Madrid 1986. Ins Deutsche übersetzt von G. Zuniga